U0598265

國家出版基金項目
NATIONAL PUBLICATION FOUNDATION

中國地方珍稀文獻
浙江地方文書叢刊

# 浙江畲族文書集成
## 文成卷（第三册）

總主編　馮筱才

本册主編　鄧利萍

浙江大學出版社
ZHEJIANG UNIVERSITY PRESS

# 目録

## 黄坦鎮培頭民族村呈山底鍾維香户(續)

# 黄坦鎮培頭民族村呈山底鍾維香户（續）

## 光緒十三年純谷立收字

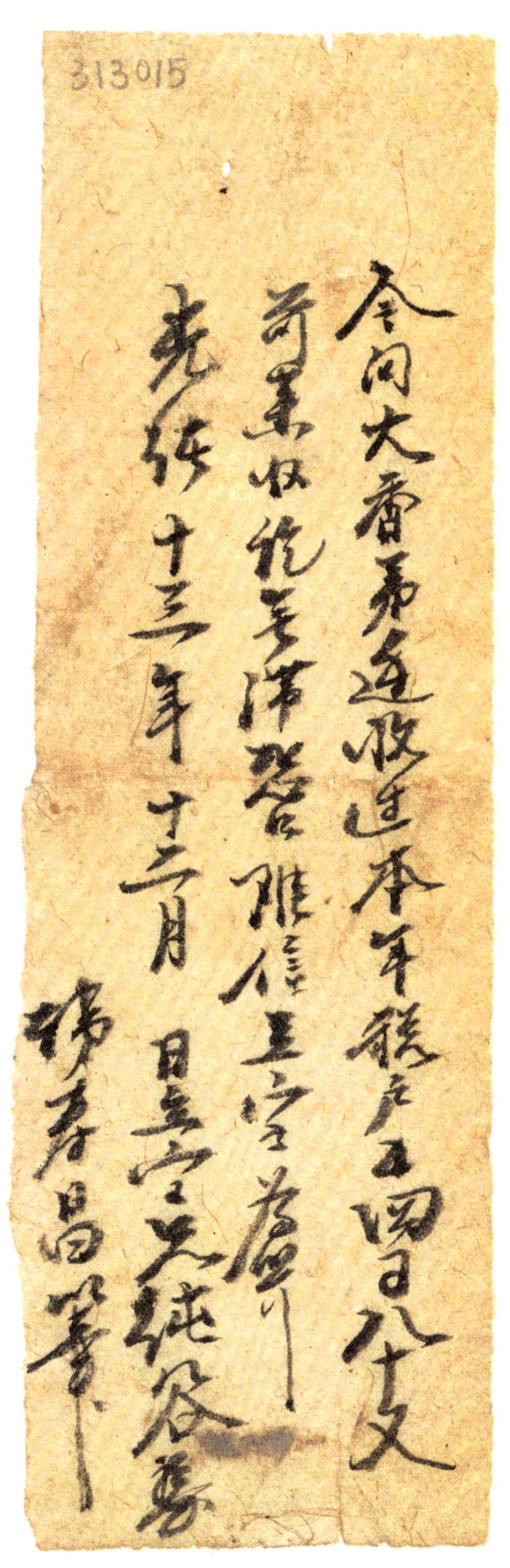

今向大香弟邊收过本年税户錢四百八十文前來，收訖無滞，恐口难信，立字爲照。

光緒十三年十二月　日立字兄純谷（押）

韩寿昌筆

## 光绪十三年鍾亞樓立收字

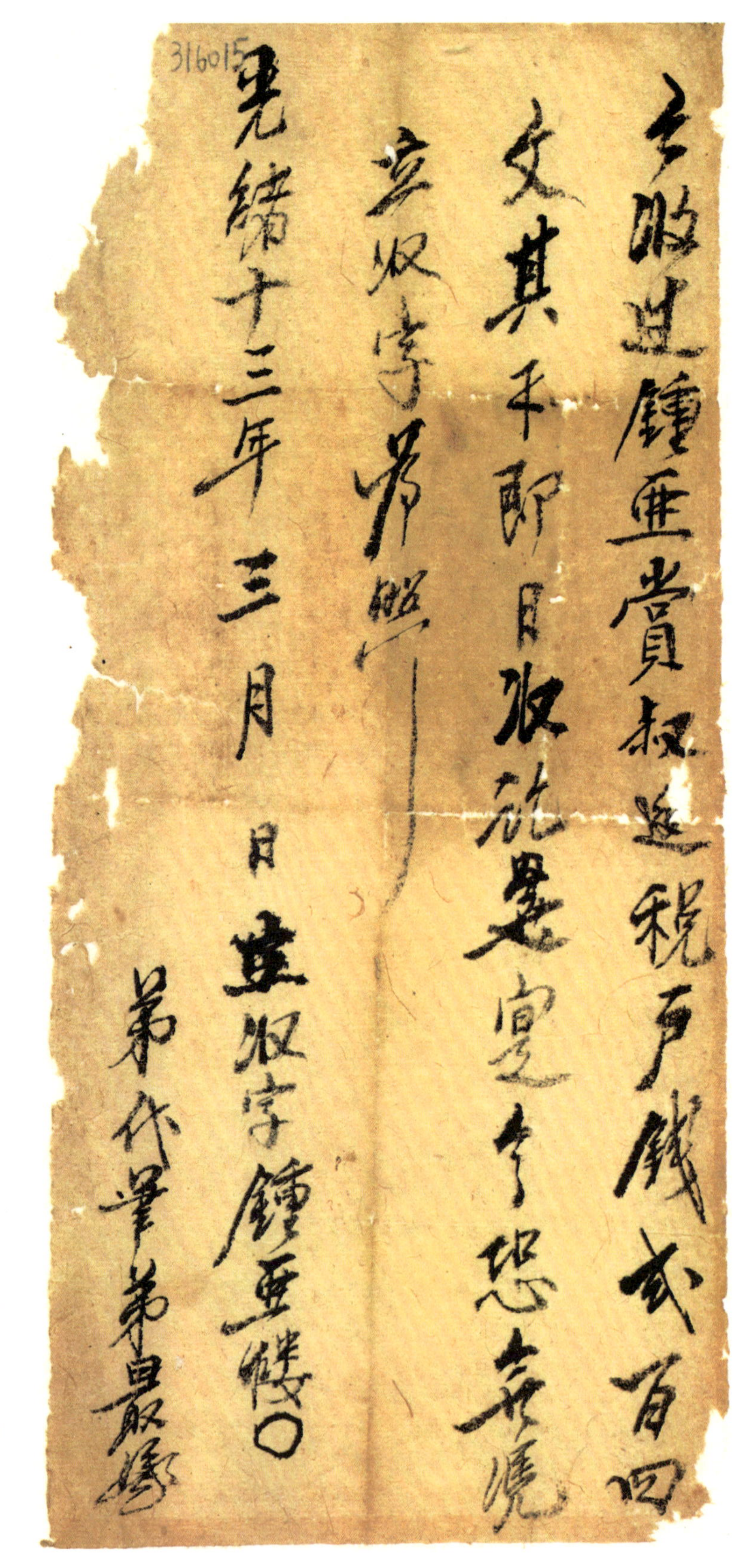

今收过鍾亞賞叔邊稅户錢弍百四文，其錢即日收訖是寔，今恐無憑，立收字爲照。

光緒十三年三月　日立收字鍾亞楼（押）

弟代筆弟最（押）

## 光緒十四年鍾廷墨立收字

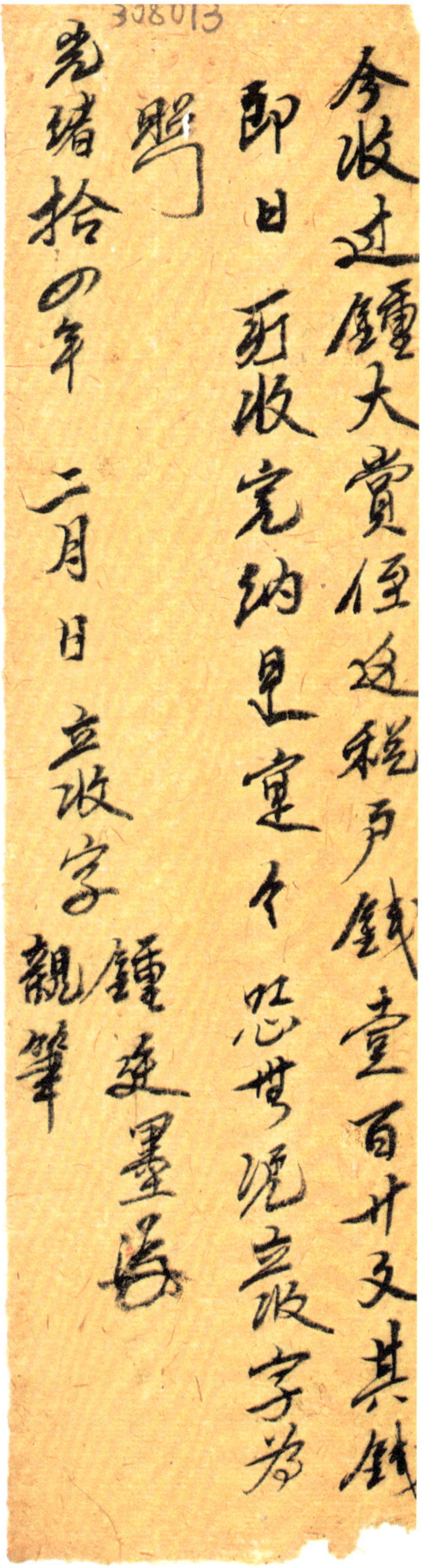

今收过鍾大賞侄邊税户錢壹百廿文，其錢即日所收完納是寔，今恐無憑，立收字爲照。

光緒拾四年　二月　日　立收字鍾廷墨（押）親筆

# 光緒十四年鍾廷墨立收字

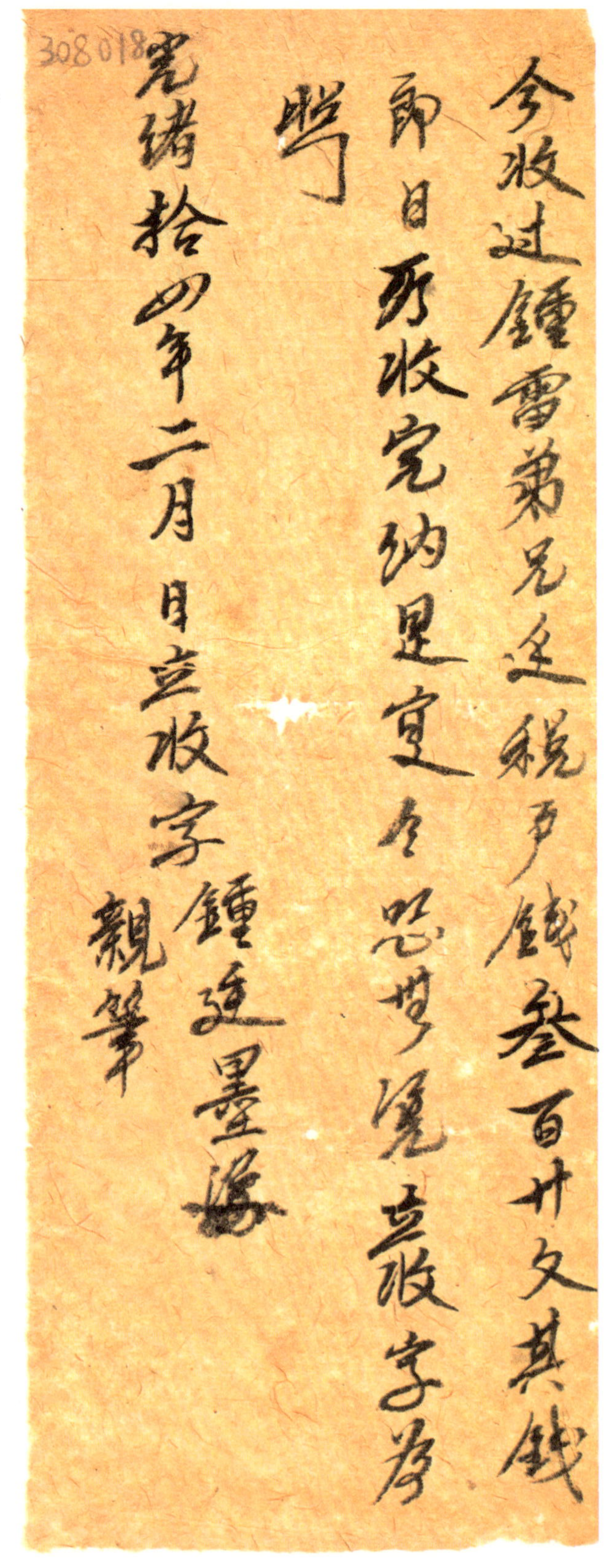

今收过鍾雷弟兄邊税户錢叁百廿文，其錢即日所收完納是寔，今恐無憑，立收字爲照。

光緒拾四年二月　日立收字鍾廷墨（押）

親筆

光緒十四年鍾亞樓立收字

今收过鍾亞賞叔邊稅户錢式百四十文，其錢即日所收完纳是寔，今恐無憑，立收字爲照。

光緒十四年二月　日立收字鍾亞楼（押）

代筆弟鎌根

# 光緒十四年鍾賢木立收字

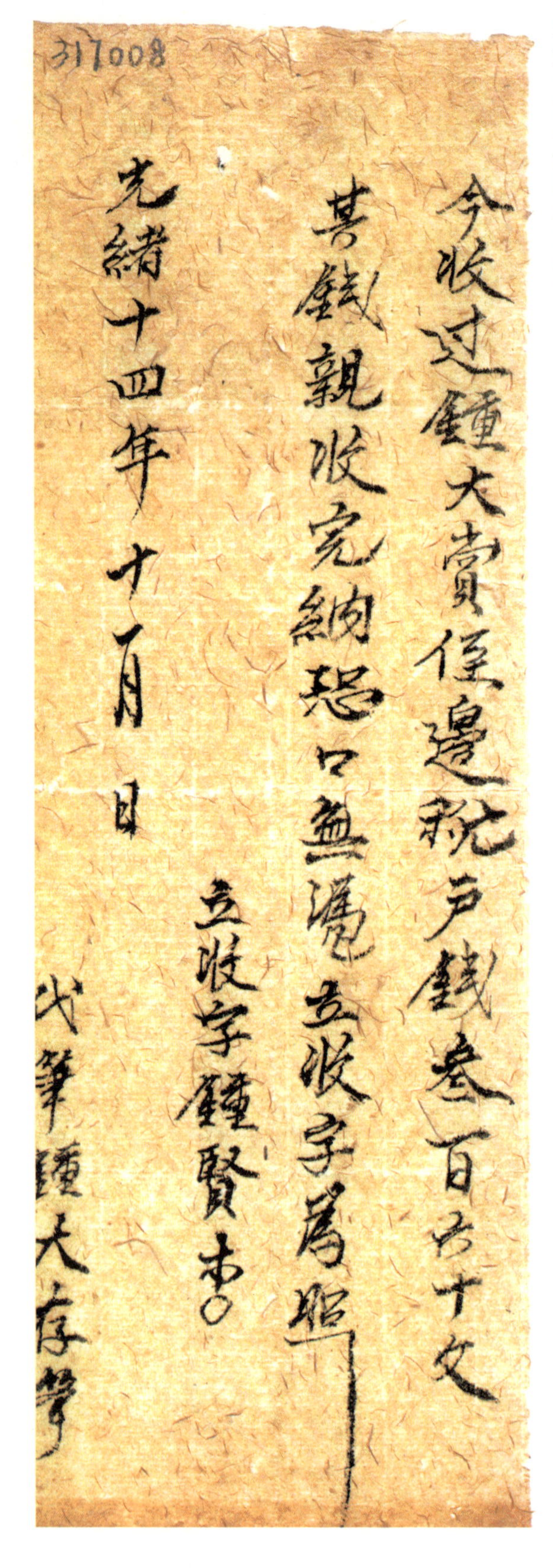
317008

今收过鍾大賞侄邊稅户錢叁百六十文
其錢親收完納恐口無憑立收字爲照
立收字鍾賢木
光緒十四年十一月日
代筆鍾大存筆

今收过鍾大賞侄邊稅户錢叁百六十文，
其錢親收完納，恐口無憑，立收字爲照。

立收字鍾賢木（押）

光緒十四年十一月日

代筆鍾大存筆

313017

今收得

鍾宅雷弟親邊税户錢九十文正，其

錢即日收乞[訖]，無滞分文，恐口無憑，立

收字爲照。

光緒十四年十二月日立收字人鍾火川（押）

代筆傅文緯（押）

## 光緒十四年純谷立收字

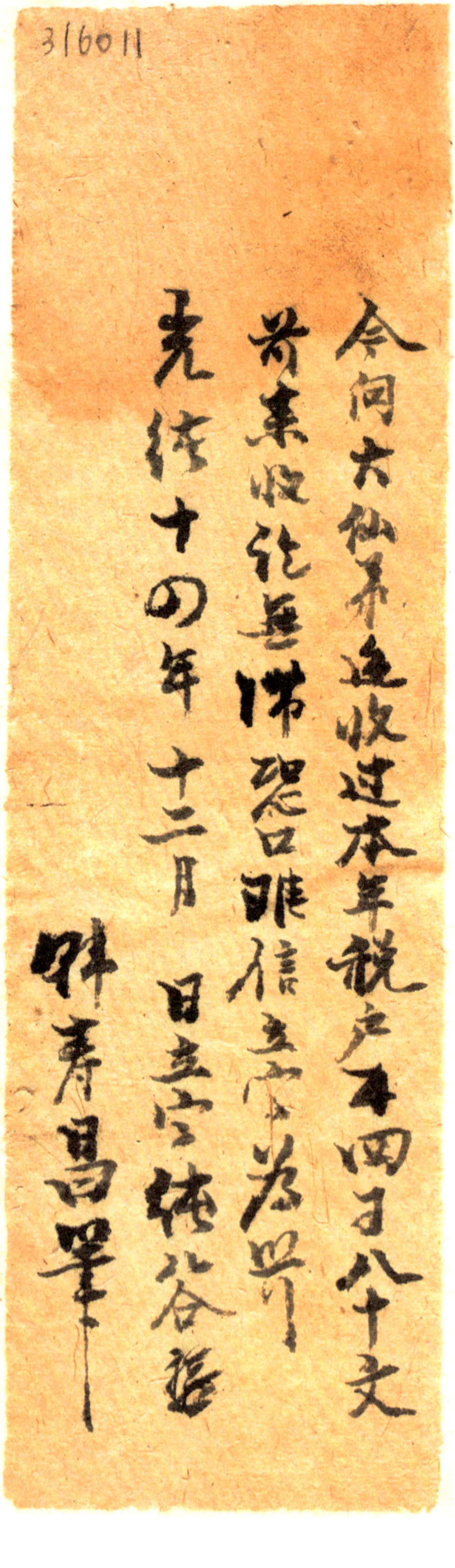

今向大仙弟邊收过本年税户錢四百八十文

前來，收訖無滞，恐口难信，立字爲照。

光緒十四年十二月　日立字纯谷（押）

韩寿昌筆

光緒十五年鍾廷墨立收字



今收鍾大賞侄邊税户錢四百四十文，所收完納是實，恐口無憑，立收字爲照。

光緒拾伍年　二月　日立收字鍾廷墨（押）

代筆鍾亞梦（押）

光緒十五年邢榮君立收字

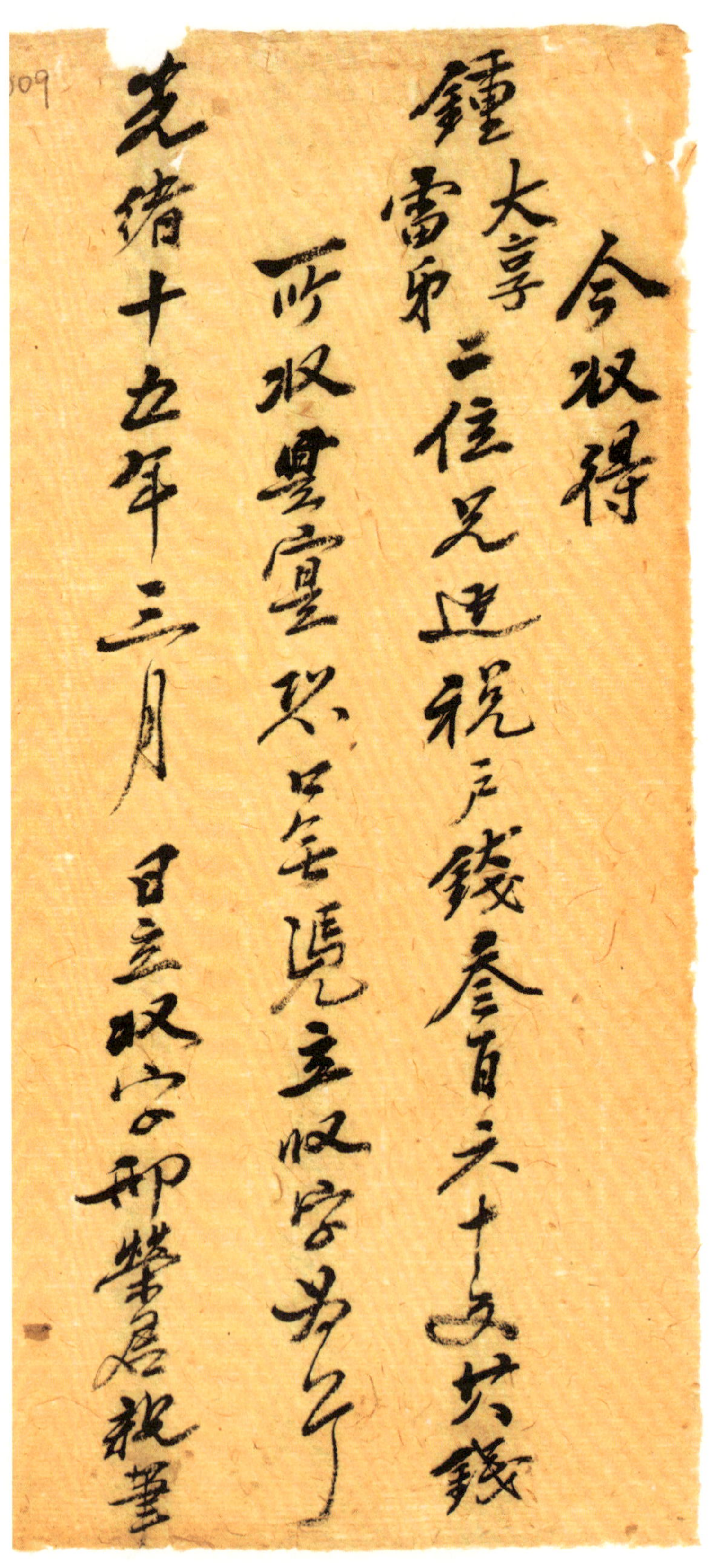
今收得
鍾大享、雷弟二位兄邊税户錢叁百六十文，其錢
所收是寔，恐口無憑，立收字爲照。
光緒十五年　三月　日立收字邢榮君親筆

## 光緒十五年鍾鴻業立收字

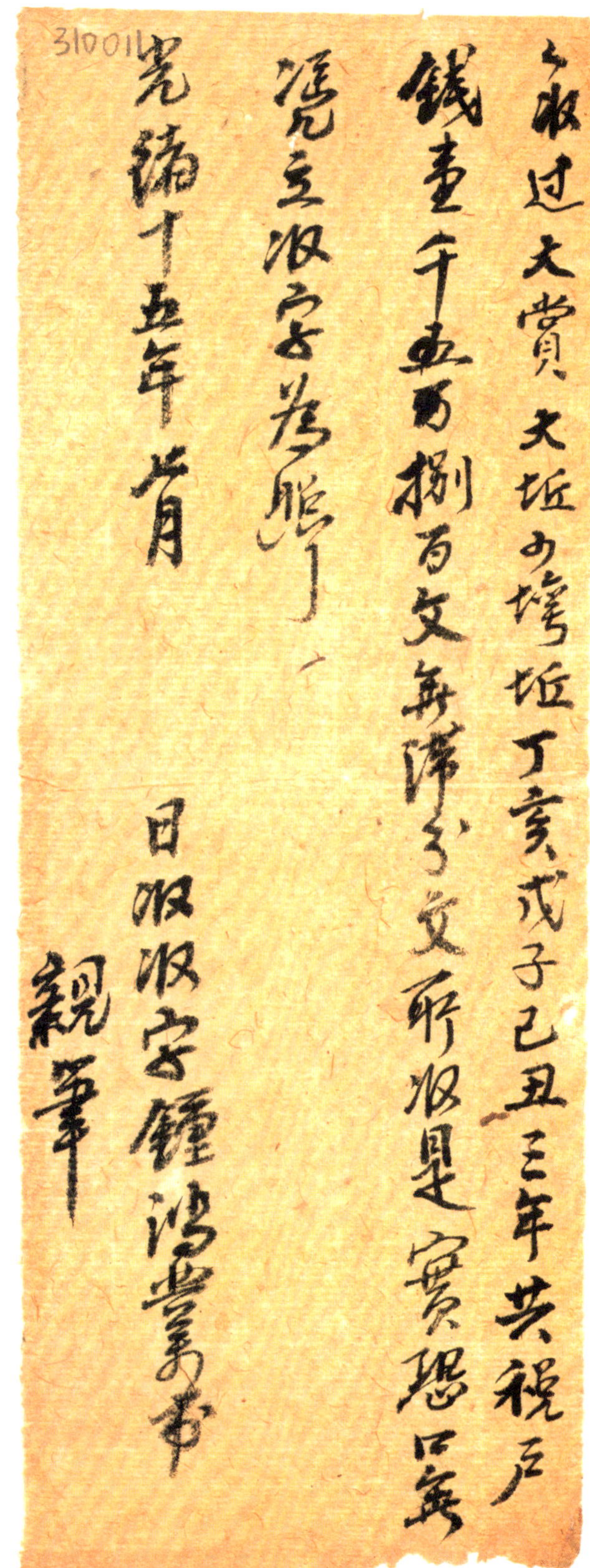

今收过大賞大垟、小塆垟丁亥、戊子、己丑三年，共税户錢壹千捌百文，無滞分文，所收是實，恐口無憑，立收字爲照。

光緒十五年七月　日收收字鍾鴻業（押）

親筆

## 光緒十五年鍾鴻業立收字

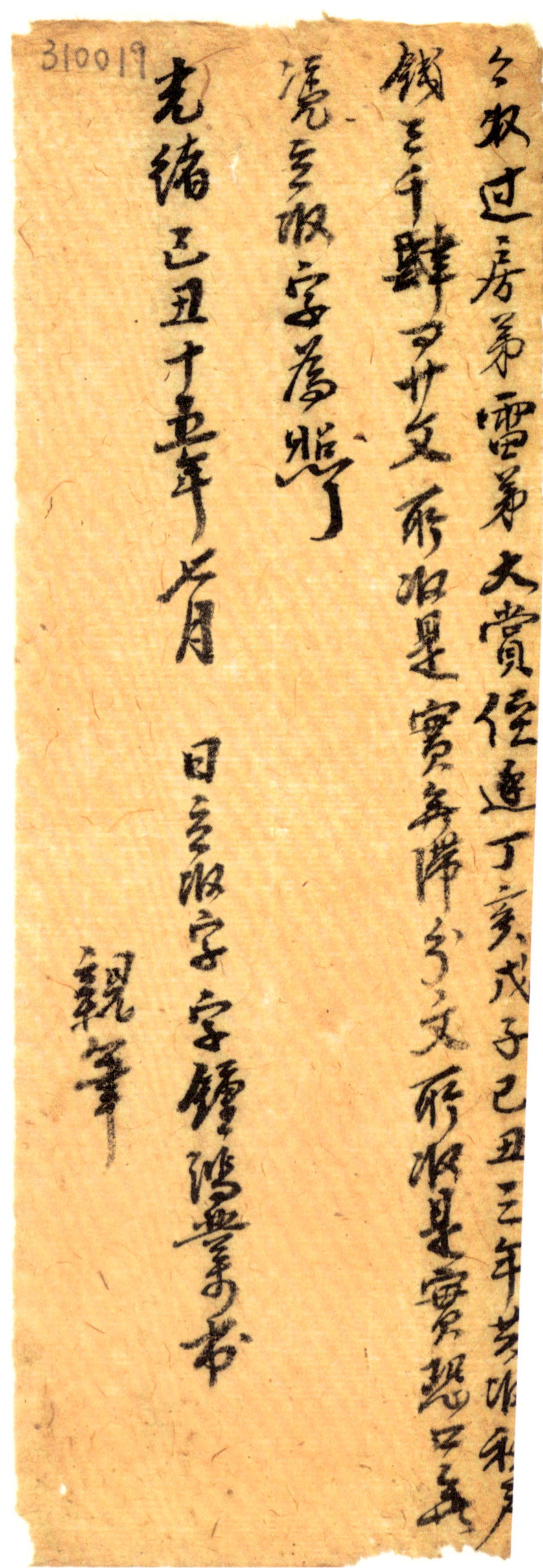

今收过房弟雷弟、大賞侄邊丁亥、戊子、己丑三年共收税户錢三千肆百廿文，所收是實，無滞分文，所收是實，恐口無憑，立收字爲照。

光绪己丑十五年七月　日立收字字鍾鴻業（押）

親筆

## 光绪十五年纯谷立收字

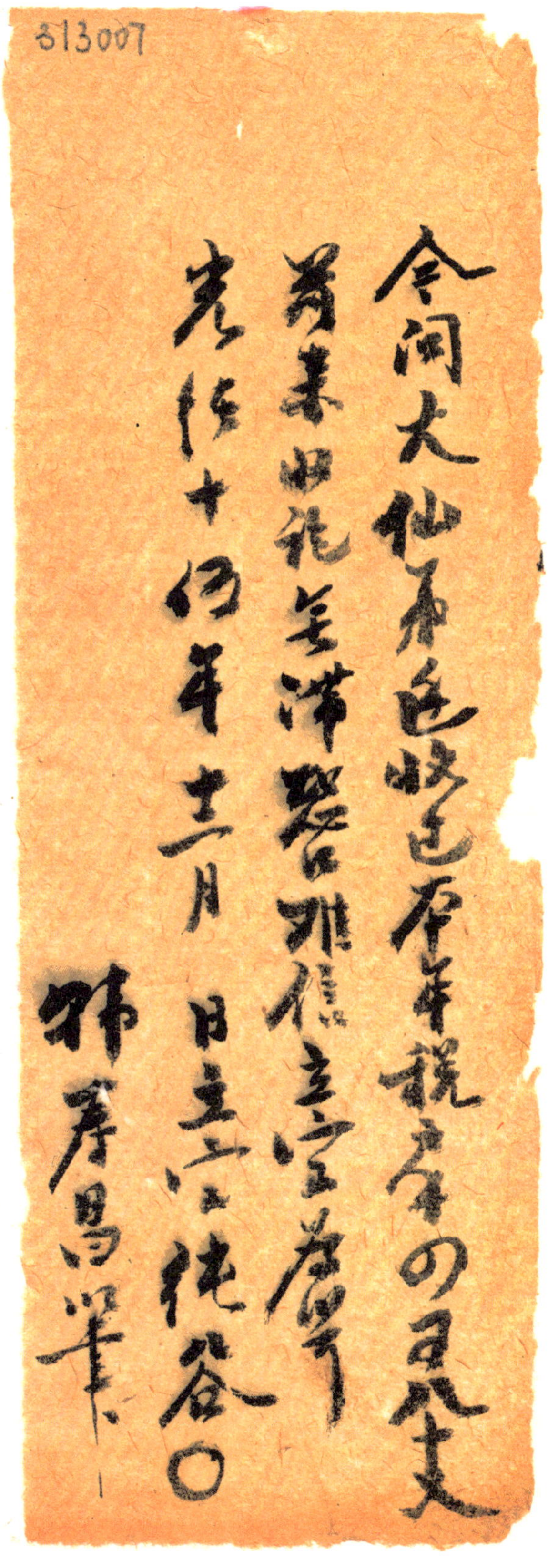

今向大仙弟邊收过本年税户錢四百八十文前來，收訖無滯，恐口难信，立字爲照。

光绪十伍年十二月日立字纯谷（押）

韩寿昌筆

## 光緒十六年鍾鴻業立收字

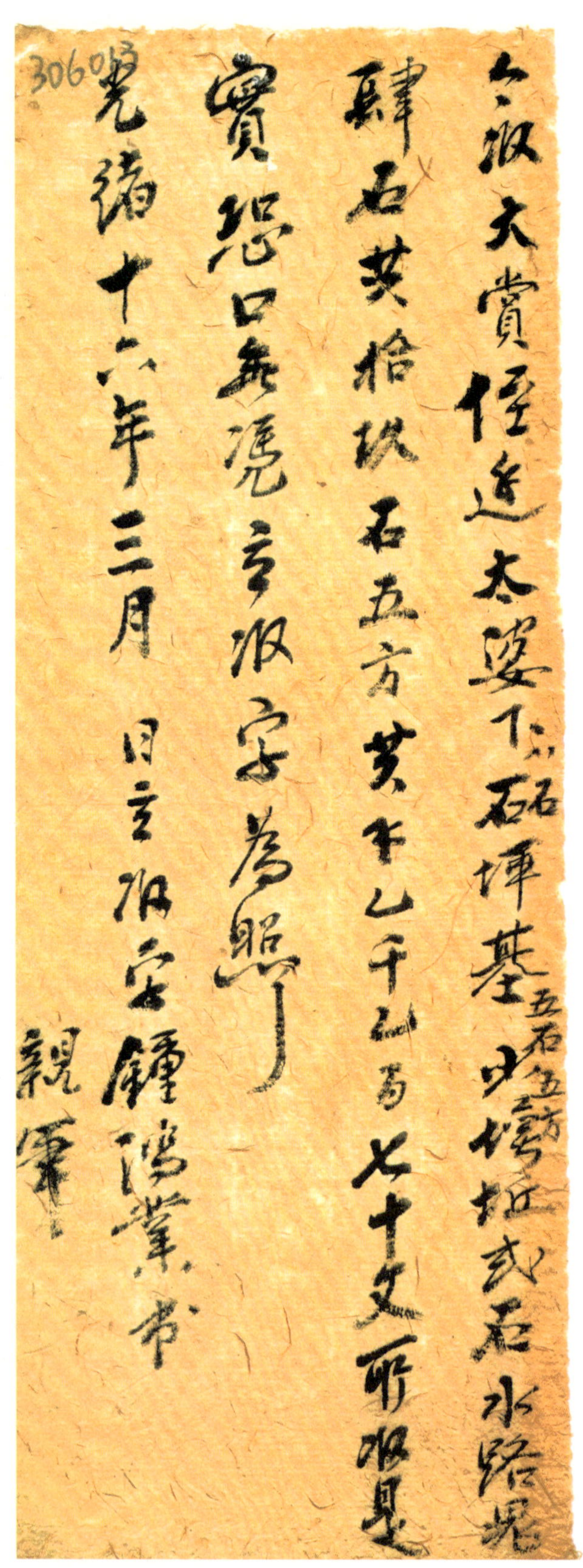

今收大賞侄邊太婆下六石，石坪基五石五方，少塝坵弍石，水路晃
肆石，共拾玖石五方，共錢一千一百七十文，所收是
實，恐口無憑，立收字爲照。

光緒十六年三月　日立收字鍾鴻業（押）

親筆

光緒十六年鍾純谷立收字

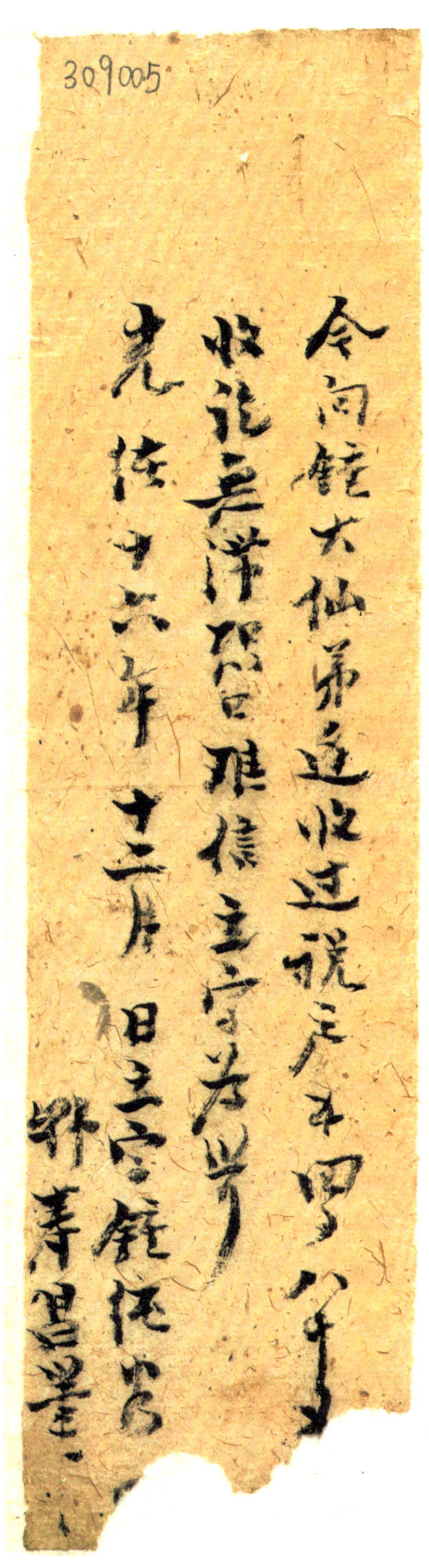

今向鍾大仙弟邊收过税户錢四百八十文，
收訖無滯，恐口难信，立字爲照。
光緒十六年　十二月　日立字鍾純谷（押）
韓寿昌筆

光緒十六年鍾亞樓立收字

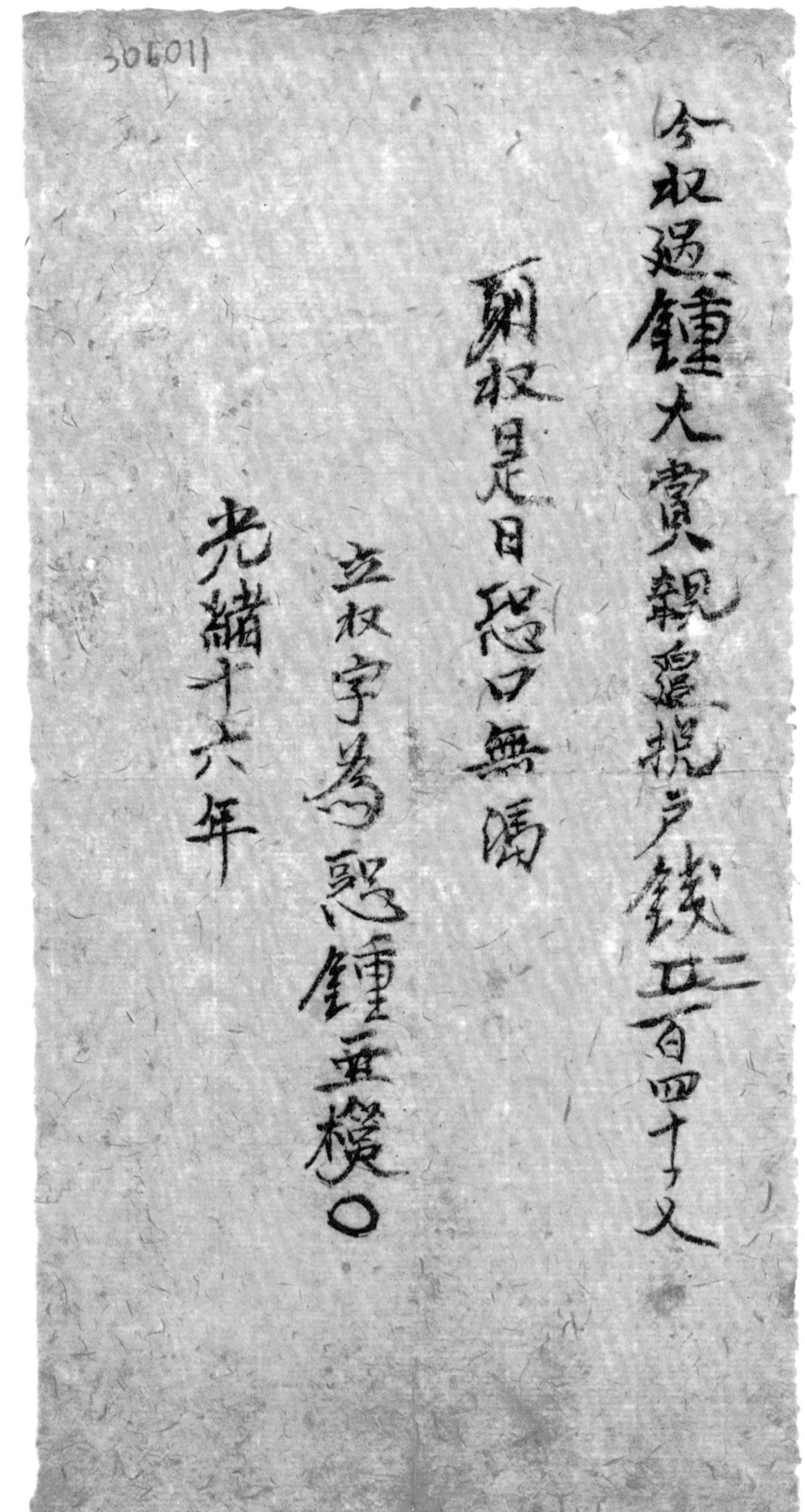

今收過鍾大賞親邊挩［税］户錢二百四十文，所收是日，恐口無憑，

立收字爲憑。鍾亞樓（押）

光緒十六年

## 光緒十六年鍾鴻業立收字

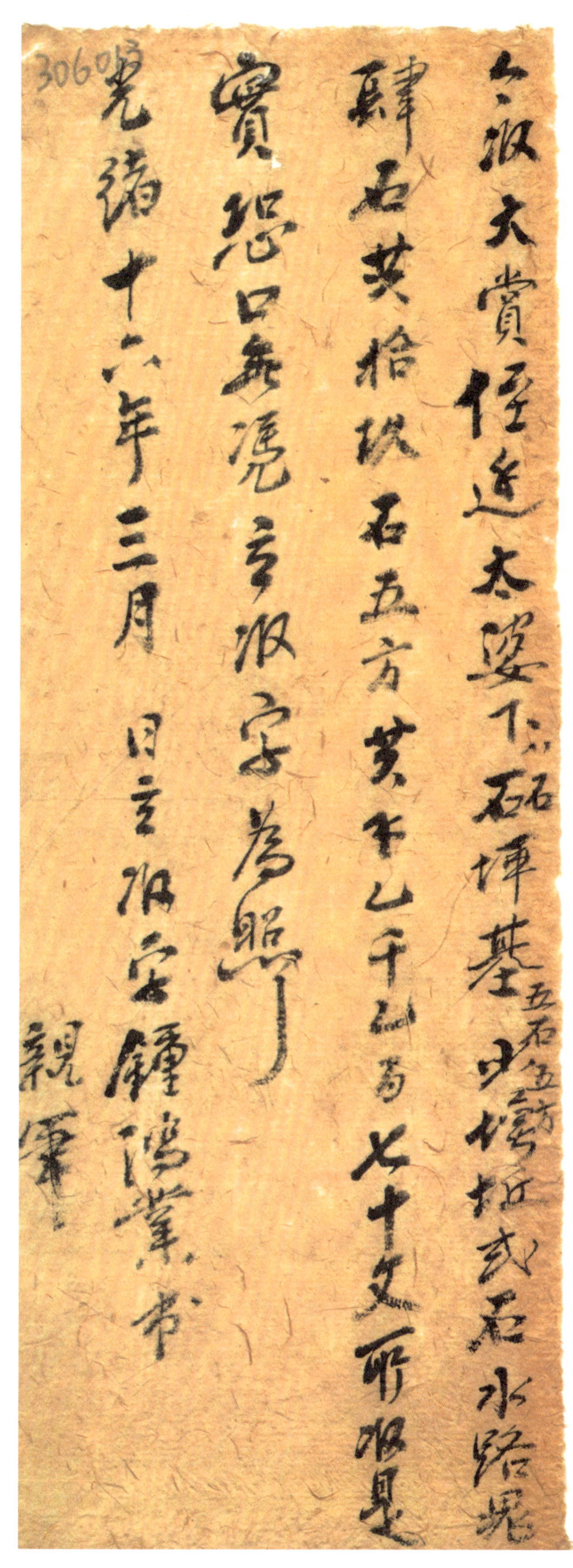

今收大賞侄邊太婆下六石，石坪基五石五方，少塆坧弍石，水路晁肆石，共拾玖石五方，共錢一千一百七十文，所收是實，恐口無憑，立收字爲照。

光緒十六年三月　日立收字鍾鴻業（押）

親筆

光緒十六年鍾財品立收字



今收过某鍾大賞兄邊稅户錢三百六十文，
所收是實，前來完納，恐口無憑，立收字爲照。

光緒十六年　鍾財品親筆（押）

光緒十七年鍾亞樓立收字

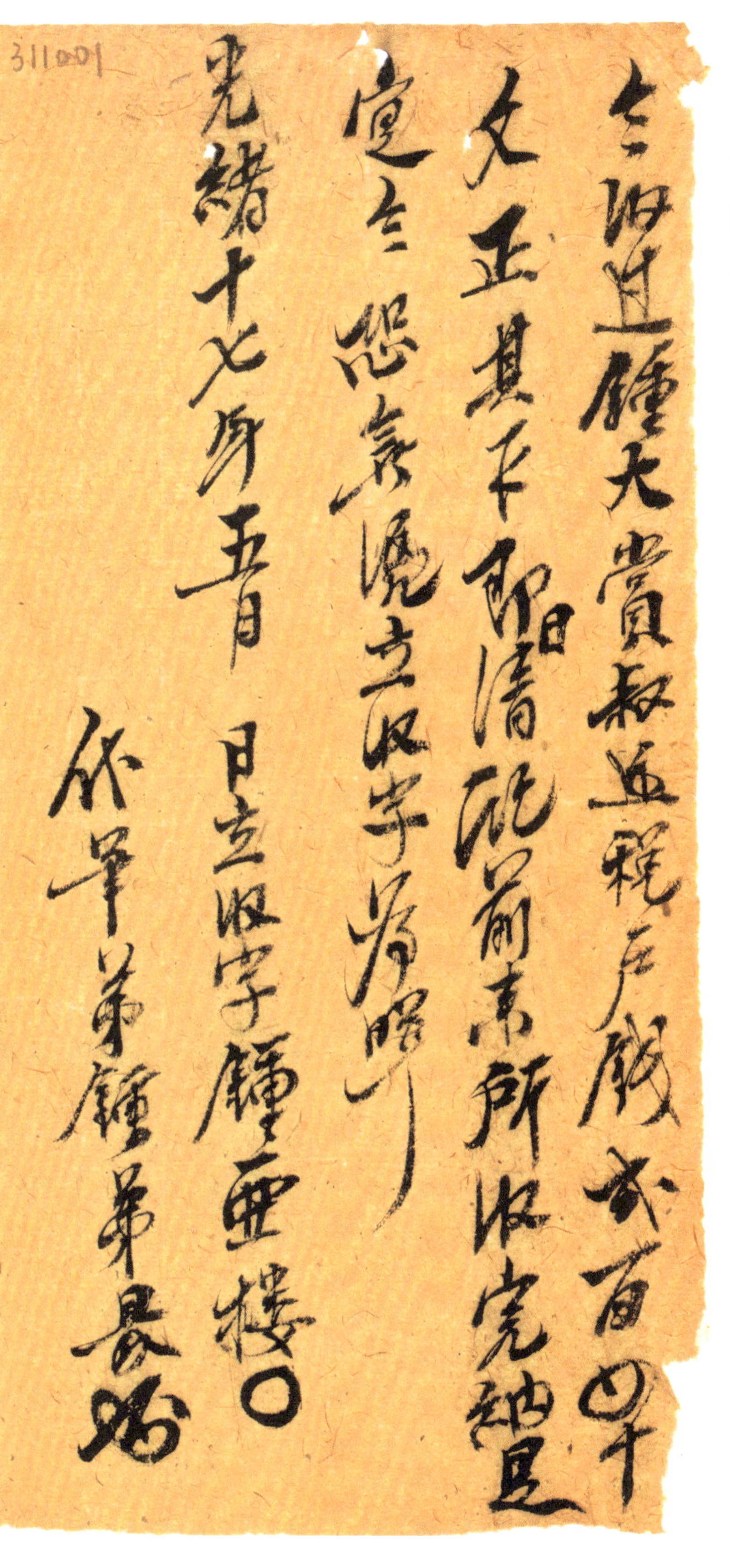

今收过鍾大賞叔邊稅户錢弍百四十文正，其錢即日清訖前來，所收完納是寔，今恐無憑，立收字爲照。

光緒十七年五月　日立收字鍾亞楼（押）

代筆弟鍾弟最（押）

光緒十七年邢大德立收字

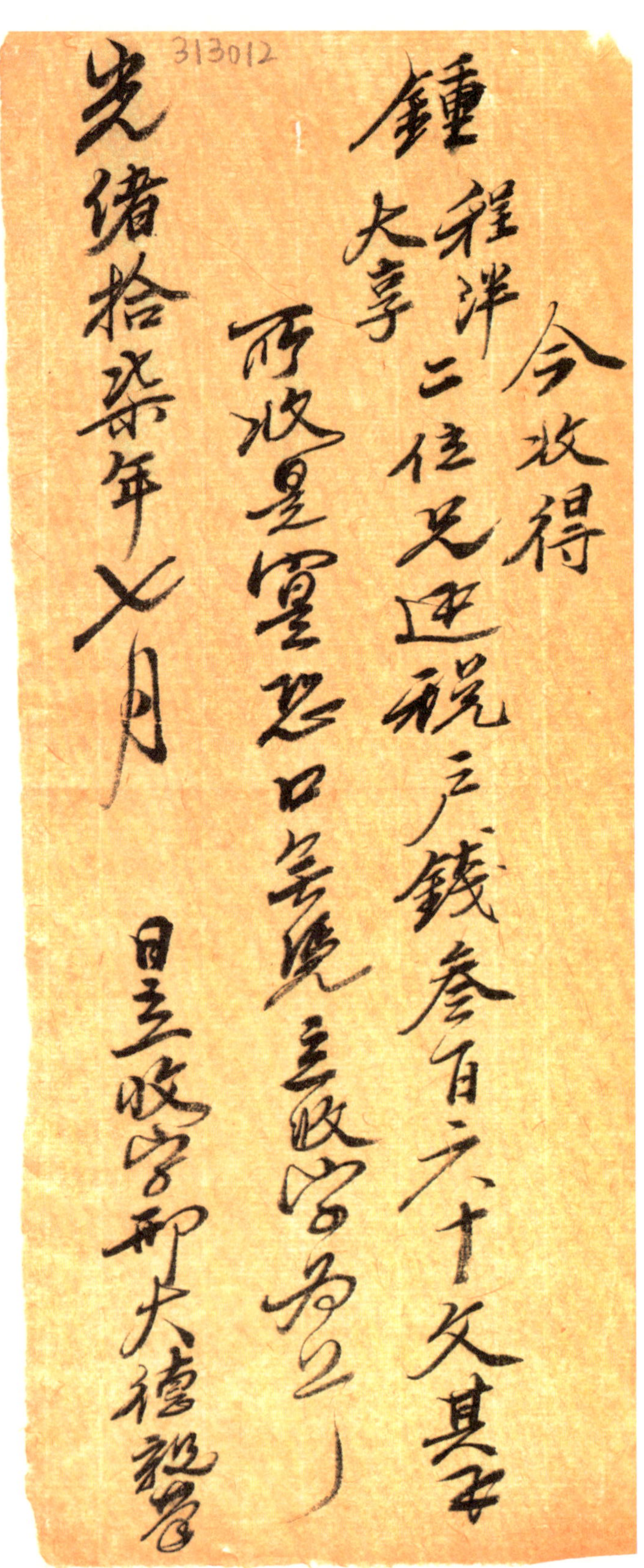

今收得

鍾程泮、大享二位兄邊稅户錢叁百六十文，其錢所收是寔，恐口無憑，立收字為照。

光緒拾柒年七月　日立收字邢大德親筆

光緒十七年鍾亞來等立兌契

立兑契孫鍾亞來、大房又貳房叔銀庫、銀良，有水田老屋對面大秧地安着，计田弍坵，计租弍硕，土名、安着、四至、亩数不具，其粮自纳，自其田叔邊兑與族侄大賞，侄邊竪造起屋作用，居住千秋，憑族公議

又錢一千八百文，此照（押）

兑田租壹夼外，收侄貼勝錢玖千文正，此係兩相憑族公議，自心甘愿，去后無敢言三语四之理，恐口無憑，立兑契永遠千秋爲照。

光绪拾柒辛卯年八月　日立兑契鍾亞來（押）

仝弟　亞省（押）

仝叔　銀庫（押）

銀良（押）

憑族見　細楚（押）

亞南（押）

水財（押）

雷　蘇良（押）

执筆族兄　鴻業（押）

再筆　必允筆（押）

光绪十七年鍾鴻業立收字

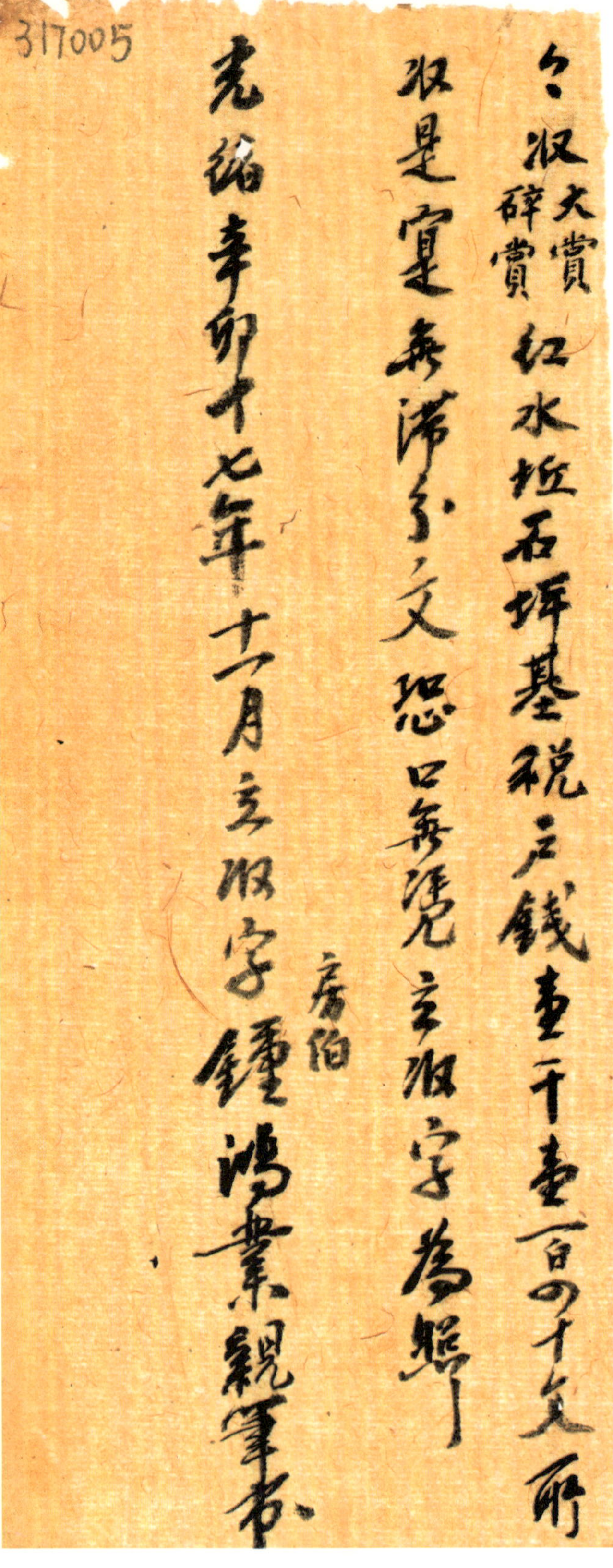

今收大賞、碎賞红水垢、石坪基税户錢壹千壹百四十文，所收是寔，無滯分文，恐口無憑，立收字爲照。

光緒辛卯十七年十一月立收字房伯鍾鴻業親筆（押）

## 光緒十七年鍾鴻業立收字

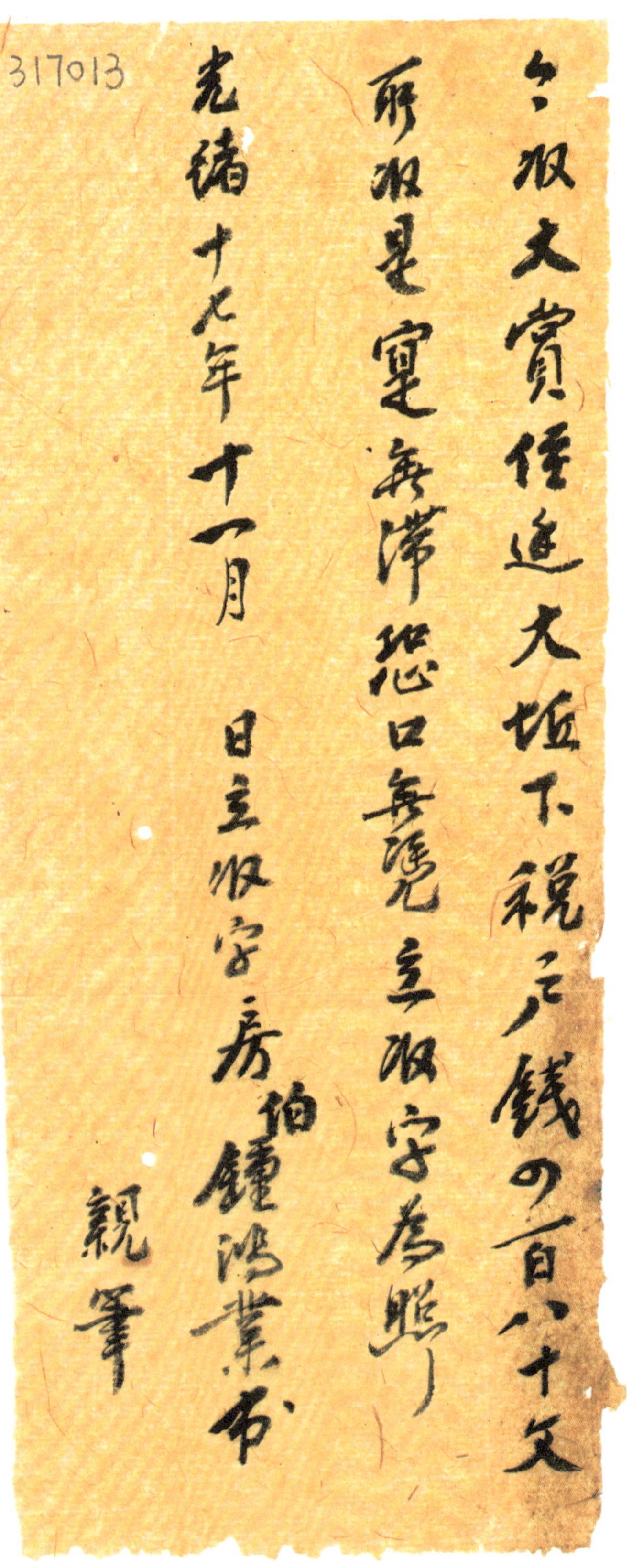

今收大賞侄邊大坵下税户錢四百八十文，所收是寔，無滯，恐口無憑，立收字爲照。

光緒十七年十一月　日立收字房伯鍾鴻業（押）

親筆

## 光緒十七年鍾廷墨立收字

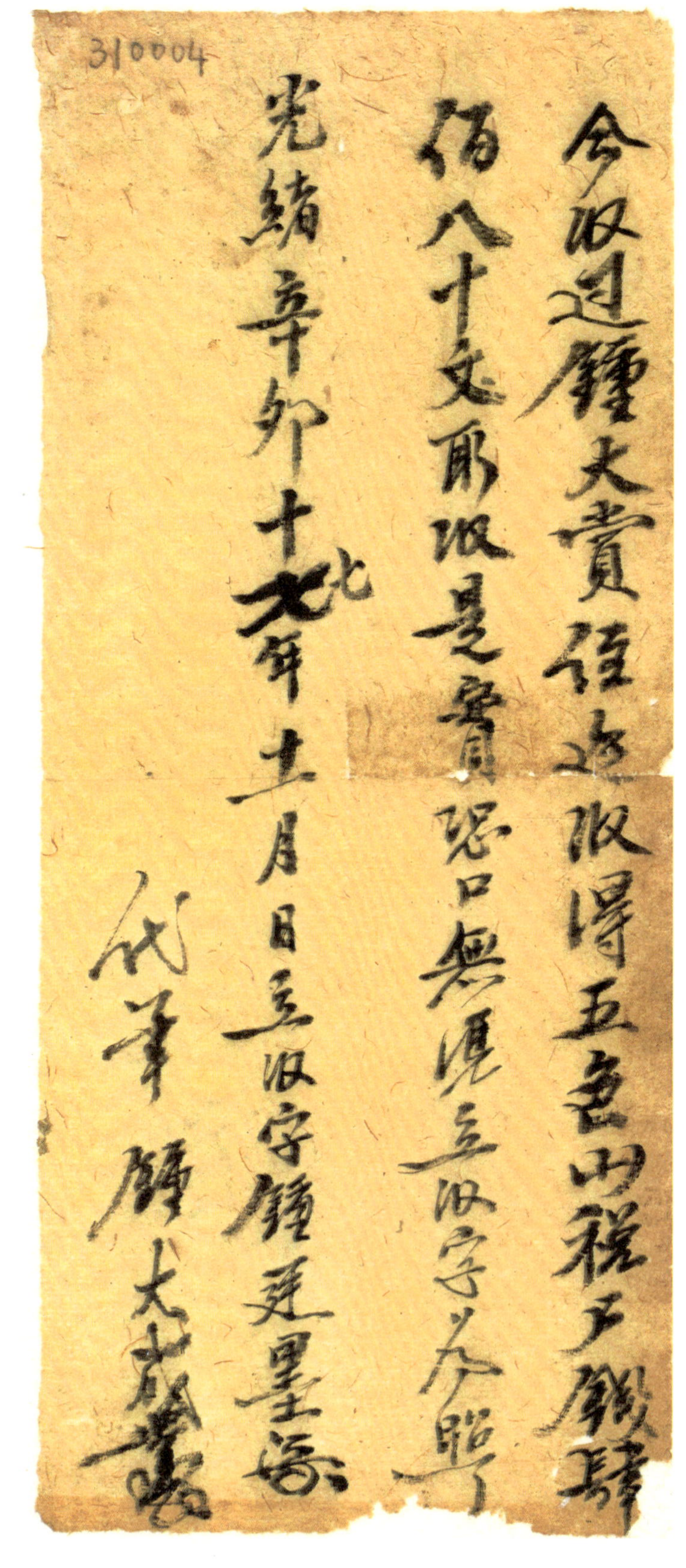

今收过鍾大賞侄邊，收得五色山税户錢肆佰八十文，所收是實，恐口無憑，立收字爲照。

光緒辛卯十七年十一月日立收字鍾廷墨（押）

代筆　鍾大成（押）

# 光緒十七年鍾純谷立收字

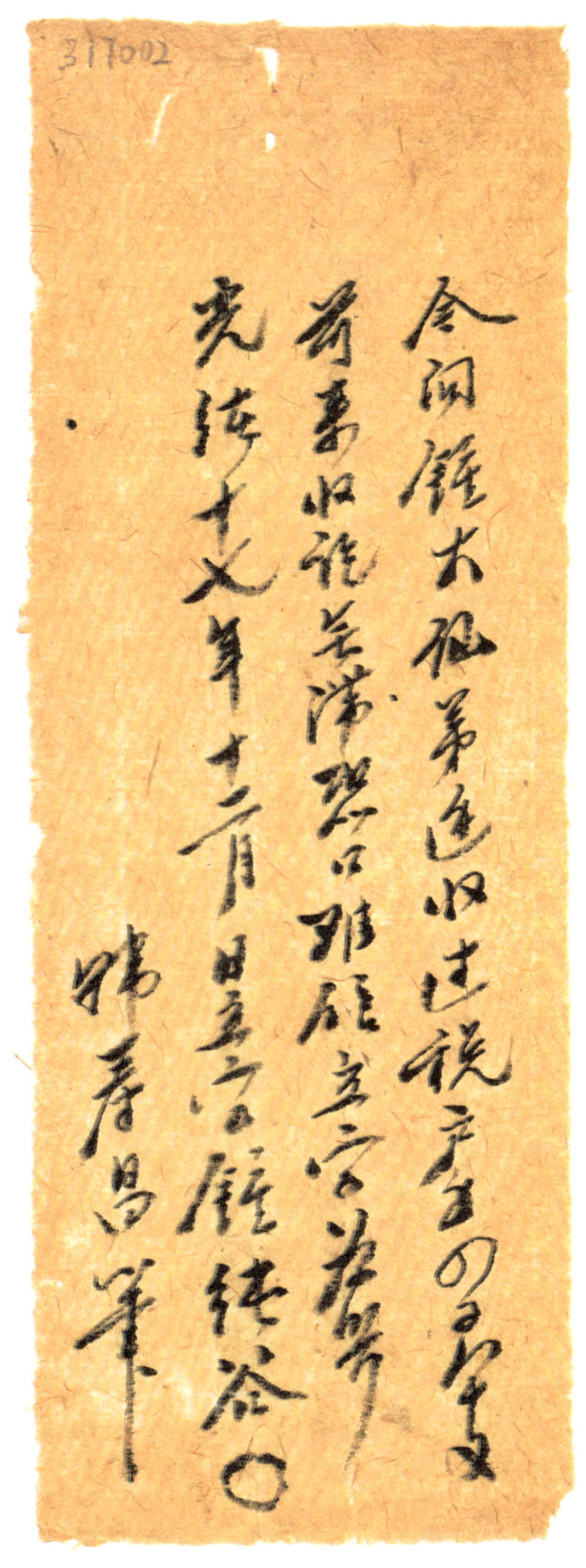

今向鍾大仙弟邊收过稅户錢四百八十文
前來，收訖無滞，恐口难信，立字爲照。
光緒十七年十二月　日立字　鍾纯谷（押）
韓壽昌筆

## 光緒十八年鍾壹木立收字

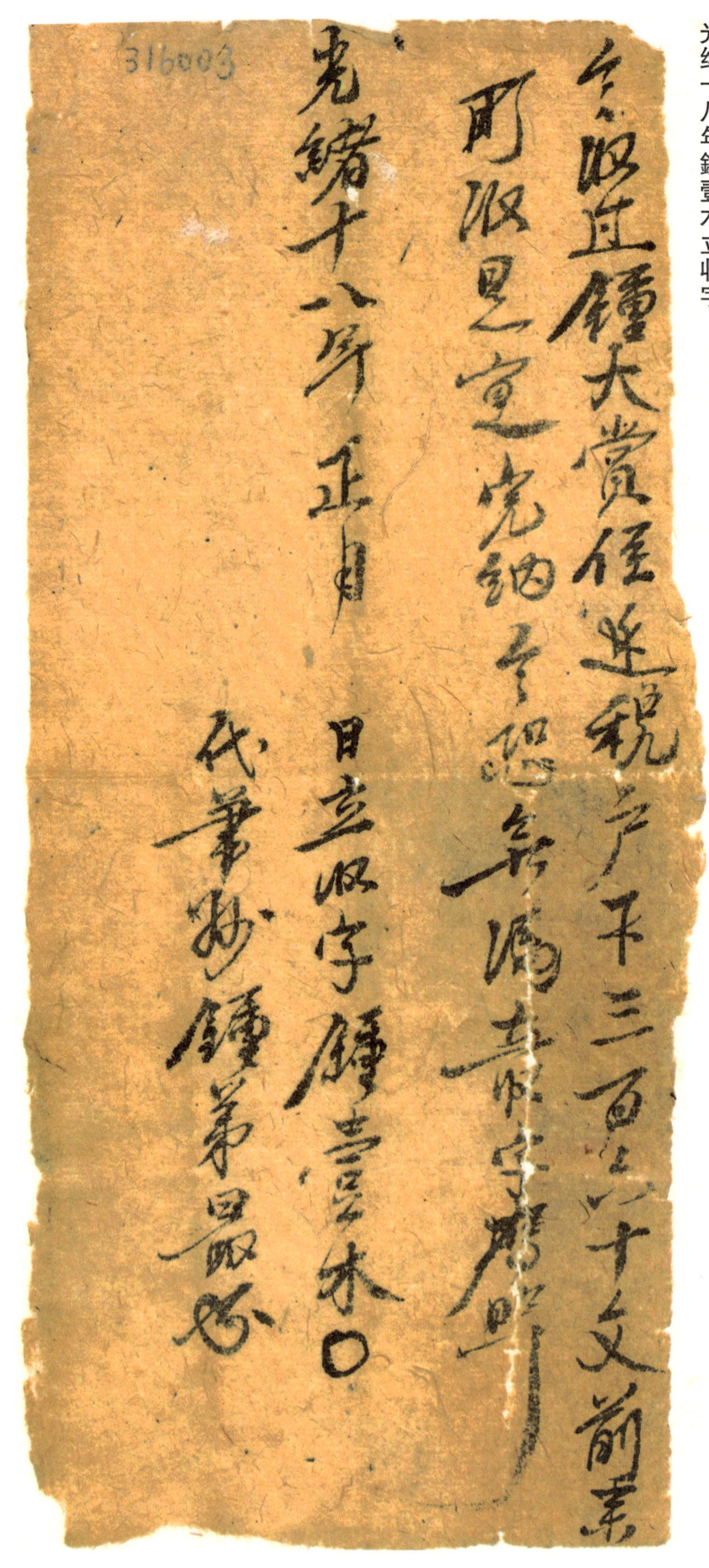

今收过鍾大賞侄邊税户錢三百六十文前來，所收是寔完纳，今恐無憑，立收字爲照。

光緒十八年正月　日立收字鍾壹木（押）

代筆抄鍾弟最（押）

# 光緒十八年鍾廷墨立收字

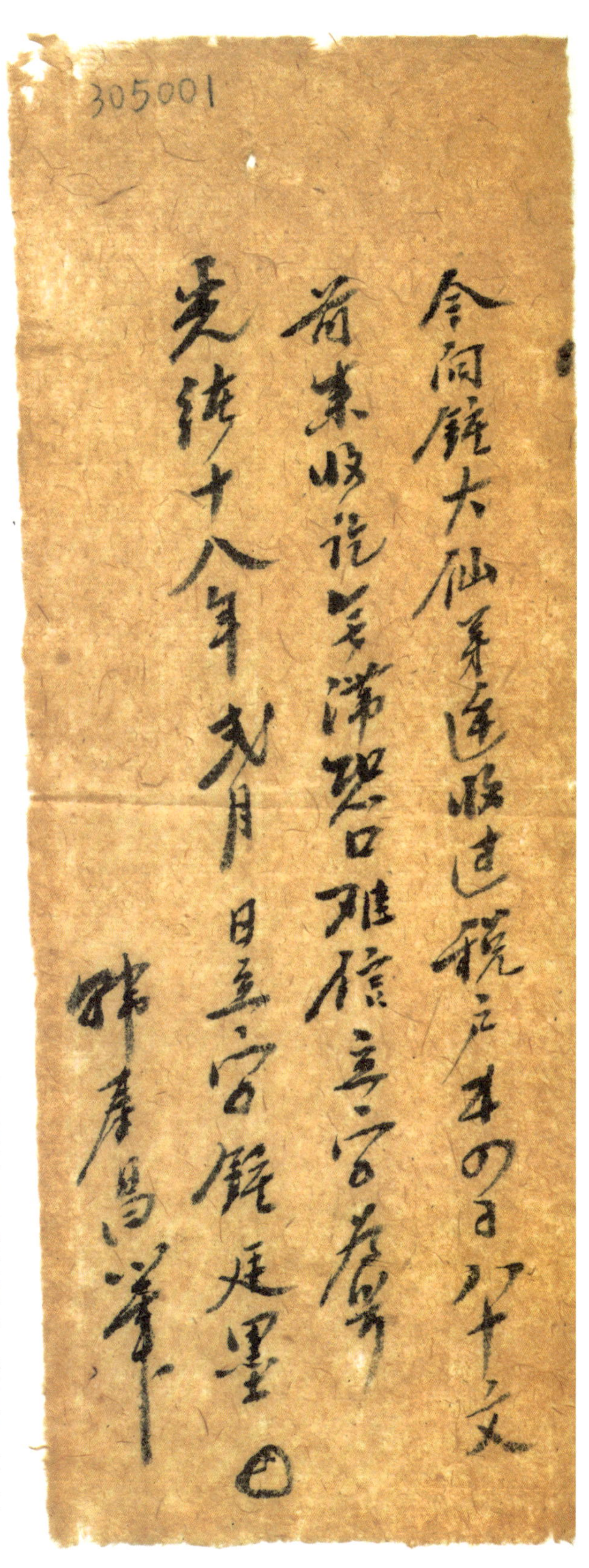
今向鍾大仙弟邊收过税户錢四百八十文
前來，收訖無滞，恐口难信，立字爲照。
光緒十八年弍月　日立字鍾廷墨（押）
韓寿昌筆

## 光緒十八年鍾亞樓立收字

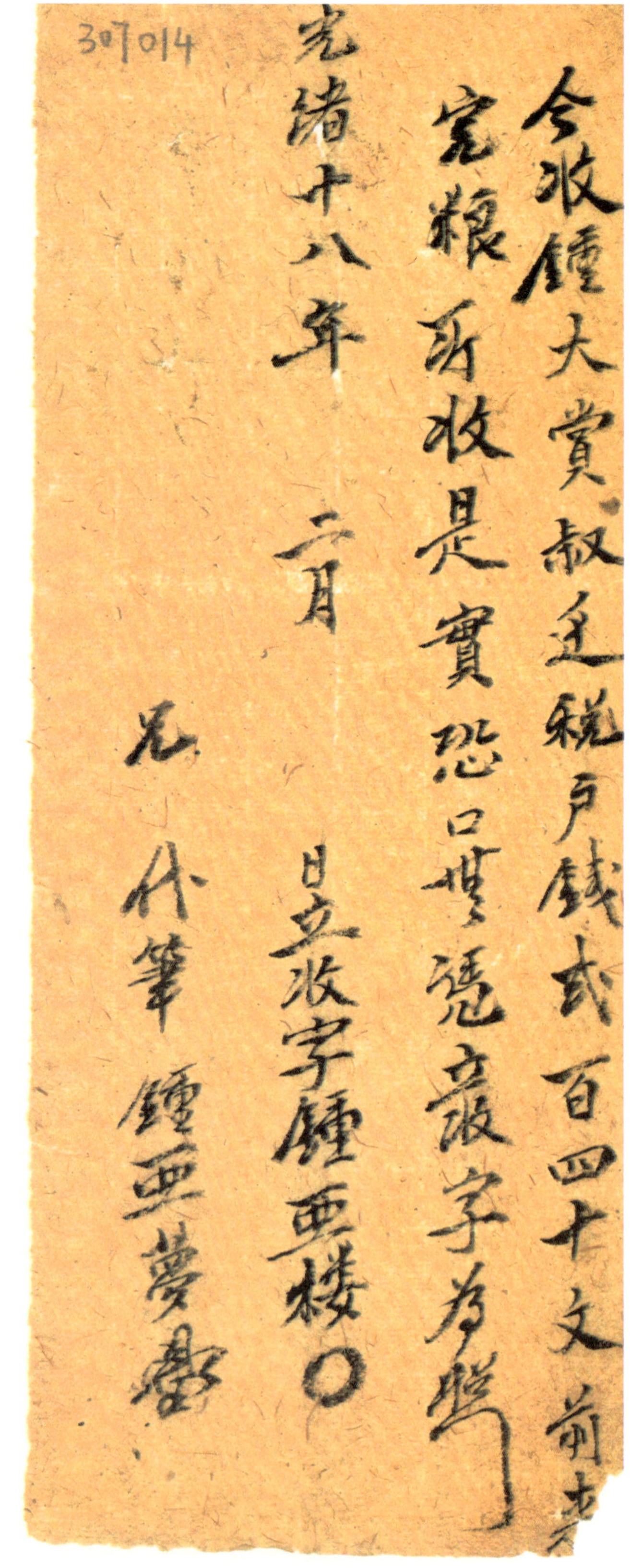

今收鍾大賞叔邊稅户錢弍百四十文，前來
完粮，所收是實，恐口無憑，立收字爲照。
光緒十八年　二月　日立收字鍾亞楼（押）
兄　代筆　鍾亞夢（押）

光绪十八年鍾鴻業立收字

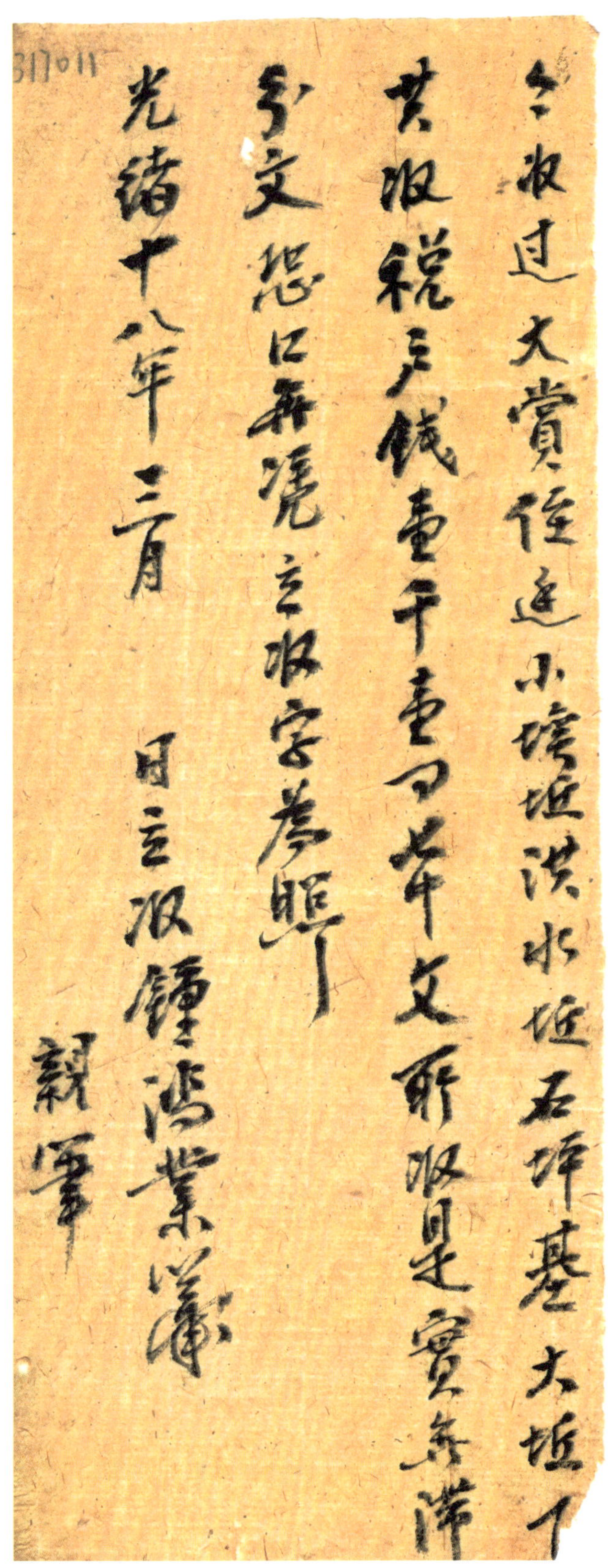
今收过大賞任邊小塆垟洪水垟石坪基大垟下共收税户錢壹千壹百七十文所收是實無滯分文恐口無憑立收字爲照
光緒十八年三月　日立收鍾鴻業（押）
親筆

今收过大賞任邊小塆垟、洪水垟、石坪基、大垟下，共收税户錢壹千壹百七十文，所收是實，無滯分文，恐口無憑，立收字爲照。

光緒十八年三月　日立收鍾鴻業（押）

親筆

## 光緒十八年邢大德立收字

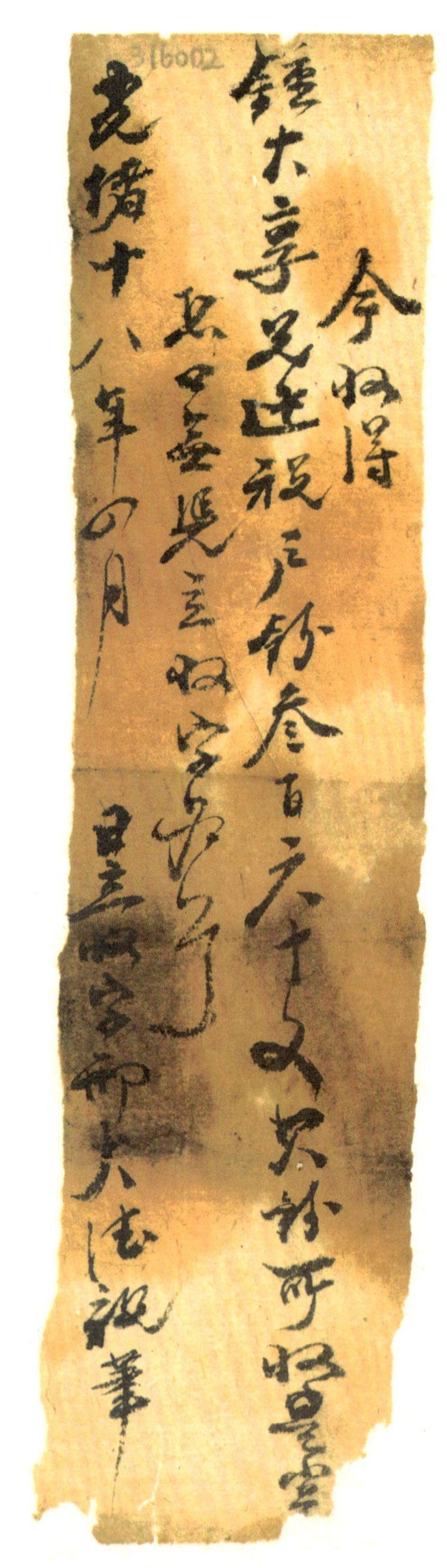

今收得

鍾大享兄邊税户钱叁百六十文，其錢所收是寔，

恐口無憑，立收字爲照。

光緒十八年四月　日立收字邢大德親筆

## 光緒十八年鍾廷墨立賣契

大谷田左右俱至積塍田為界俱立四至分明今因缺錢應用自愿將此
田立賣契壹紙就賣與周 相邊為業三面訂作時價錢壹拾弍仟文其
錢即收清訖分文無少此田未賣之先並無內外人等文墨交關既賣之後任
听周邊收租管業貼稅完粮其租谷面訂逐年送至周宅過車完納清楚周
邊立收字為本家為憑如若無谷交納周邊不立收家即本家欠租其田任
听周邊起佃耕種永為己業本家伯叔兄弟子侄不得異言如有此色自能
支解不涉周邊之事此出兩愿並無逼抑等情今欲有據立賣契為照
前有票帋未入契內再照

光緒拾捌年壬辰十二月 吉日 立賣契鍾廷墨（押）

在見子 士把（押）

為中 富宝崇

執筆鍾 必光（押）

(前頁)>>>>

立賣契，本家有水田壹塅，坐落八都五源培頭，土名祠堂後般三角坵安着，計田大小三坵，計租三碩，計畝七分五厘正，其界上至鍾大悲田，下至大谷田，左右俱至積焕田爲界，俱立四至分明，今因缺錢應用，自愿将此田立賣契壹紙，就賣與周□□□相邊爲業，三面訂作時價錢壹拾弍仟文，其錢即收清訖，分文無少，此田未賣之先，並無内外人等文墨交關，既賣之後，任听周邊收租管業，貼税完粮，其租谷面订遞年送至周宅過車完納清楚，周邊立收字爲本家爲憑，如若無谷交納，周邊不立收家，即本家欠租，其田任听周邊起佃耕種，永爲己業，本家伯叔兄弟子侄不得異言，如有此色，自能支解，不涉周邊之事，此出兩愿，並無逼抑等情，今欲有據，立賣契爲照。

前有票紙未入契内，再照。

光緒拾捌年壬辰十二月　吉日　立賣契鍾廷墨(押)

在見子　士把(押)

爲中　富宝崇(押)

執筆鍾　必允(押)

# 光緒十九年鍾廷墨立收字

今向鍾大仙邊收过税户錢四百八十文
前來，收訖無滯，恐口难信，立字爲照。
光緒十九年三月日立字鍾廷墨（押）
韓寿昌筆

光緒十九年邢大德立收字

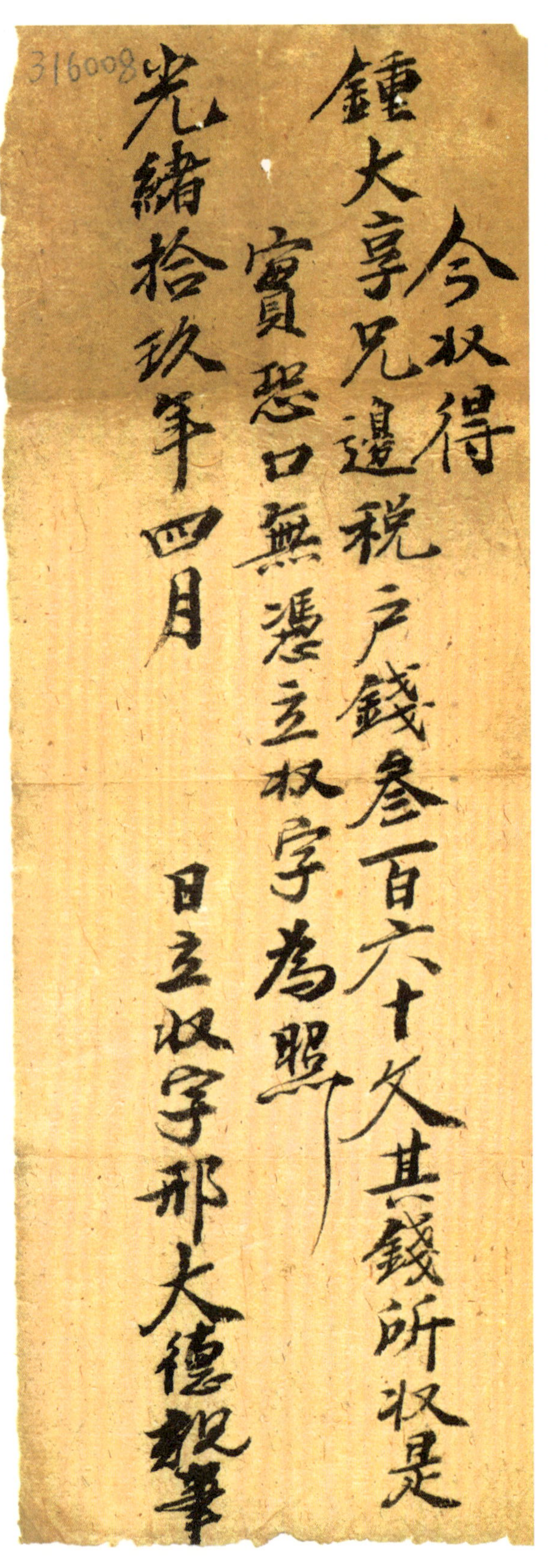
今收得
鍾大亨兄邊稅户錢叁百六十文，其錢所收是
實，恐口無憑，立收字爲照。
光緒拾玖年四月　日立收字邢大德親筆

光緒十九年鍾純谷立收字

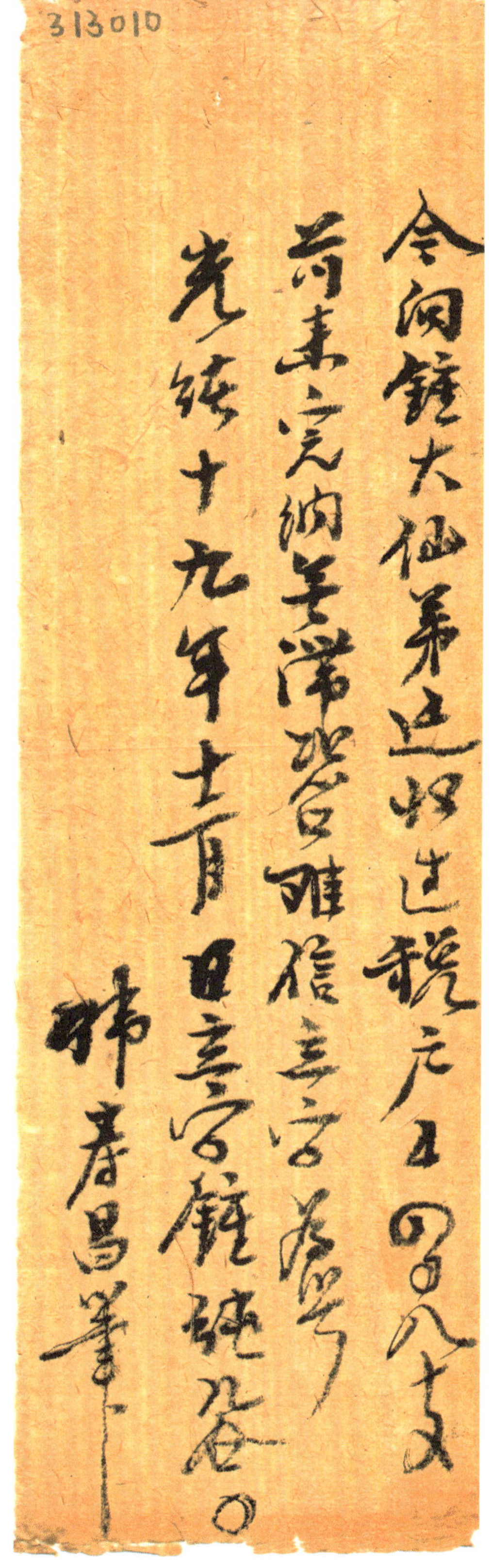

今向鍾大仙弟邊收过税户錢四百八十文，前來完納無滞，恐口难信，立字爲照。

光緒十九年十二月日立字鍾纯谷（押）

韩寿昌筆

## 光緒十九年鍾廷墨立賣字

立賣字鍾廷墨，本家有柏子樹壹支，坐落八都五源
塆，土名洪水坵降田上安着，柏子樹壹支，今因缺錢應
用，自心情愿憑中立賣字一紙，兑向與鍾宅永遠掌
管，鄭善潛親邊，三面言定賣出價大錢陸百七十文正，
其價即日親收完足，分文無滯，即賣之后，任侍等上墨安本，
其柏子係子孫利永遠掌管，吾家伯叔兄弟子侄不得
係言文理，如有此色，自能支當，不涉錢主之事。今欲有憑，恐口
無憑，立賣字永遠為照。

光緒十九年十二月　日　立賣字鍾廷墨（押）

代筆　趙朝挹

（前頁）>>>>

立賣字鍾廷墨，本家有柏子樹壹支，坐落八都五源培豆洪水坵降田豆安着，柏子樹壹支，今因缺錢應用，自心情愿，憑中立賣字一紙，憑向與鍾宅永遠掌管，鄭善洛親邊三面言定，賣出價大錢陸百七十文正，其錢即日親收完足，分文無滯，即賣之后，任等文墨交干，其柏子休子爲利，永遠掌管，吾家伯叔兄弟子侄不得係［異］言之理，如有此色，自能支当，不涉錢主之事，今欲有據，恐口無憑，立賣字永遠爲照。

光绪十九年十二月　日　立賣字鍾廷墨（押）

代筆趙朝抱

## 光緒十九年、二十年鍾廷墨立收字

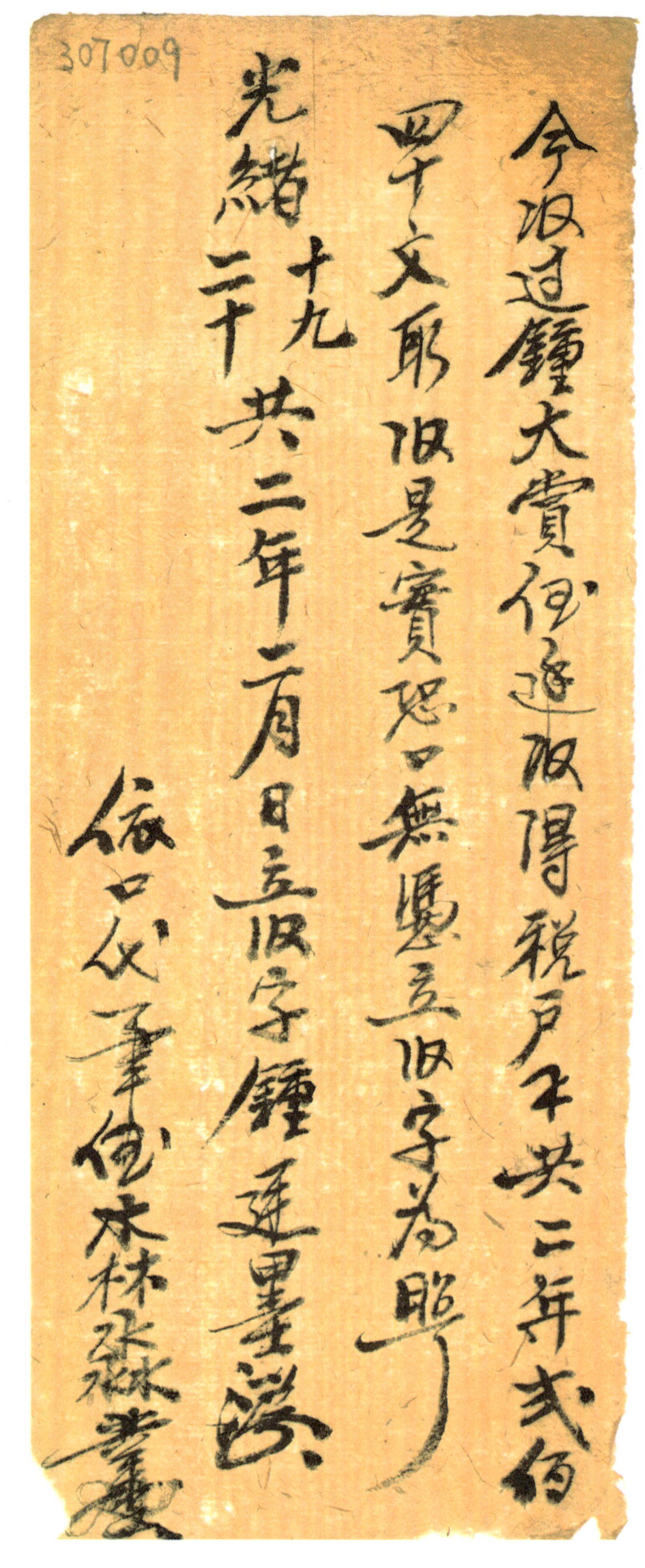

今收过鍾大賞侄邊，收得税户錢共二年弍佰四十文，所收是實，恐口無憑，立收字爲照。

光緒十九、二十共二年二月日立收字鍾廷墨（押）

依口代筆侄森淼筆（押）

光緒二十年鍾必允立收字

307010

今收过鍾時浦侄邊，收得大垇下税户錢四百八十文，又石坪基自合税户，又洪水垇共租九石五方，税户錢五百七十文，共錢一千另五十文外，又税户小安垇亞娄名下一百廿文，所收是實，恐口無憑，立收字爲照。

光緒廿年正月日立收字鍾必允（押）

親筆

## 光緒二十年鍾廷墨立收字

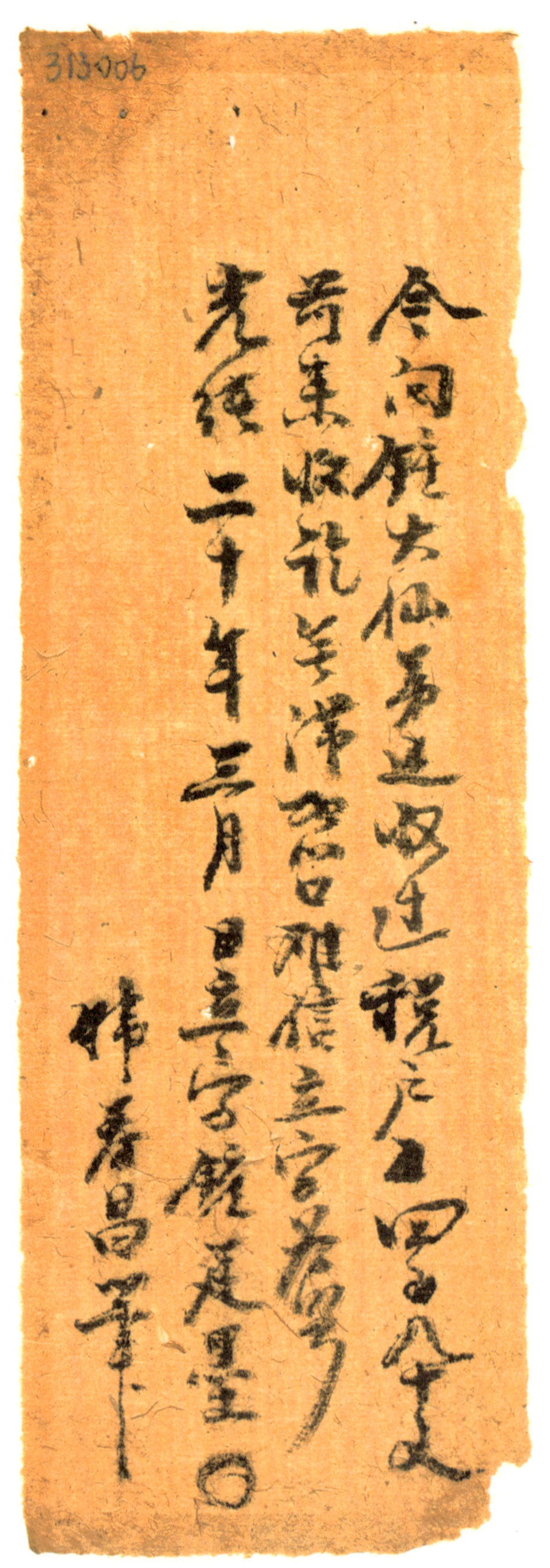

今向鍾大仙弟邊收过税户錢四百八十文前來，收訖無滯，恐口难信，立字爲照。

光绪二十年三月日立字鍾廷墨（押）

韩寿昌筆

## 光緒二十年邢大德立收字

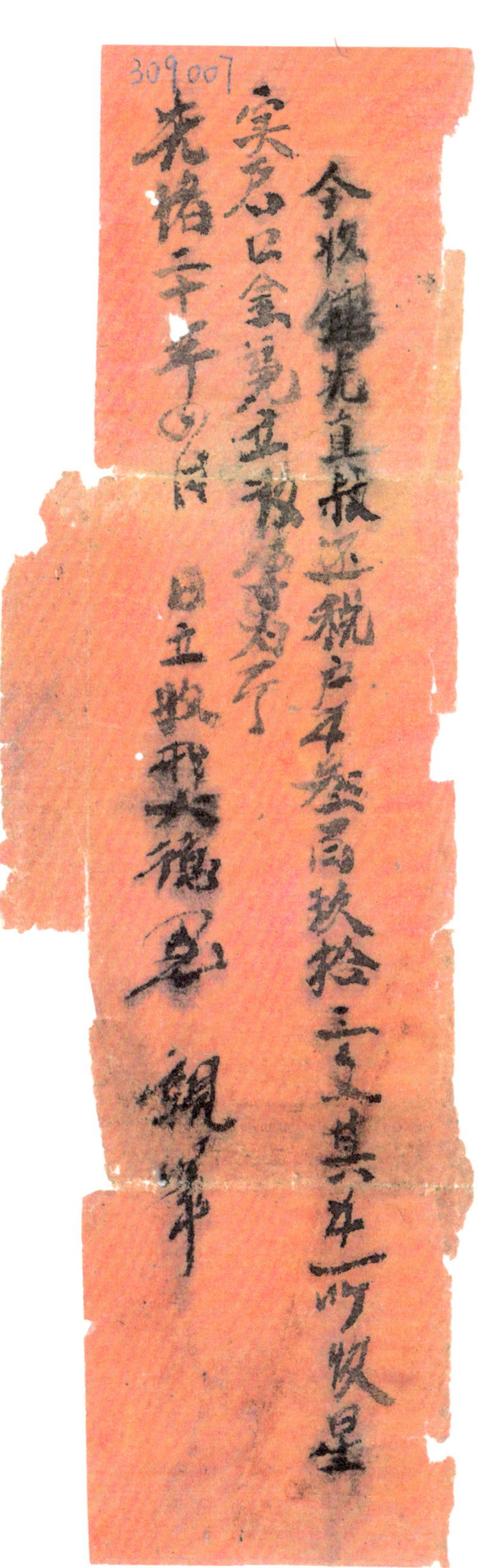

今收鍾光直叔邊稅户錢叁百玖拾三文，其錢所收是实，恐口無憑，立收字爲照。

光緒二十年四月　日立收邢大德（押）　親筆

## 光緒二十年邢大德立收字

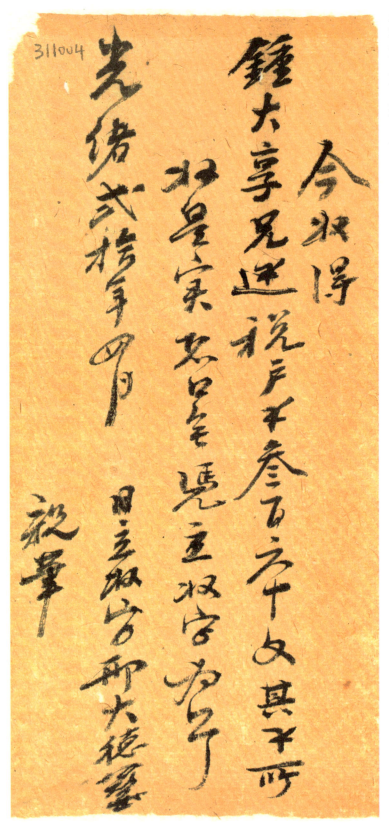

今收得

鍾大享兄邊税户錢叁百六十文，其錢所

收是实，恐口無憑，立收字为照。

光緒式拾年四月　日立收字邢大德（押）

親筆

光緒二十年鍾壹木立收字

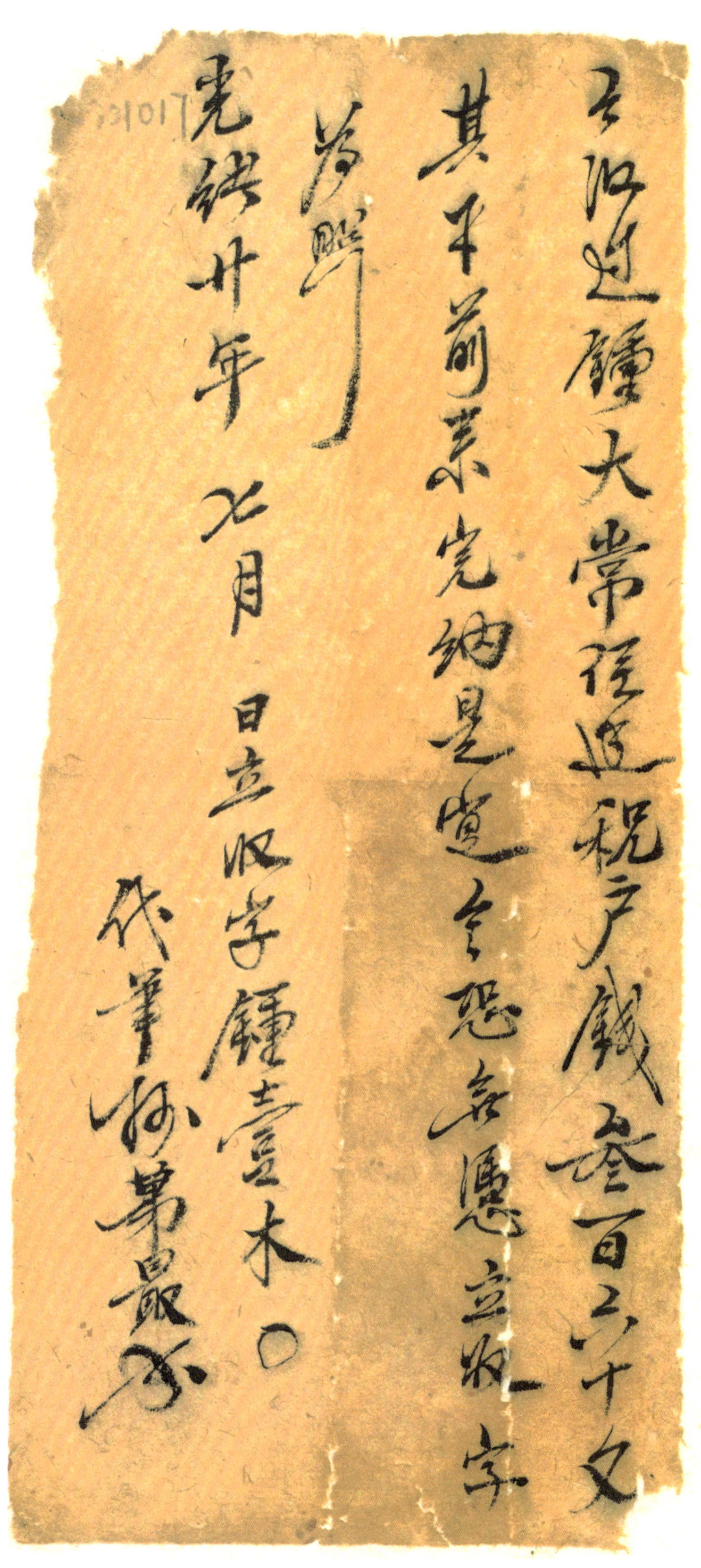

今收过鍾大常侄邊税户錢叁百六十文，其錢前來完納是寔，今恐無憑，立收字爲照。

光緒廿年　七月　日立收字鍾壹木（押）

代筆抄弟最（押）

## 光緒二十年鍾蘇佐立找契

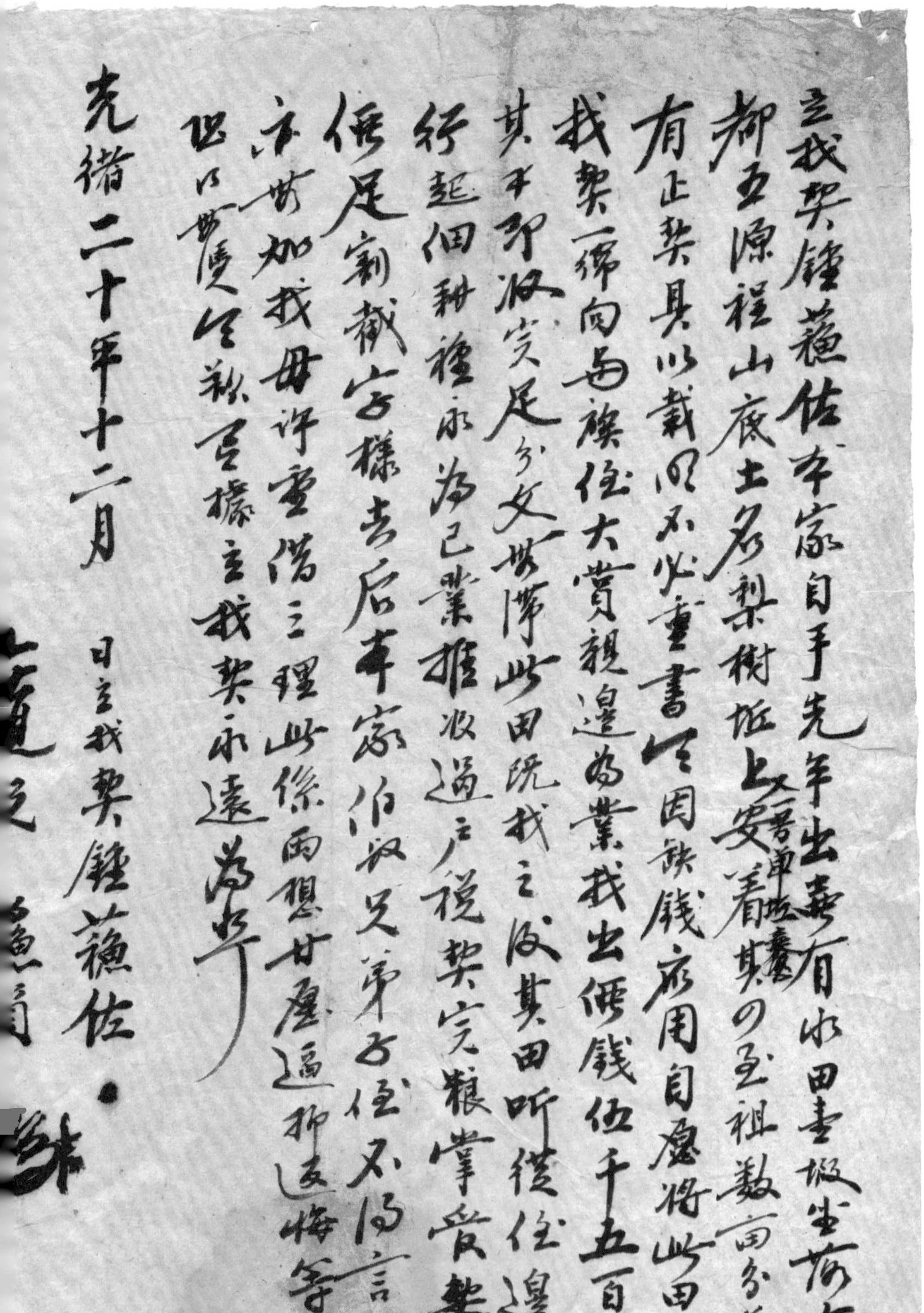

（前頁）>>>>

立找契鍾蘇佐，本家自手先年出賣有水田壹塅，坐落本

又一号单坵（押）

都五源程山底，土名梨樹坵上安着，其四至、租数、亩分前
有正契具以载明，不必重書，今因缺錢应用，自愿将此田立
找契一紙，向與族侄大賞親邊爲業，找出價錢伍千五百文，
其錢即收完足，分文無滯，此田既找之後，其田听從侄邊自
行起佃耕種，永爲己業，推收過户，税契完粮掌管，契任
價足，割截字樣，去后本家伯叔兄弟子侄不得言称，
亦無加找，毋许重借之理，此係兩想［相］甘愿，逼抑返悔等情，
恐口無憑，今欲有據，立找契永遠爲照。

光緒二十年十二月　　日立找契鍾蘇佐（押）

在見兄　　蘇員（押）

蘇文（押）

代笔房侄大纯（押）

## 光緒二十年鍾蘇佐立賣契

立賣契鍾蘇佐本家自手承分有水田壹段坐落本都
五源程山底土名梨樹坵上安着計田□坵園在内其四至
上下左三至錢主己田右至錢主中田為界梨樹坵右邊
田豆園壹塊又一号坐落土名單坵安着計田壹坵田下
有園二連合一半茶樹并及在内上下左右四至錢主田
園為界其四至分明共田二号計租壹石計田三分正
今因缺錢應用自心情愿將此田出賣契一概向與
族侄大貴親邊為業三面言訂出得價錢玖千文正
其錢當收清訖分文無少此田未賣之先並無内外
人等文墨交關既賣之後其田任听退與姪邊自
行耕種永為己業推收過户入税契完粮本家

[illegible]

不涉侄邊之事此出兩心甘愿並無逼抑等情恐口

無憑以收字據立賣契永遠為照

光緒貳拾年十月　日立賣契鍾蘊佐（押）

在見兄　蘊員（押）

蘊文（押）

代筆房侄　大紀（押）

（前頁）>>>>

立賣契鍾蘇佐，本家自手承分有水田壹堀，坐落本都五源程山底，土名梨樹坵上安着，计田一丘，园在内，其四至上、下、左三至錢主己田，右至錢主中田爲界，梨樹坵右邊田豆园半塊，又一号坐落土名单坵安着，计田壹坵，田下有园二連合一半茶樹並及在内，上、下、左、右四至錢主田园爲界，具立四至分明，共田二号，计租壹石，计亩三分正，今因缺錢应用，自心情愿，将此田出賣契一紙，向與族侄大賞親邊爲業，三面言订，出得價錢玖千文正，其錢当收清訖，分文無少，此田未賣之先，並無内外人等文墨交關，既賣之後，其田任听退與姪邊自行耕種，永爲己業，推收過户，税契完粮掌管，本家伯叔兄弟子侄不得異言之理，如有此色，自能支当，不涉侄邊之事，此出兩心甘愿，並非逼抑等情，恐口無憑，今欲有據，立賣契永遠爲照。

光绪贰拾年十月　　日立賣契鍾蘇佐（押）

在見兄　蘇員（押）

蘇文（押）

代筆房侄大纯（押）

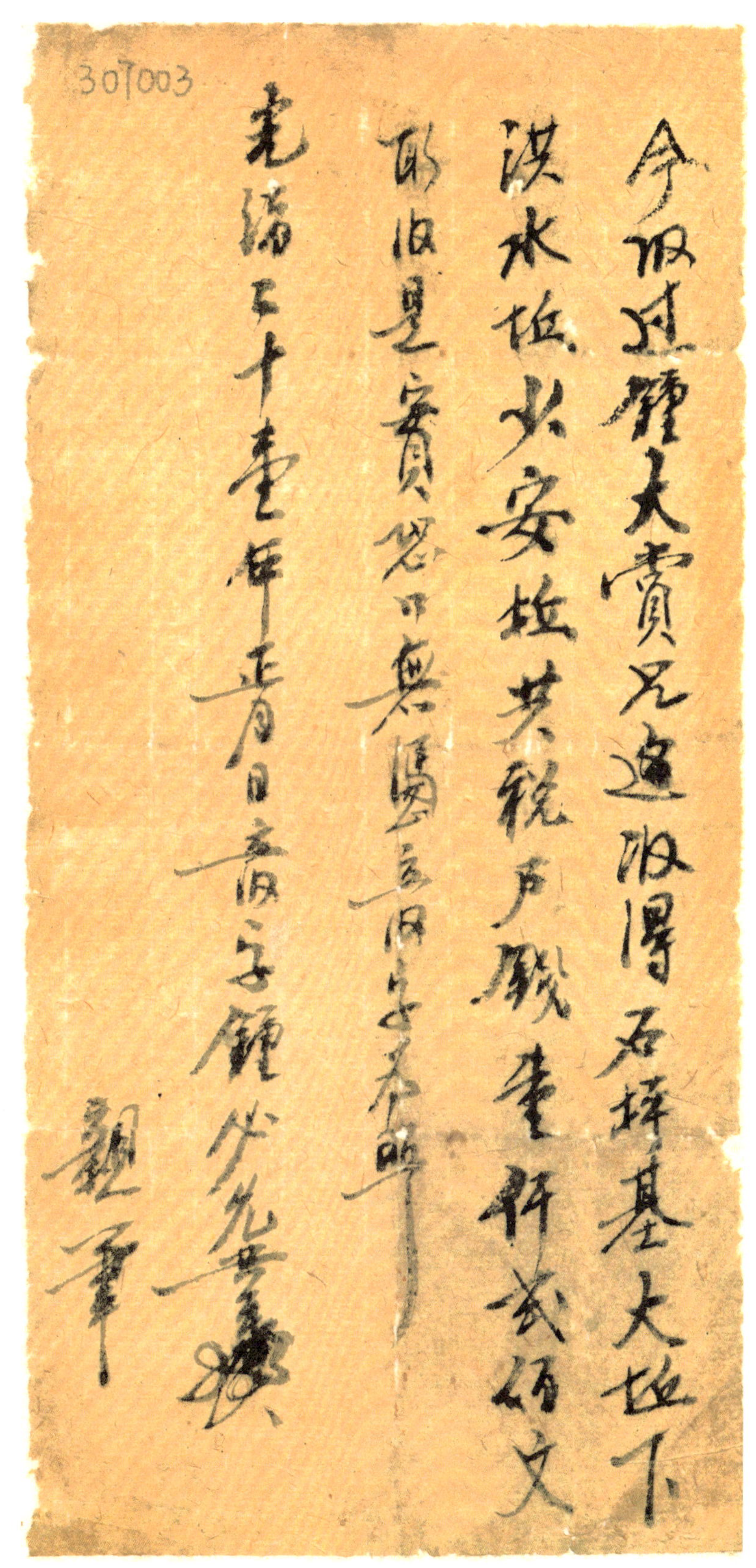

今收过鍾大賞兄邊，收得石坪基、大垢下、洪水垢、少安垢共税户錢壹仟弍佰文，所收是實，恐口無憑，立收字爲照。

光緒二十壹年正月日立收字鍾必允（押）

親筆

## 光緒二十一年鍾士兔立收字

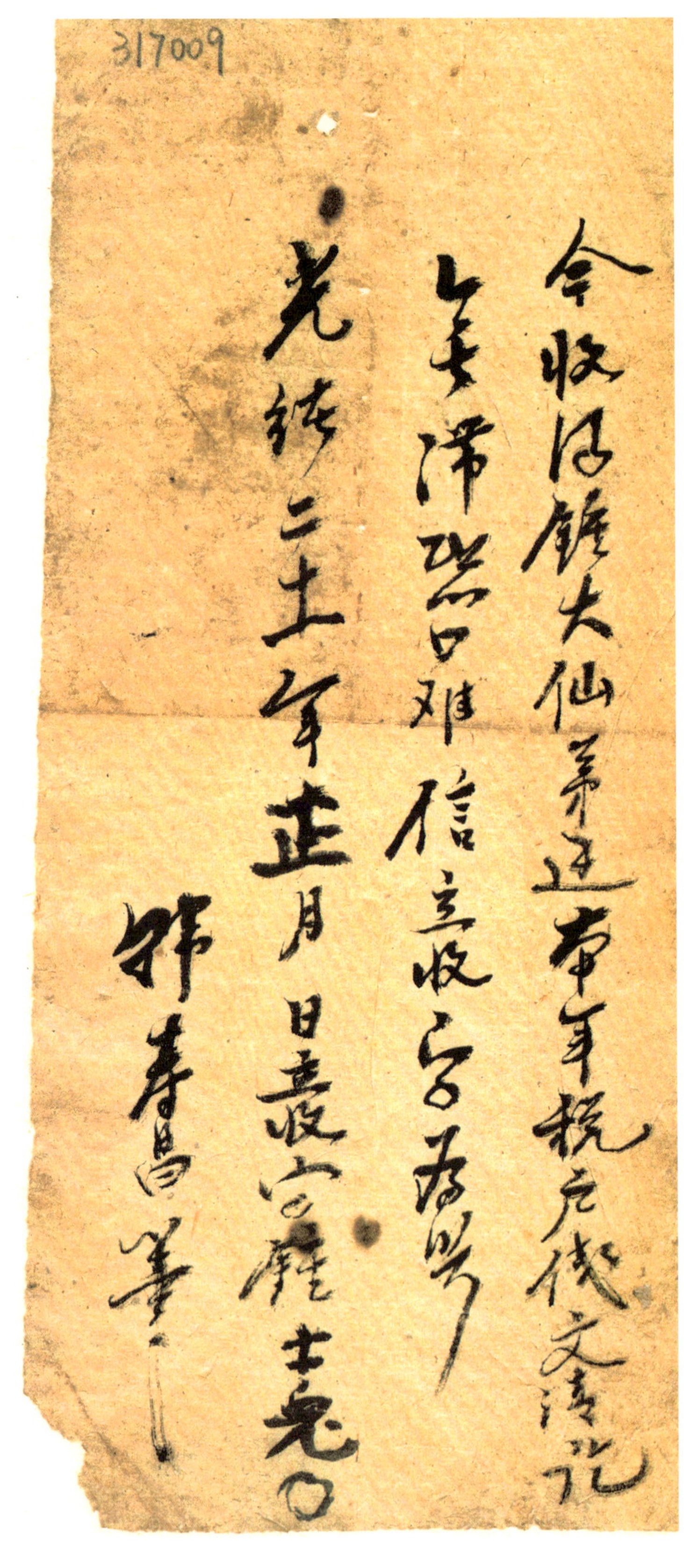

今收得鍾大仙弟邊本年税户錢文，清訖
無滞，恐口难信，立收字爲照。
光緒二十一年正月日立收字鍾士兔（押）
韩寿昌筆

光緒二十一年邢大德立收字

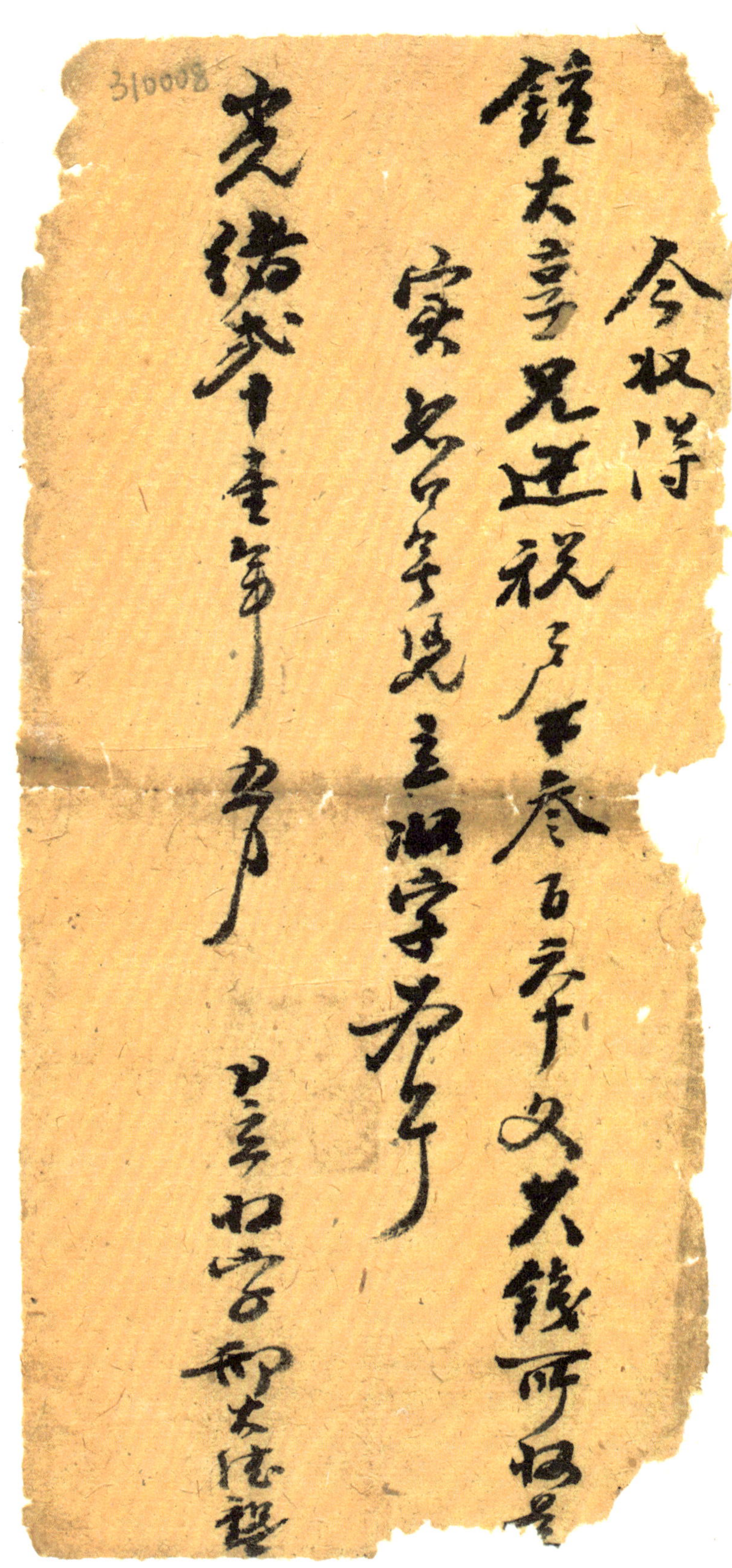

今收得
鍾大享兄邊税户錢叁百六十文，其錢所收是
實，恐口無憑，立收字爲照。
光緒弍十壹年　五月　日立收字邢大德（押）

## 光緒二十一年鍾沛然等立截借退字

立截借退字鍾沛然、湊然、自然等父手出賣
一處共租弍拾合方方十斗正，計因息父安厝
缺錢應用，憑中向在鍾大貴、石碎貴弍户
勸出截借同鍾肆仟文，又面訂軒借户錢
叁千，除过三年無收，三年以外再向沛然兄
弟三人收户完納。此係兩心甘情，其田四至
另各正契，承退管業，兄弟子侄因父
安厝找借之后，面斷永退，無找無贖。
井頭壠田至內有柏子樹一支在內，恐口無
憑，立歎有據，立借退（字一紙）為……

光緒九年至二十一年共管十三年旱塘頭

秧地不田沛然自能耕種田租之碩一應

除去完納清訖是寔不涉錢之事再照

光緒二十一年七月日立截借鍾沛然（押）

仝弟　燾然○

自然○

見借房侄禝渙（押）

代筆兄鍾谷炳（押）

（前頁）>>>>

立截借退字鍾沛然、凑然、自然等，父手出賣一應共租弍拾叁方方二斗正，兹因思父安厝缺錢應用，憑衆向在鍾大賞、碎賞弍户勸出截借同［銅］錢肆仟文，又面訂軒借户錢叁千，除过三年無收，三年以外，再向沛然兄弟三人收户完納，此係兩心甘情，其田四至、号名正契，永遠管業，兄弟子侄因父安厝找借之后，面断永遠無找無贖，井頭壠田至内有柏子樹一支在内，恐口無憑，今欲有據，立借退字永遠爲照。

光緒九年至二十一年共算十三年，旱溏頭秧地不［水］田，沛然自能耕種，田租三碩一應除去，完納清訖是寔，不涉錢之事，再照。

光緒二十一年七月　日　立截借鍾沛然（押）

仝弟　凑然（押）

自然（押）

見借房侄　稷涣（押）

代筆　兄　鍾谷炳（押）

光緒二十一年鍾瑞標立收字

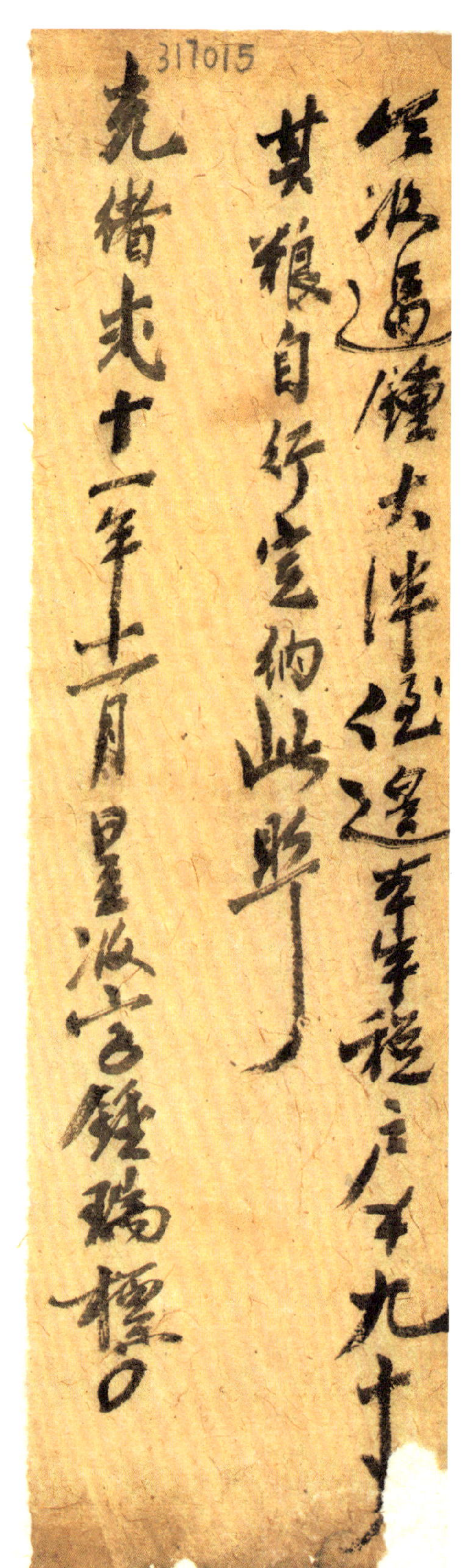

今收過鍾大泮侄邊本年税户錢九十□，
其粮自行完纳，此照。
光緒式十一年十一月　日立收字鍾瑞標（押）

光緒二十一年、二十二年鍾士土立收字

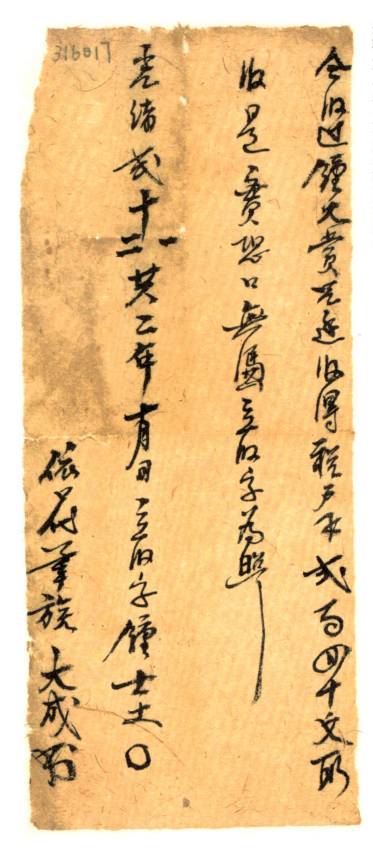

今收过鍾大賞兄邊，收得税户錢弍百四十文，所收是實，恐口無憑，立收字爲照。

光緒弍十一、弍十二共二年十月　日立收字鍾士土（押）

依口代筆族大成（押）

## 光緒二十二年鍾火川立收字

316013

立收字

今收得鍾雷弟邊稅户錢九十文正，其錢即日收乞[訖]無滞，恐口無憑，立字爲照。

光緒二十二年九月日立收字鍾火川（押）

親代筆雷宗起（押）

## 光緒二十二年鍾純谷立收字

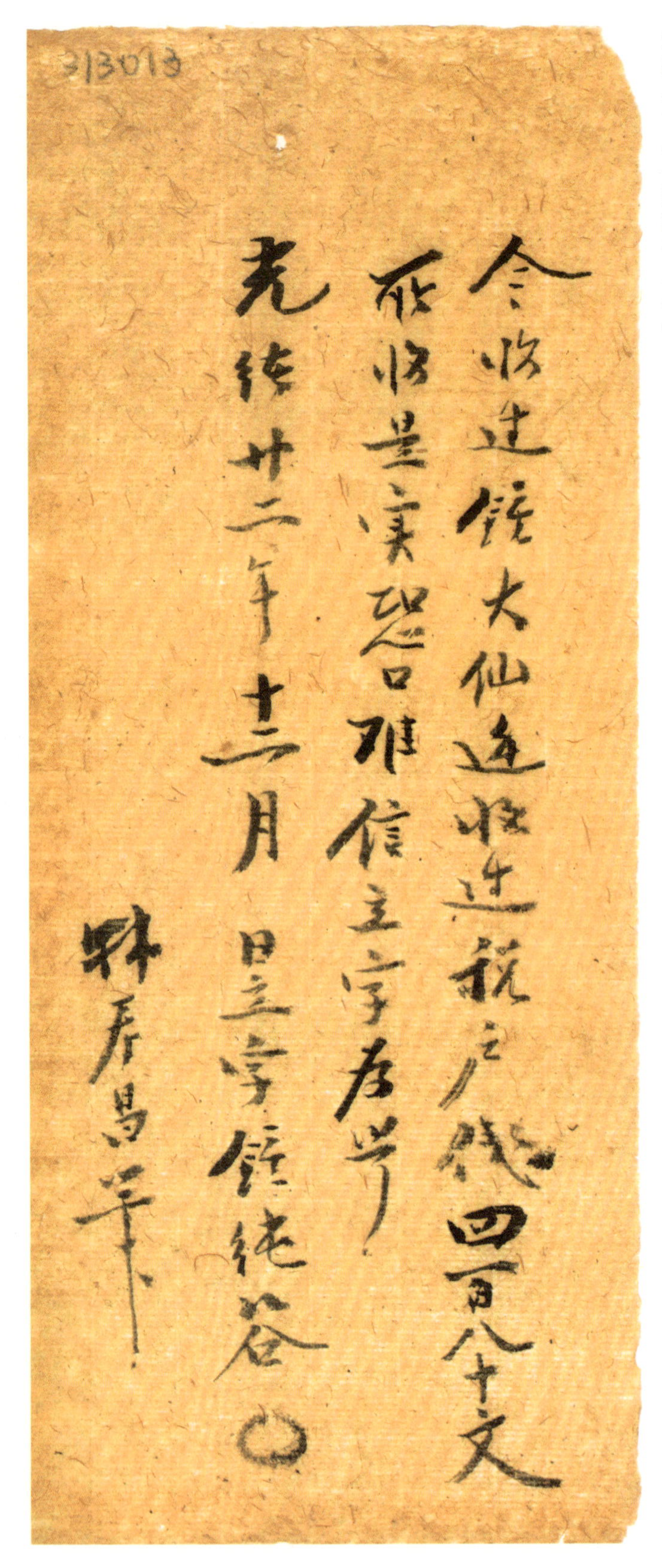

今收过鍾大仙邊，收过税户錢四百八十文，所收是实，恐口难信，立字爲照。

光緒廿二年十二月　日立字鍾纯谷（押）

韩寿昌筆

光緒二十二年鍾士兔立收字

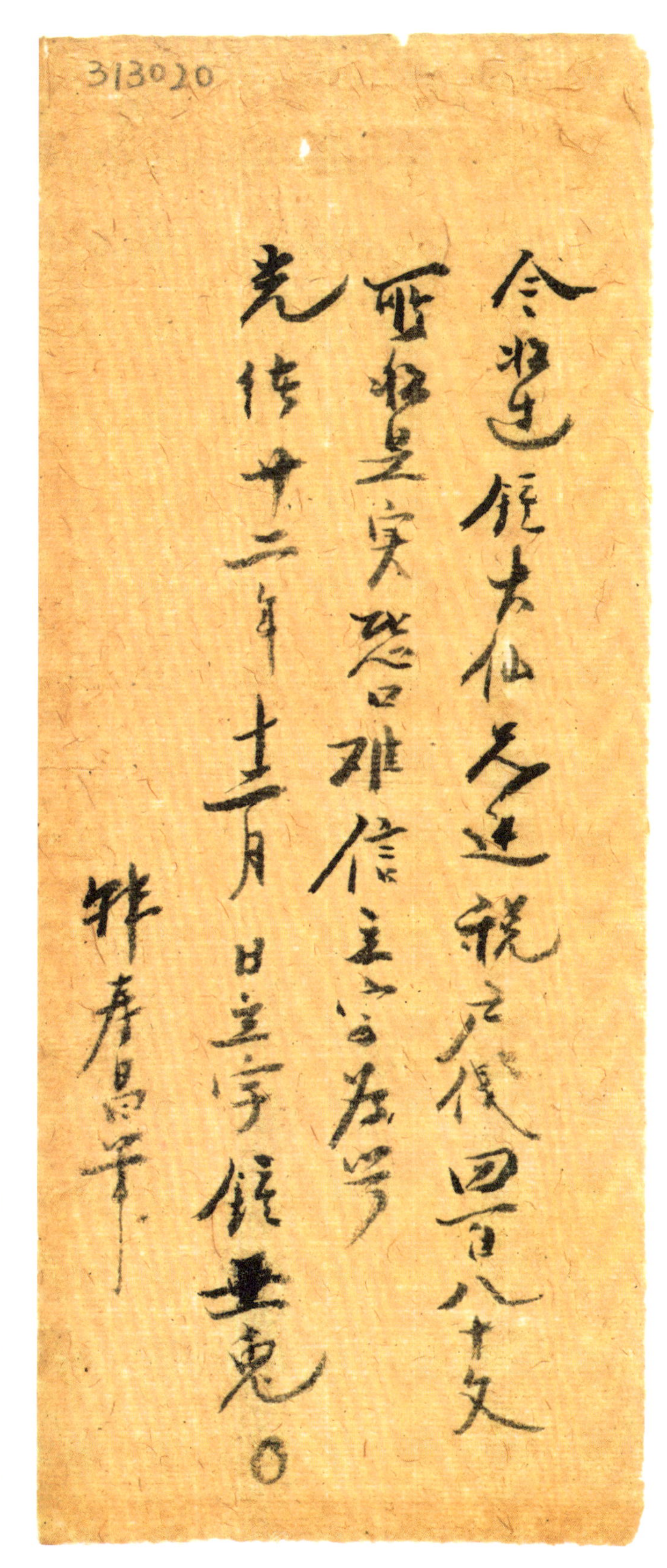

今收过鍾大仙兄邊税户錢四百八十文，所收是实，恐口难信，立字爲照。

光緒廿二年十二月　日立字鍾士兔（押）

韩寿昌筆

光緒二十二年鍾財品立收字

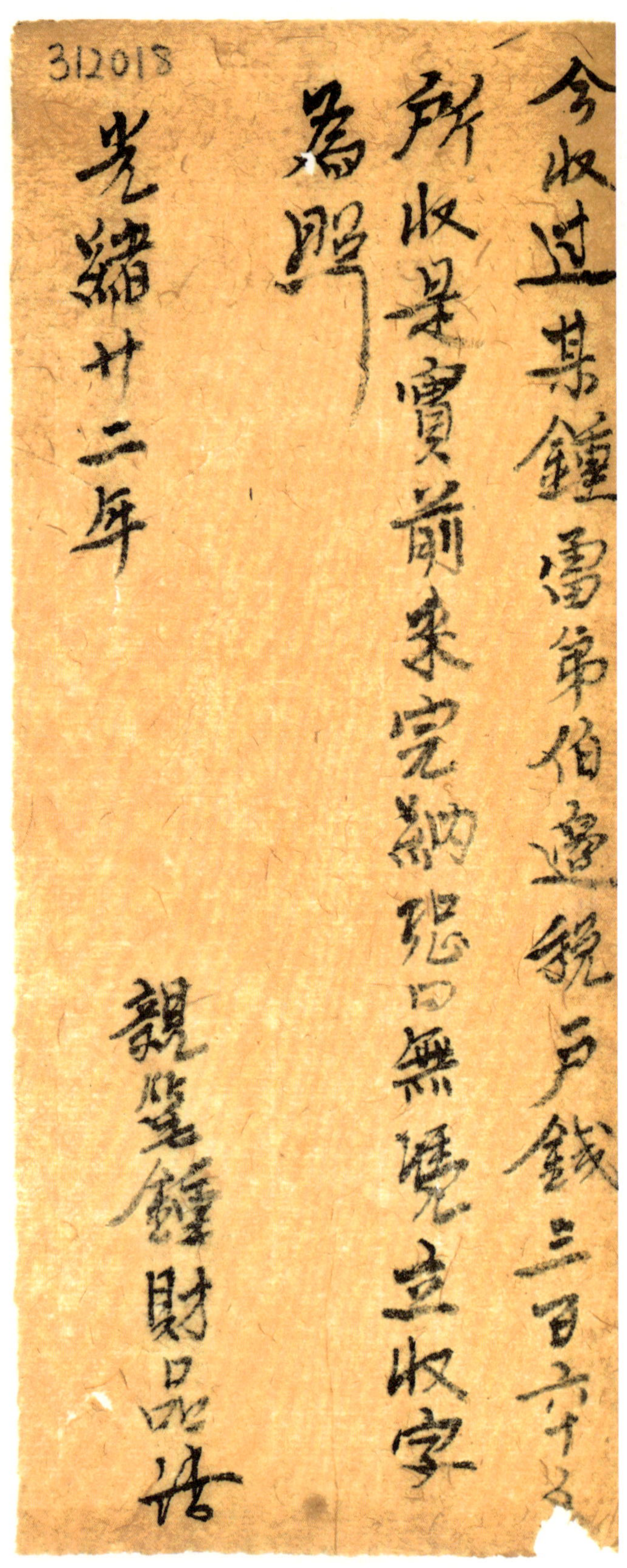

今收过某鍾雷弟伯邊税户錢三百六十□，所收是實，前來完納，恐口無憑，立收字爲照。

光緒廿二年　親筆鍾財品（押）

今收過鍾時譜佺邊收得稅戶大垟下租
八石正又洪水垟四石正又石坪基五石五方
正又小塆垟弍石正共計租十九石五方正
共米乙千乙百七十文取收是實立收
字為照
光緒二十三年　月　日立收字鍾必允（押）
親筆

今收过鍾時谱侄邊，收得税户大垢下租八石正，又洪水垢四石正，又石坪基五石五方正，又小塆垢弍石正，共计租十九石五方正，共錢一千一百七十文，所收是實，立收字爲照。

光绪二十三年正月　日立收字鍾必允（押）

親筆

## 光緒二十三年鍾亞忍立收字

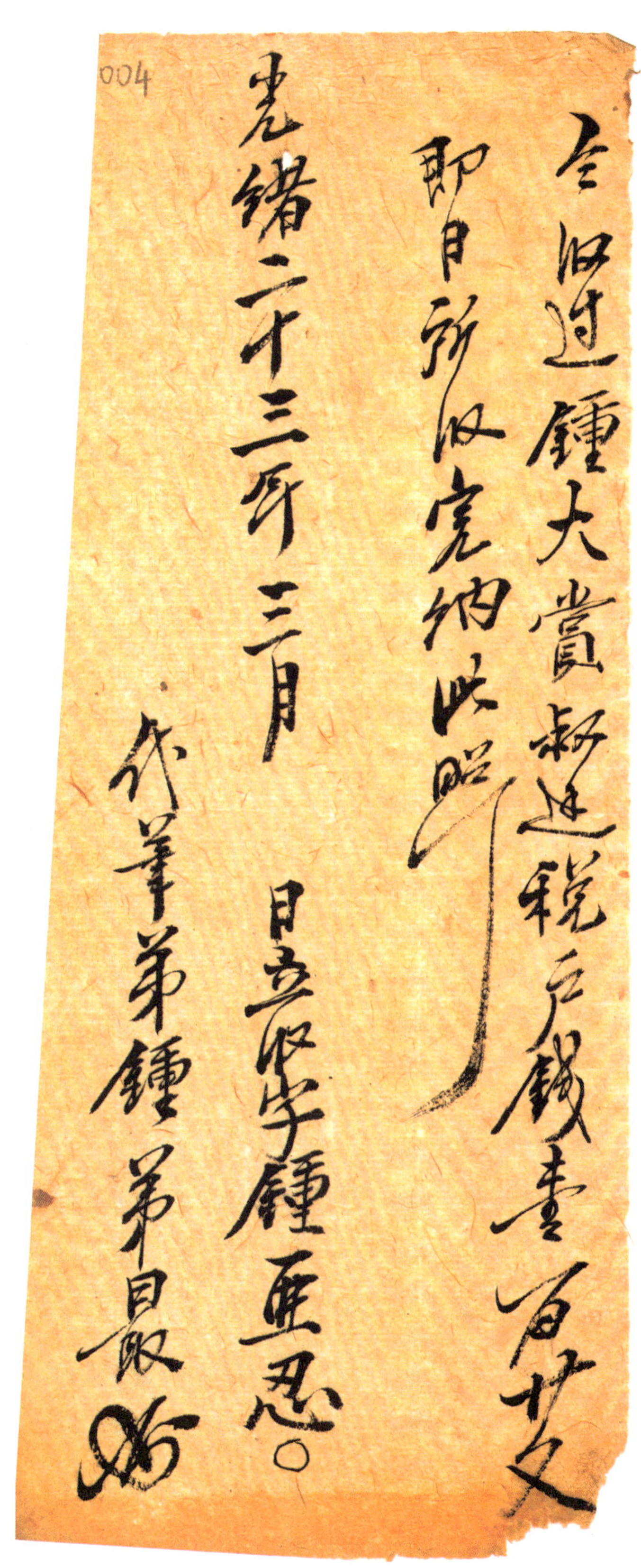

今收过鍾大賞叔邊税户錢壹百廿文，
即日所收完纳，此照。

光緒二十三年三月　日立收字鍾亞忍（押）

代筆弟鍾弟最（押）

光緒二十三鍾光胡立收字

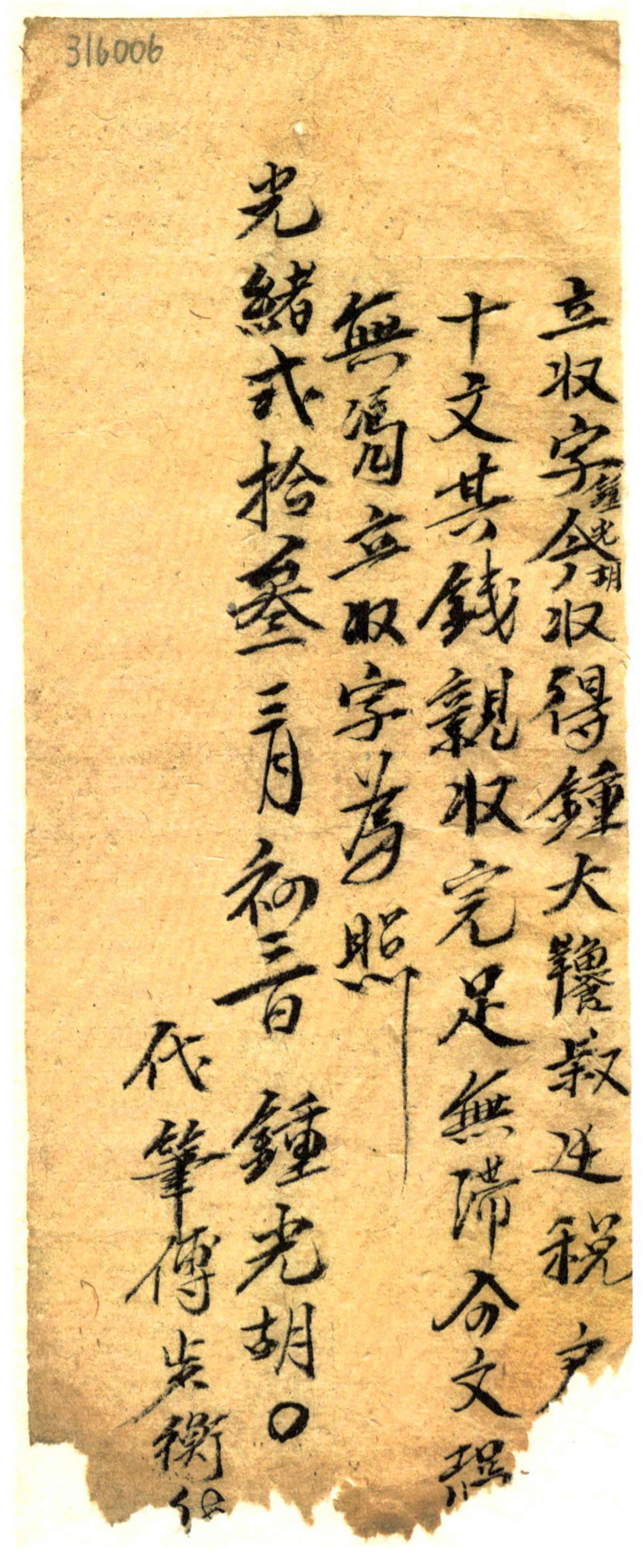

立收字鍾光胡，今收得鍾大饕叔邊税户□□

十文，其錢親收完足，無滞分文，恐□

無憑，立收字爲照。

光緒弍拾叁（年）三月初三日　鍾光胡（押）

代筆　傅步衡□

光緒二十三年鍾純谷立收字

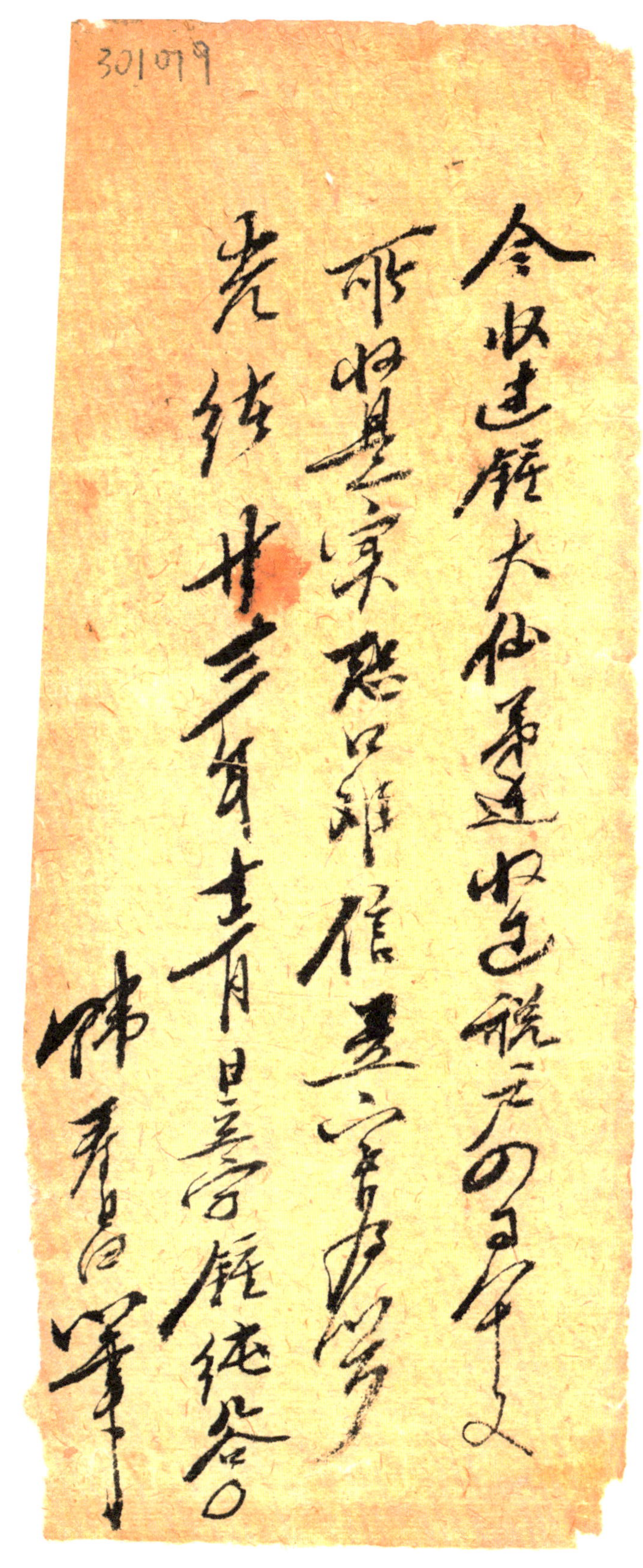

今收过鍾大仙弟邊，收过税户四百八十文，所收是实，恐口难信，立字爲照。

光緒廿三年十二月日立字鍾純谷（押）

韓寿昌　筆

光緒二十三年鍾士兔立收字

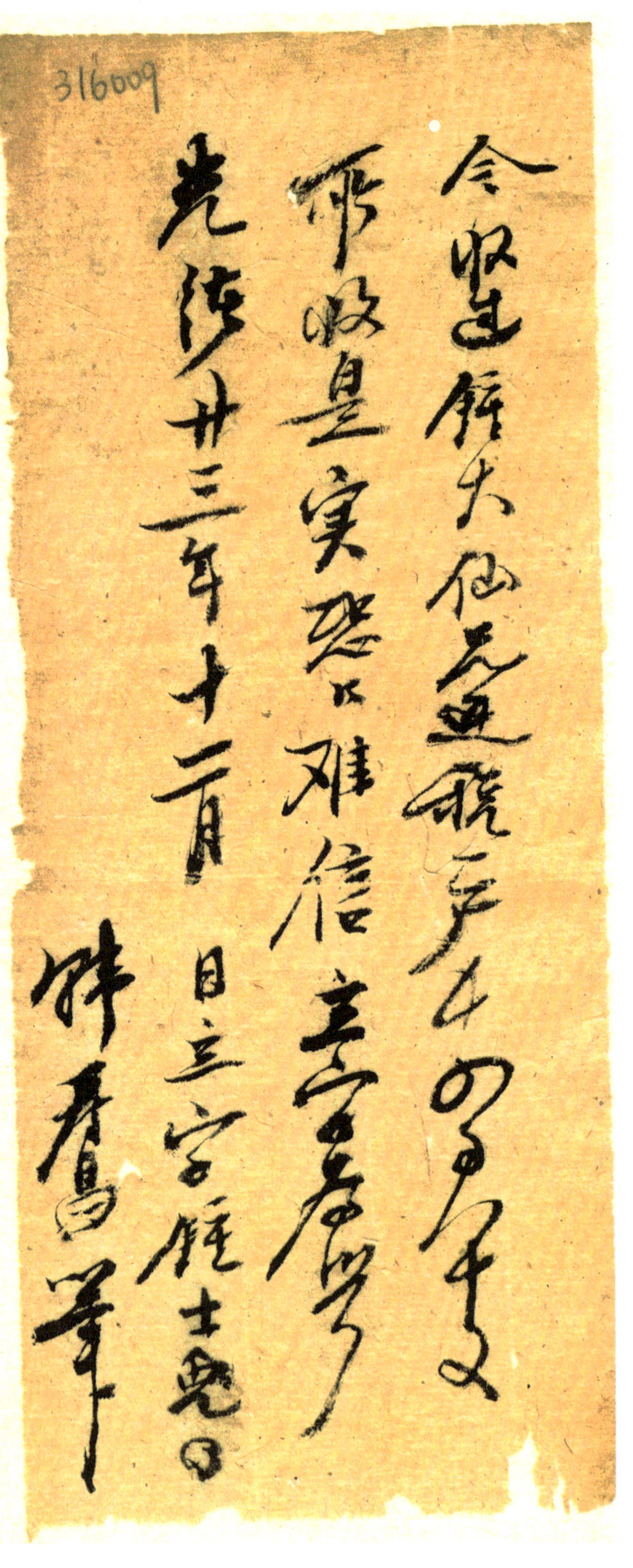

今收过鍾大仙兄邊税户錢四百八十文，所收是实，恐口难信，立字爲照。

光緒廿三年十二月　日立字鍾士兔（押）

韩寿昌筆

光緒二十四年鍾必允立收字

306001

今收过鍾時谱侄邊，收得税户紅樹坵四石，石坪基五石五方，又小安坵大悦名下弍石五方，大坵下八石，共租二十石正，共錢一千弍百文，所收是實，立收字爲照。

光緒弍拾肆年正月　日立收字鍾必允（押）

親筆

## 光緒二十四年鍾大同立收字

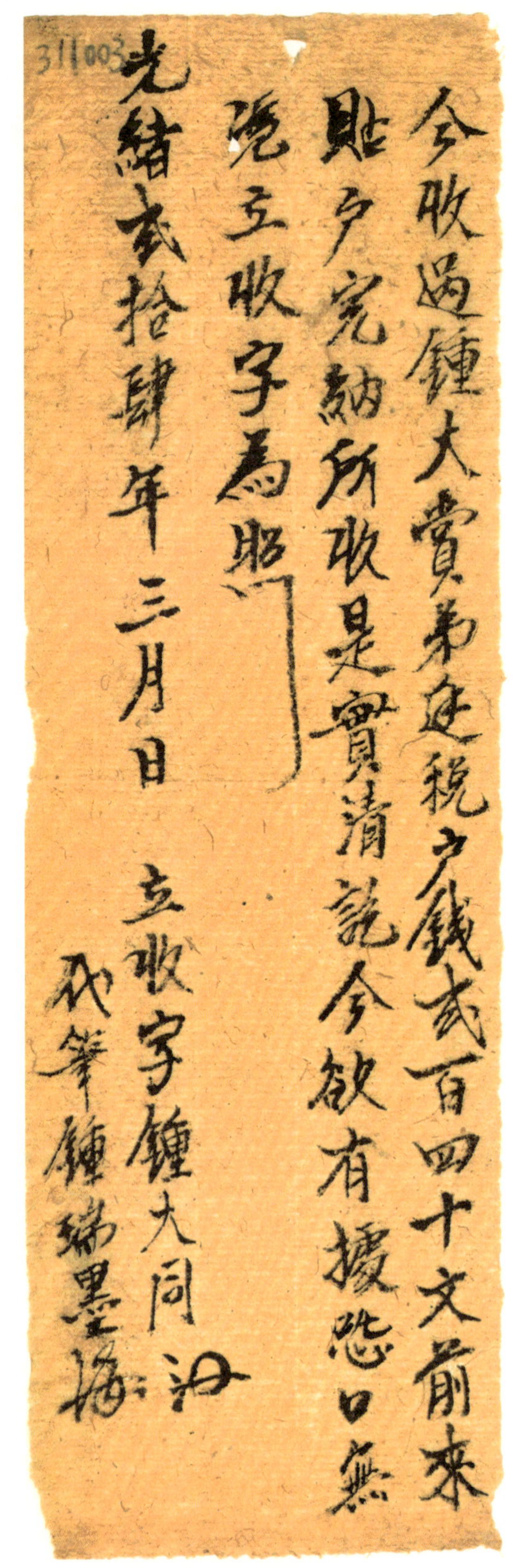

今收過鍾大賞弟邊税户錢弍百四十文，前來貼户完納，所收是實清訖，今欲有據，恐口無憑，立收字爲照。

光緒弍拾肆年三月日　立收字鍾大同（押）

代筆鍾瑞墨（押）

光緒二十四年鍾樹表立收字

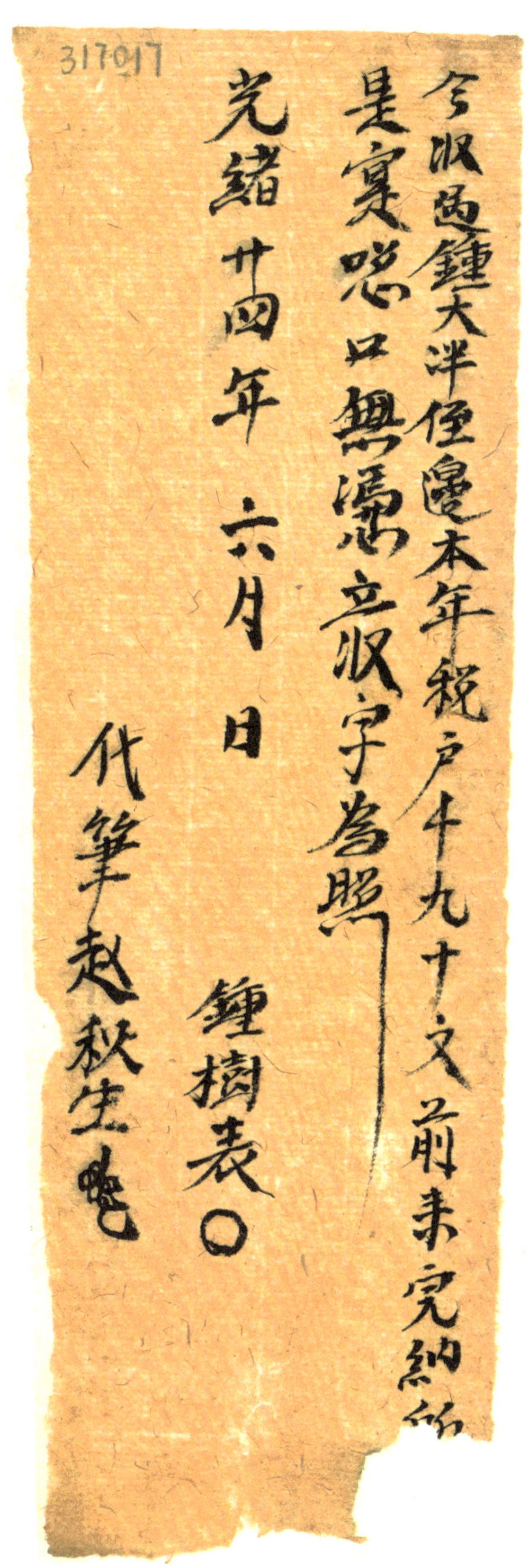

今收過鍾大泮侄邊本年税户錢九十文，前來完納，所□是寔，恐口無憑，立收字爲照。

光緒廿四年　六月　日　鍾樹表（押）

代筆赵秋生（押）

# 光緒二十四年鍾純谷立收字

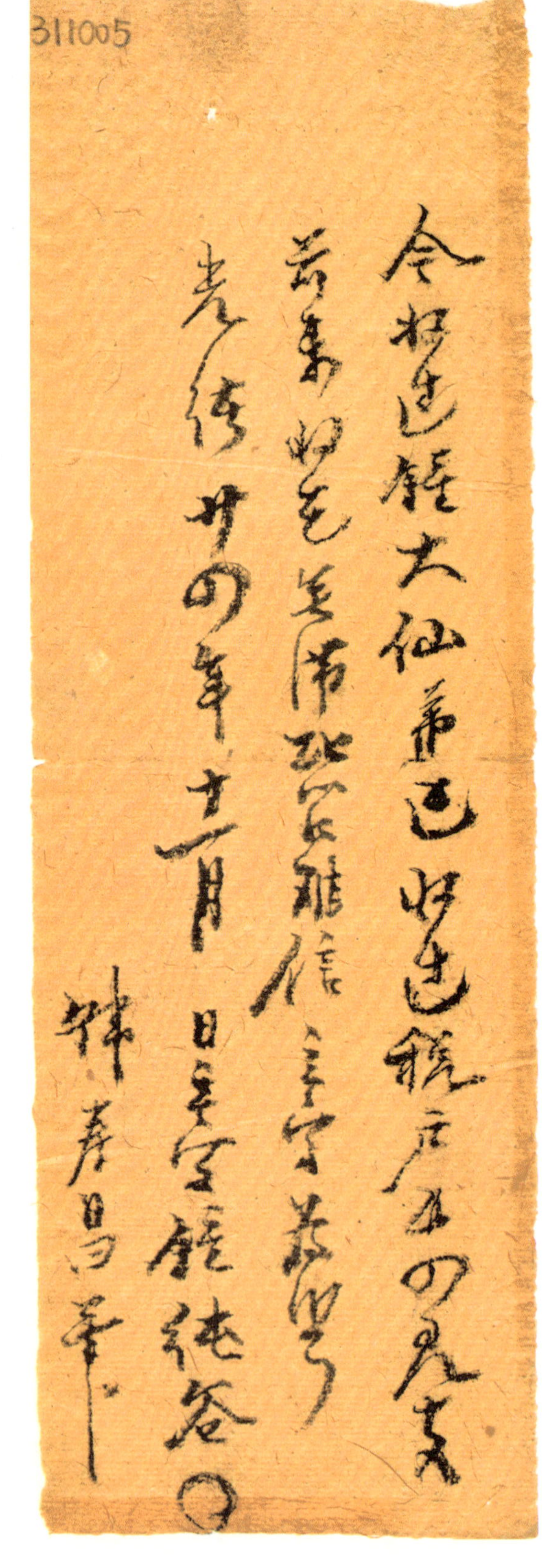


今收过鍾大仙弟邊，收过税户錢四百八十文前來，收乞[訖]無滯，恐口难信，立字爲照。

光緒廿四年十一月　日立字鍾纯谷（押）

韩寿昌筆

光緒二十四年鍾瑞墨立收字

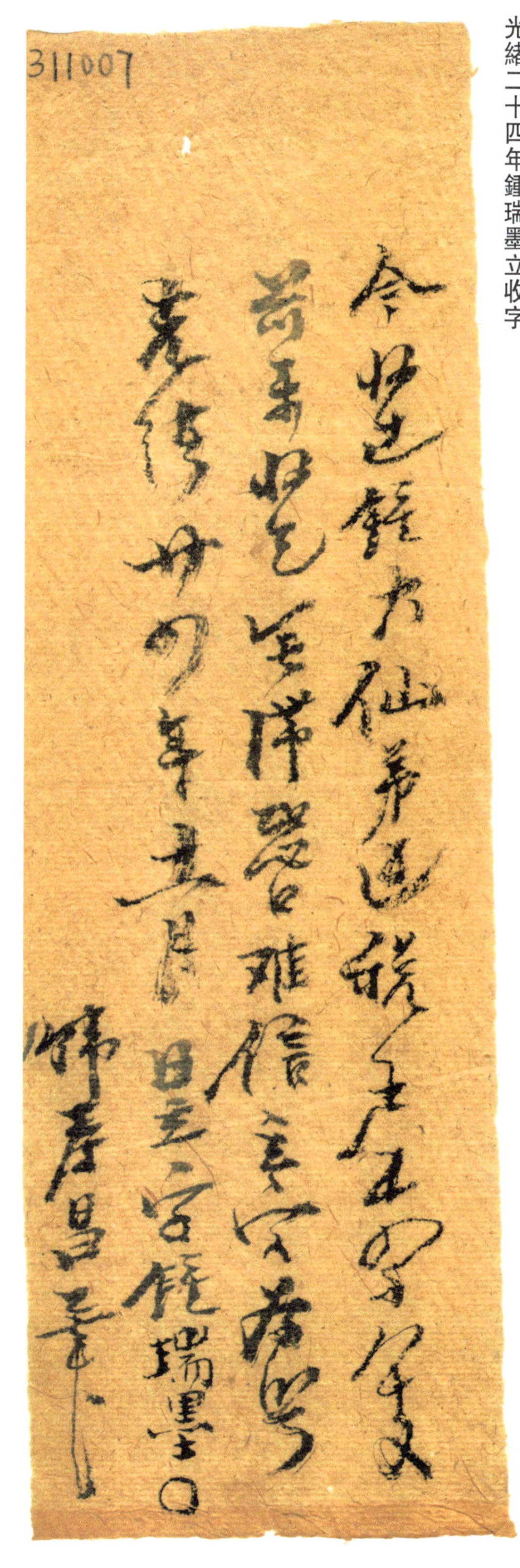

今收过鍾大仙弟邊税户錢四百八十文前來，收乞[訖]無滯，恐口难信，立字爲照。

光緒廿四年十一月日立字鍾瑞墨（押）

韩寿昌筆

# 光緒二十三年、二十四年鍾財品立收字

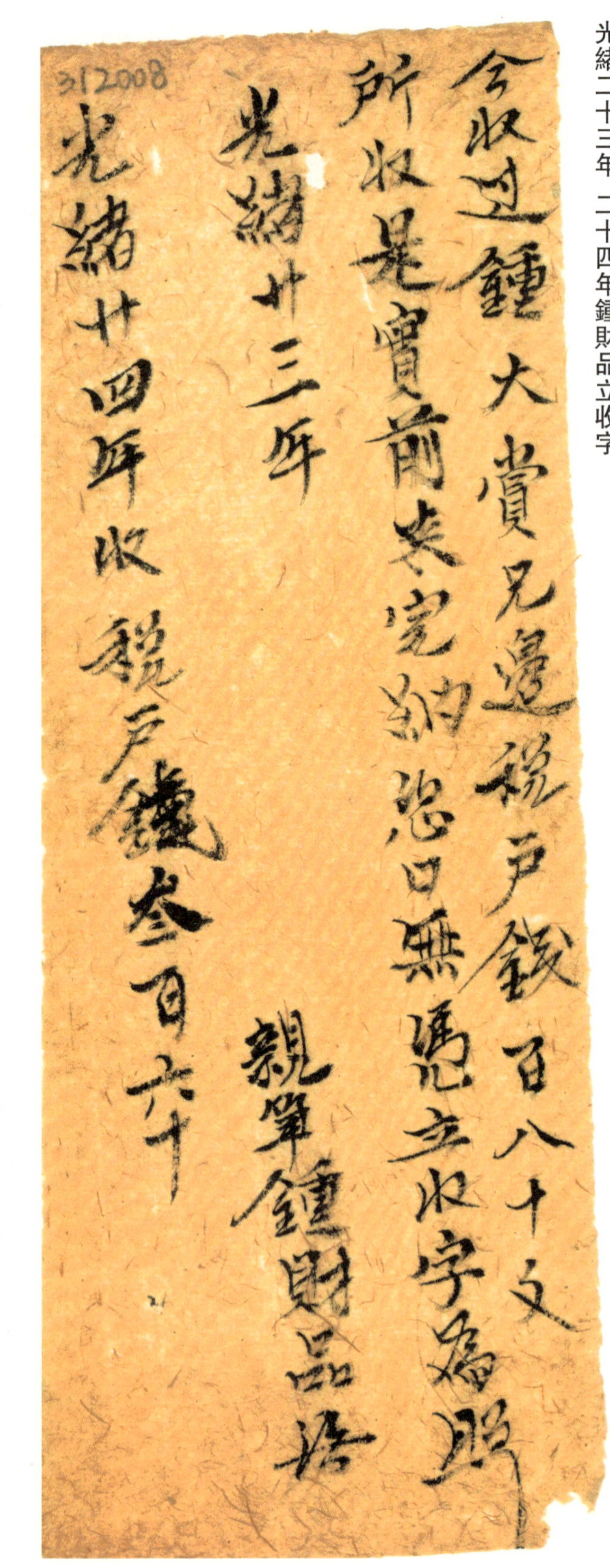

今收过鍾大賞兄邊税户錢百八十文，
所收是實，前來完納，恐口無憑，立收字爲照。

光緒年廿三年　親筆鍾財品（押）

光緒廿四年收税户錢叁百六十

## 光緒二十五年鍾必允立收字

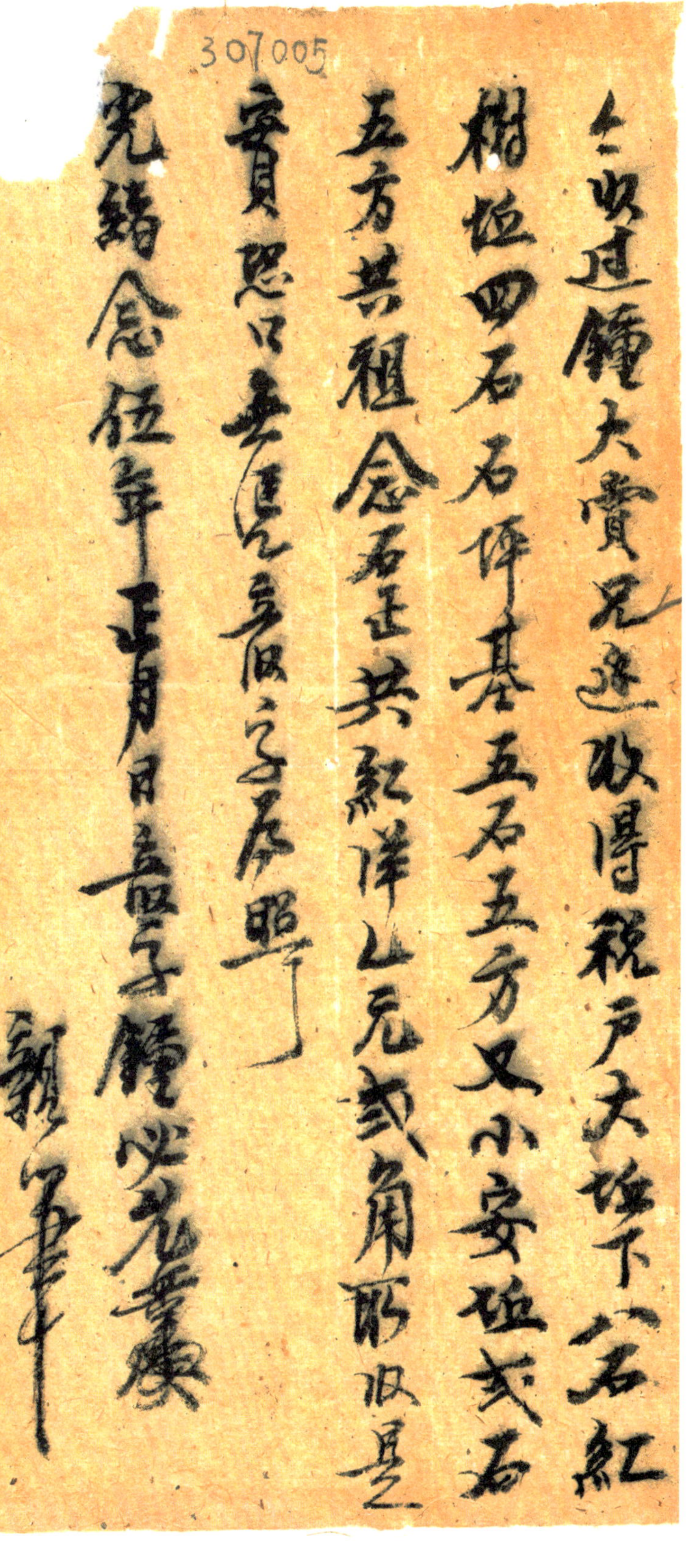

今收过鍾大賞兄邊，收得税户大坵下八石、紅樹坵四石、石坪基五石五方，又小安坵弍石五方，共租念石正，共紅洋一元弍角，所收是實，恐口無憑，立收字爲照。

光緒念伍年正月日立收字鍾必允（押）

親筆

# 光緒二十五年鍾瑞標立收字

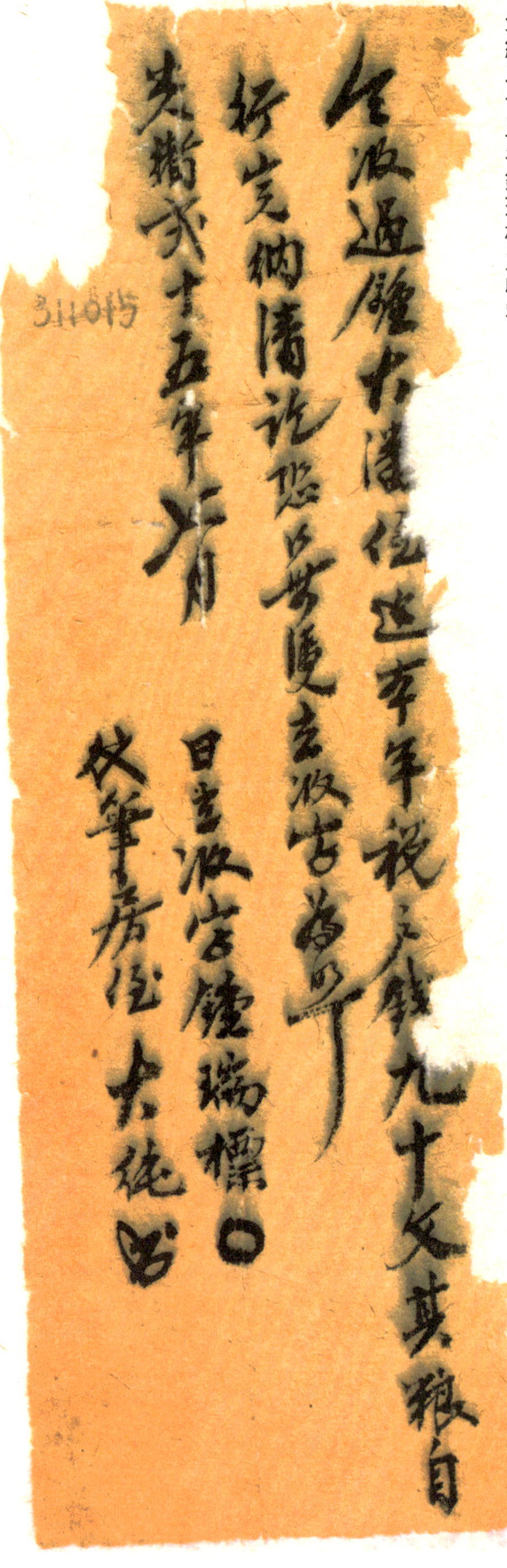

今收過鍾大潘侄邊本年税户錢九十文，其粮自行完納清訖，恐口無憑，立收字爲照。

光绪弍十五年七月　日立收字鍾瑞標（押）

代筆房侄大纯（押）

光緒二十五年鍾光胡立收字

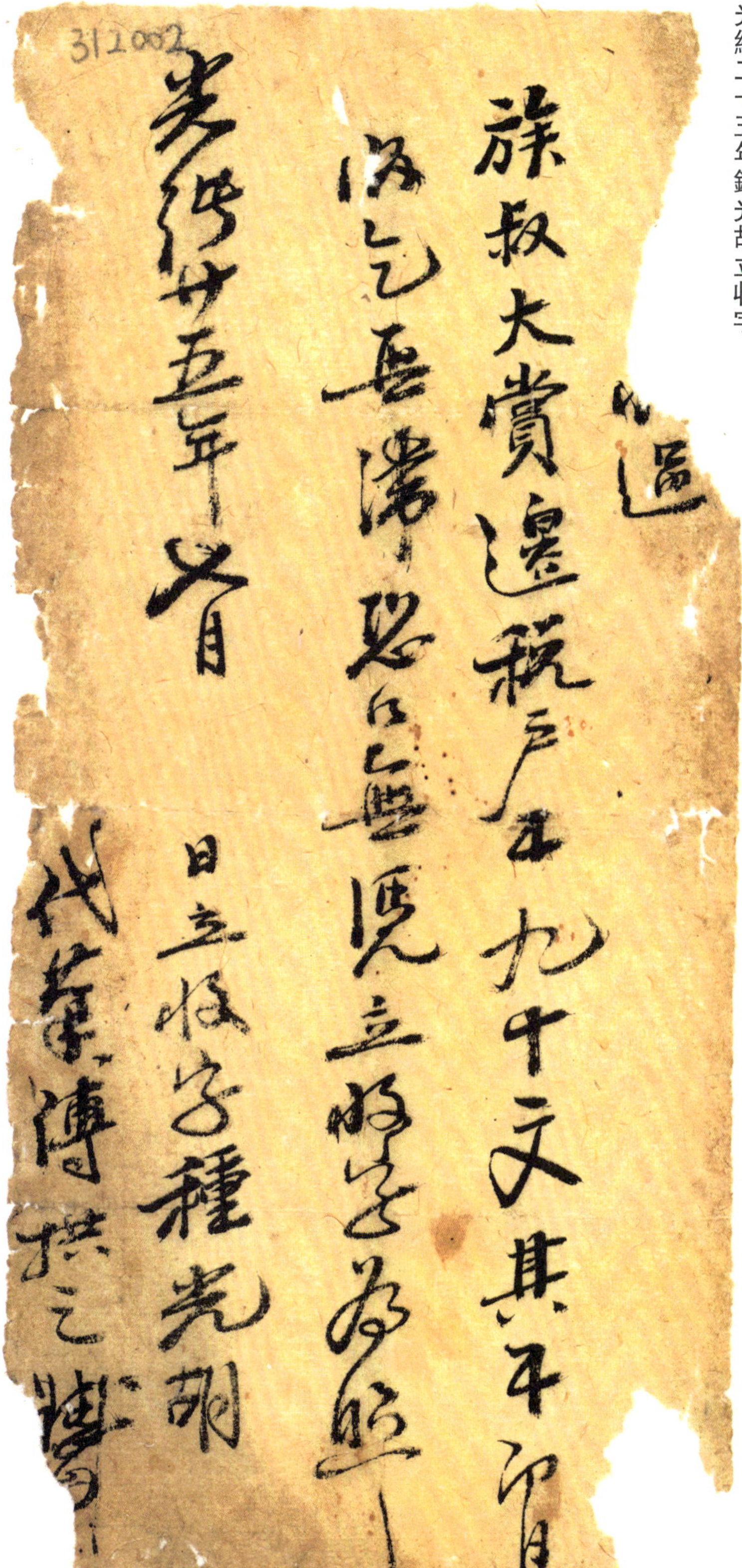

□(收)過

族叔大賞邊稅户錢九十文，其錢即日

收乞[訖]無滞，恐口无憑，立收字爲照。

光绪廿五年七月　日立收字種[鍾]光胡

代筆傅拱之(押)

光緒二十五年鍾學長立收字

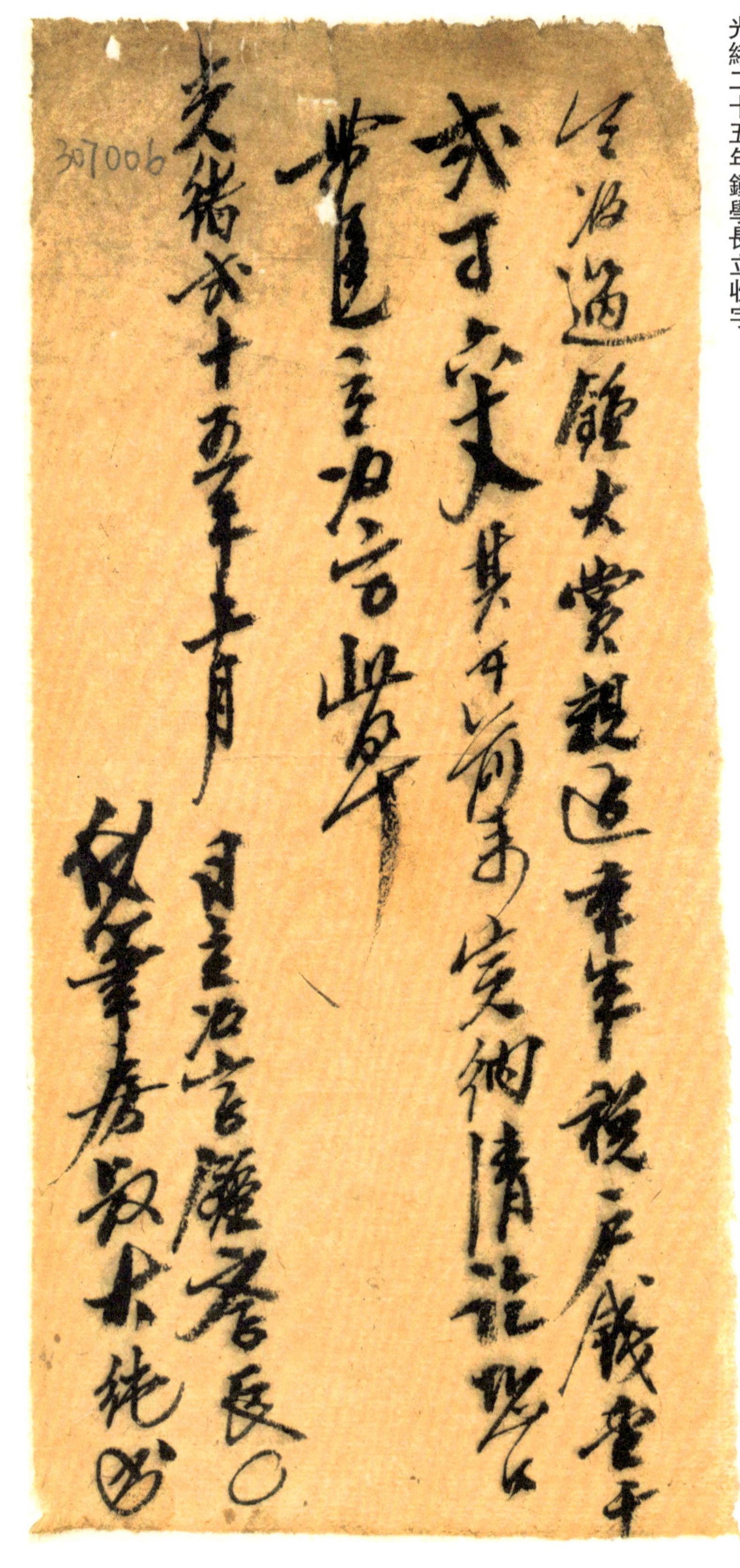

今收過鍾大賞親邊本年税户錢壹千
弍百六十文，其錢前來完納清訖，恐口
無憑，立收字，此照。

光緒弍十五年十月　日立收字鍾學長（押）

代筆房叔大純（押）

光緒二十五年鍾廷墨立收字

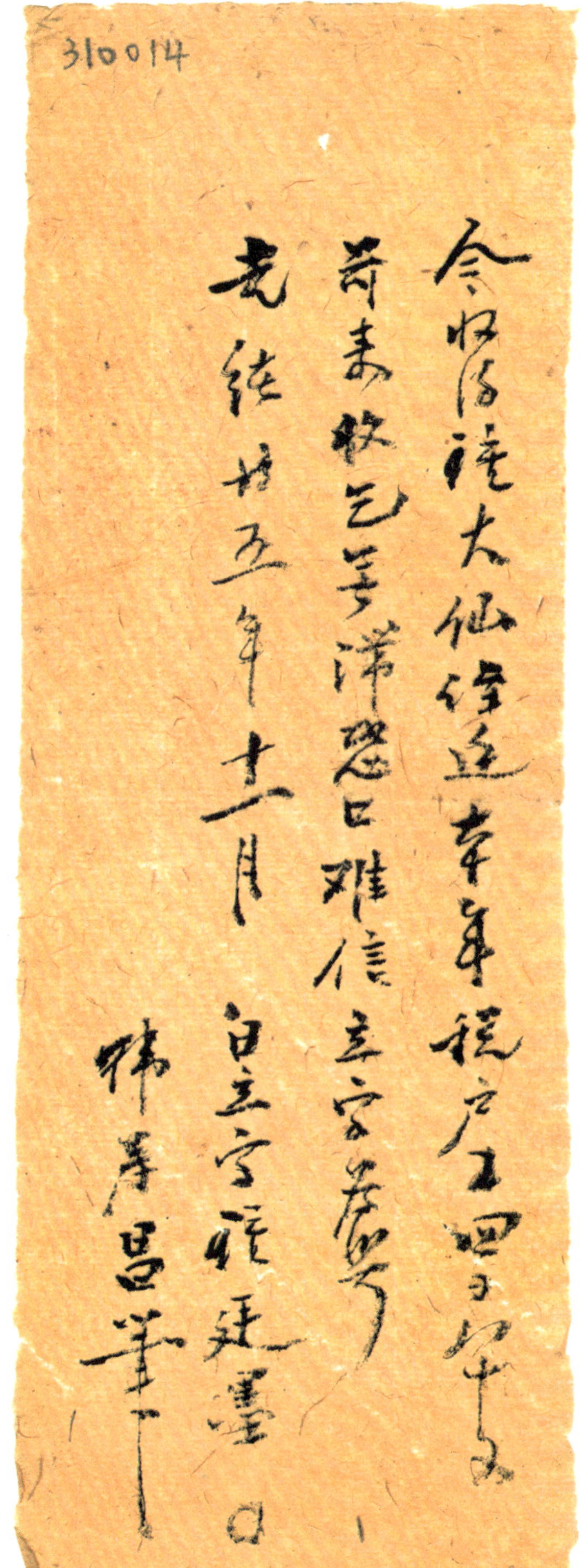

今收得鍾大仙侄邊本年税户錢四百八十文前來，收乞[訖]無滞，恐口难信，立字爲照。

光緒廿五年十一月　日立字鍾廷墨（押）

韩寿昌筆

# 光緒二十五年鍾純谷立收字



今收过鍾大仙弟邊本年税户錢四百八十文前來，清乞[訖]無滞，恐口難信，立字爲照。

光緒廿五年十一月　日立字鍾純谷（押）

韓寿昌筆

光緒二十五年收字

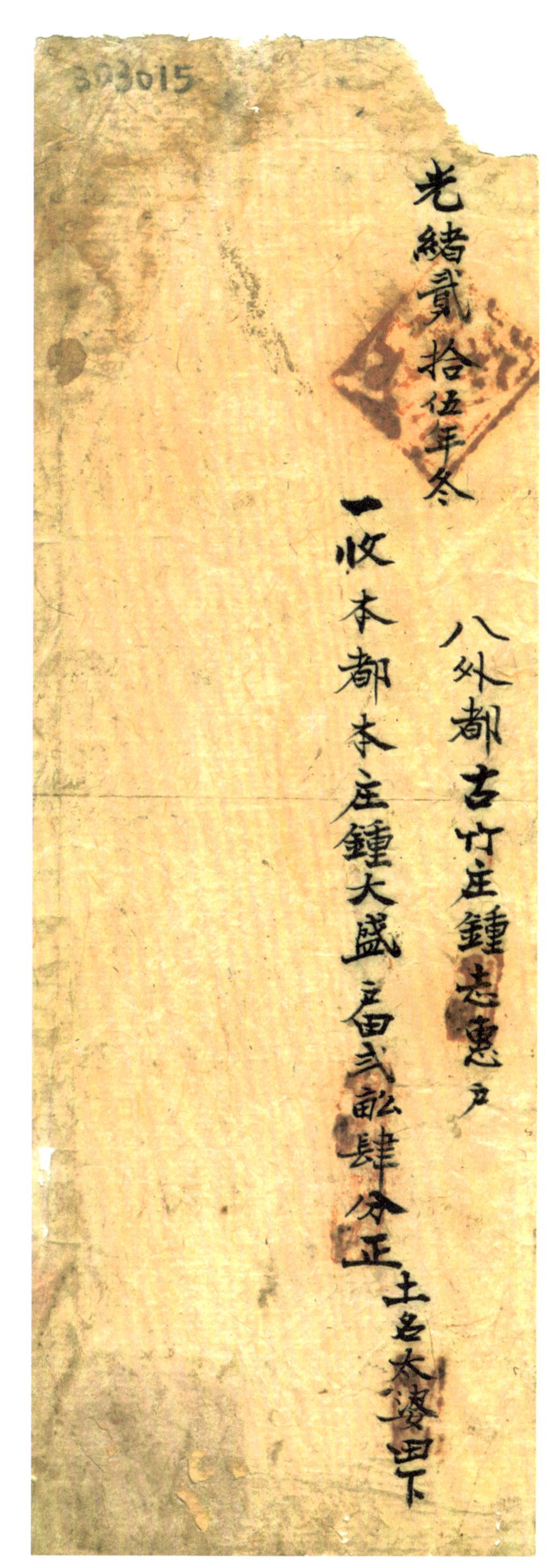

光緒貳拾伍年冬

八外都古竹庄鍾志惠户

一收本都本庄鍾大盛户田弍畝肆分正

土名太婆田下

# 光緒二十六年鍾亞忍立收字

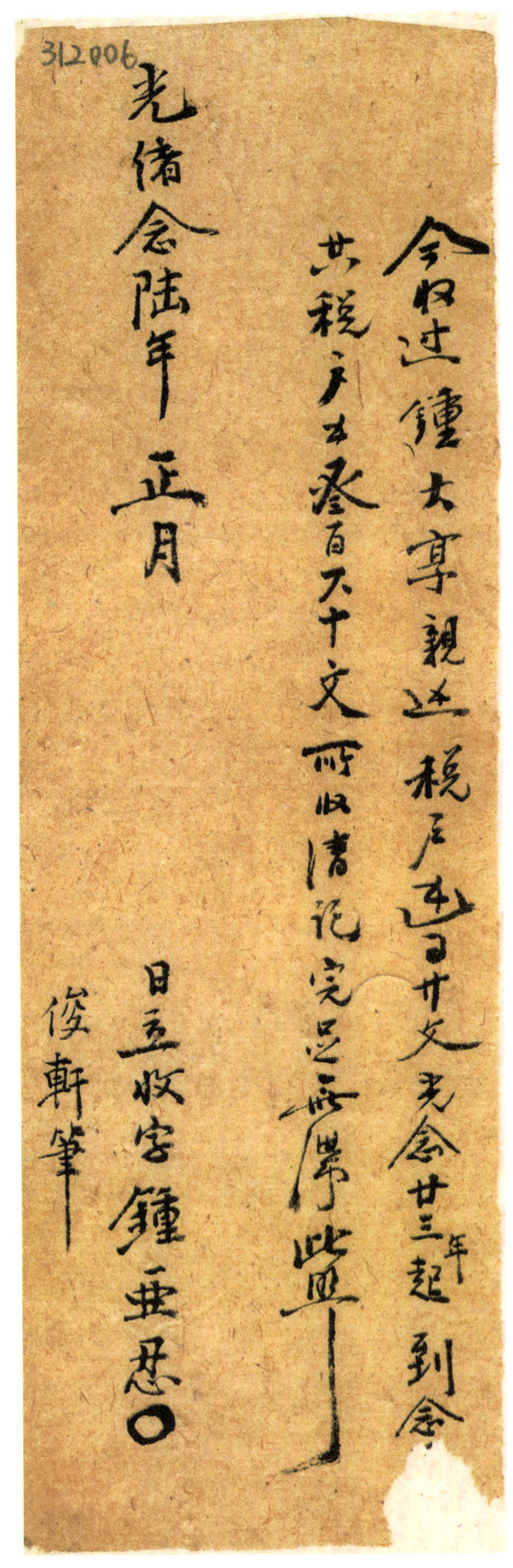

今收过鍾大享親邊税户錢一百廿文，光（緒）念廿三年起，到念□
共税户錢叁百六十文，所收清訖，完足無滞，此照。

光緒念陸年正月　日立收字鍾亞忍（押）

俊軒筆

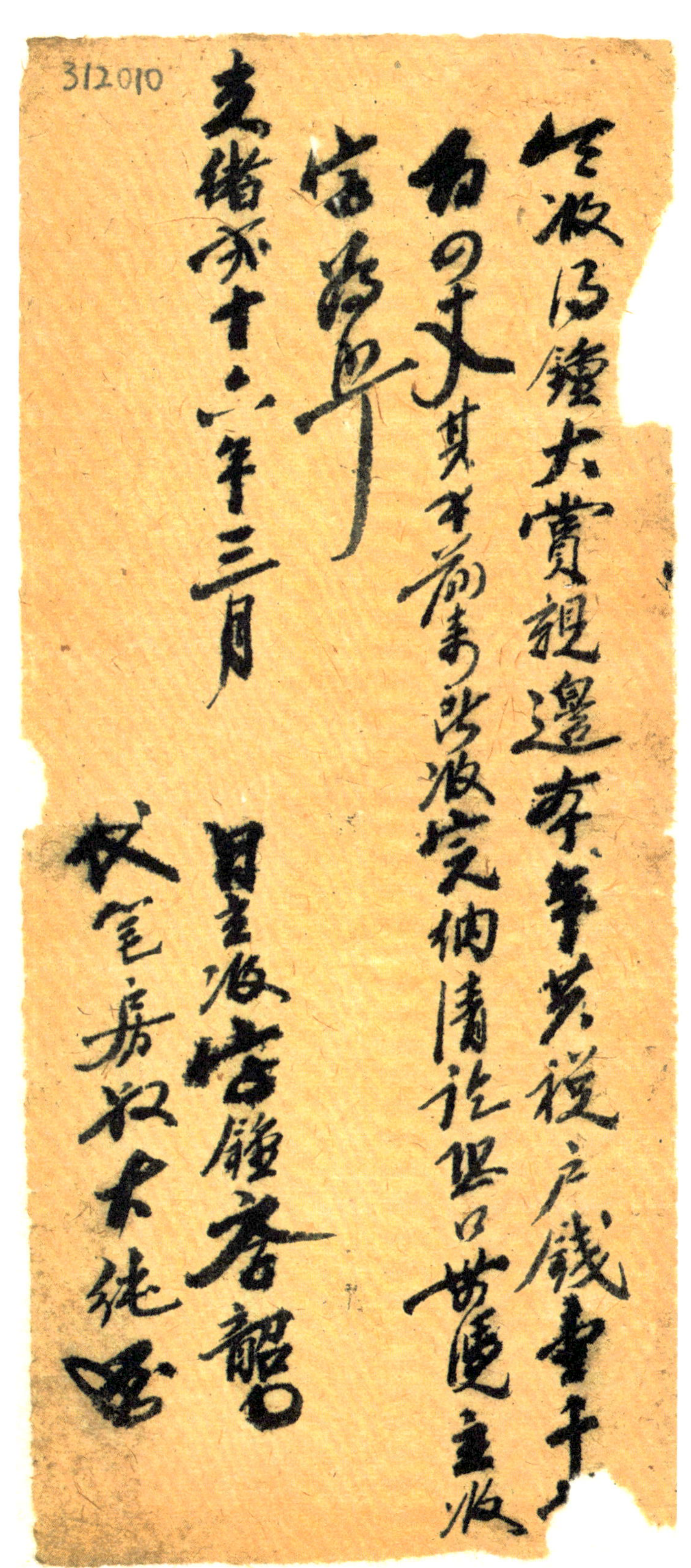

今收得鍾大賞親邊本年共税户錢壹千□百四十文，其錢前來所收完納清訖，恐口無憑，立收字爲照。

光緒弍十六年三月　日立收字鍾學韶（押）

代筆房叔大纯（押）

光緒二十六年鍾瑞墨立收字

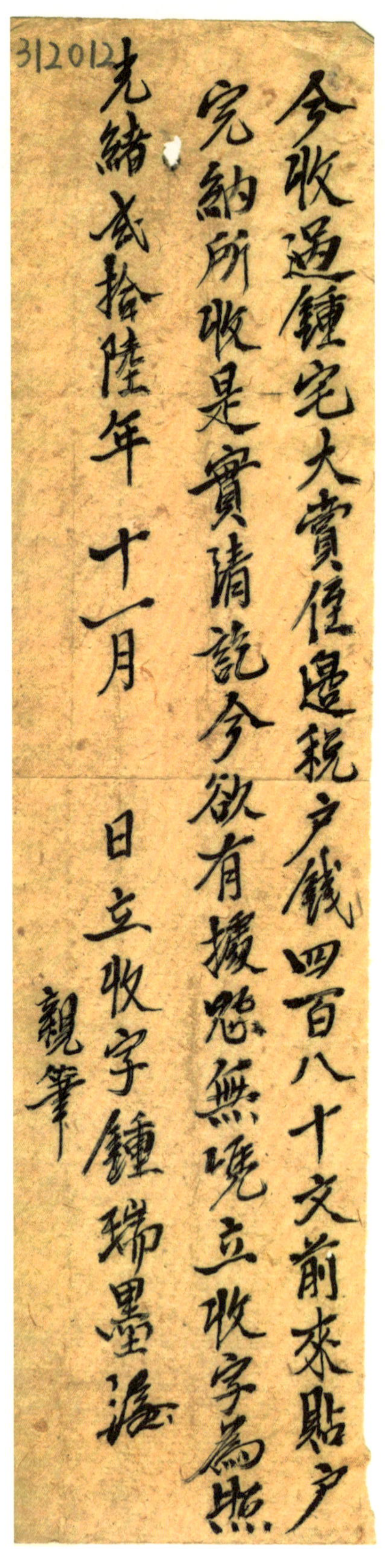

今收過鍾宅大賞侄邊税户錢四百八十文，前來貼户完納，所收是實清訖，今欲有據，恐無憑，立收字爲照。

光緒式拾陸年十一月　日立收字鍾瑞墨（押）

親筆

光緒二十六年邢大德立收字

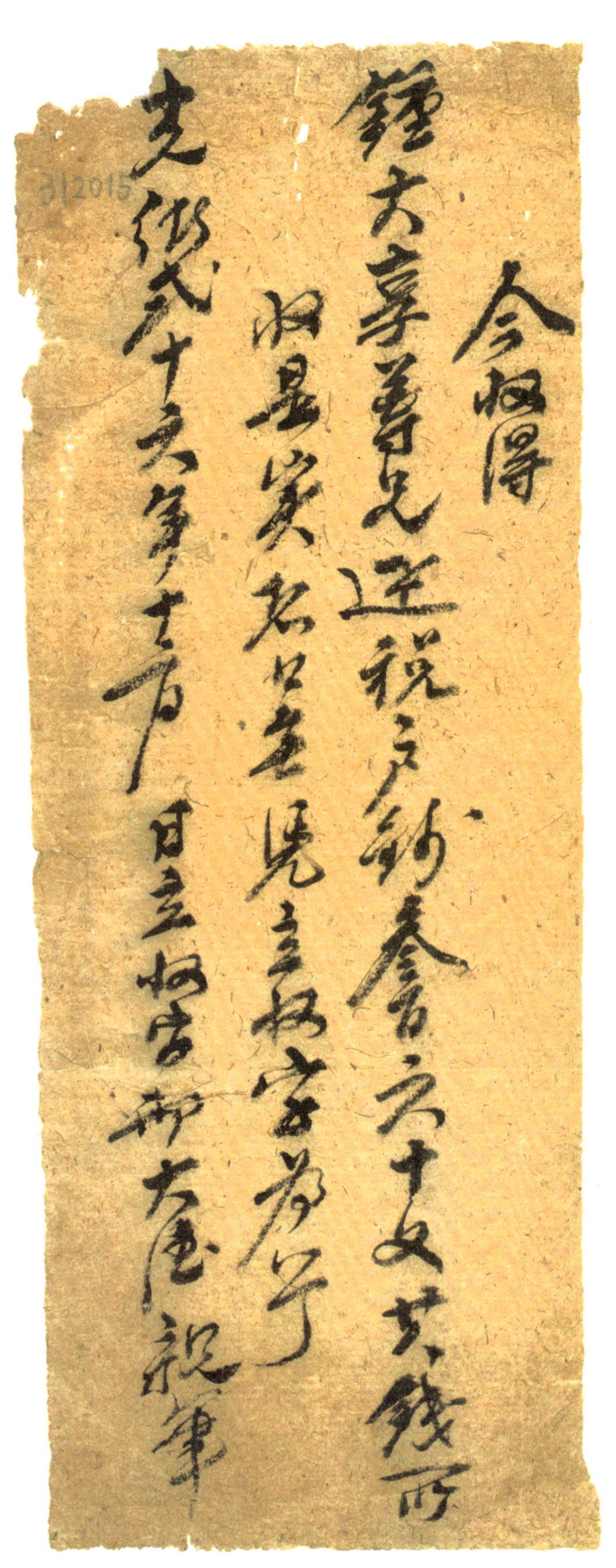

今收得
鍾大享等兄邊税户錢叁百六十文，其錢所收是实，恐口無憑，立收字爲照。
光绪弍十六年十二月　日立收字邢大德親筆

## 光緒二十六年鍾財品立收字

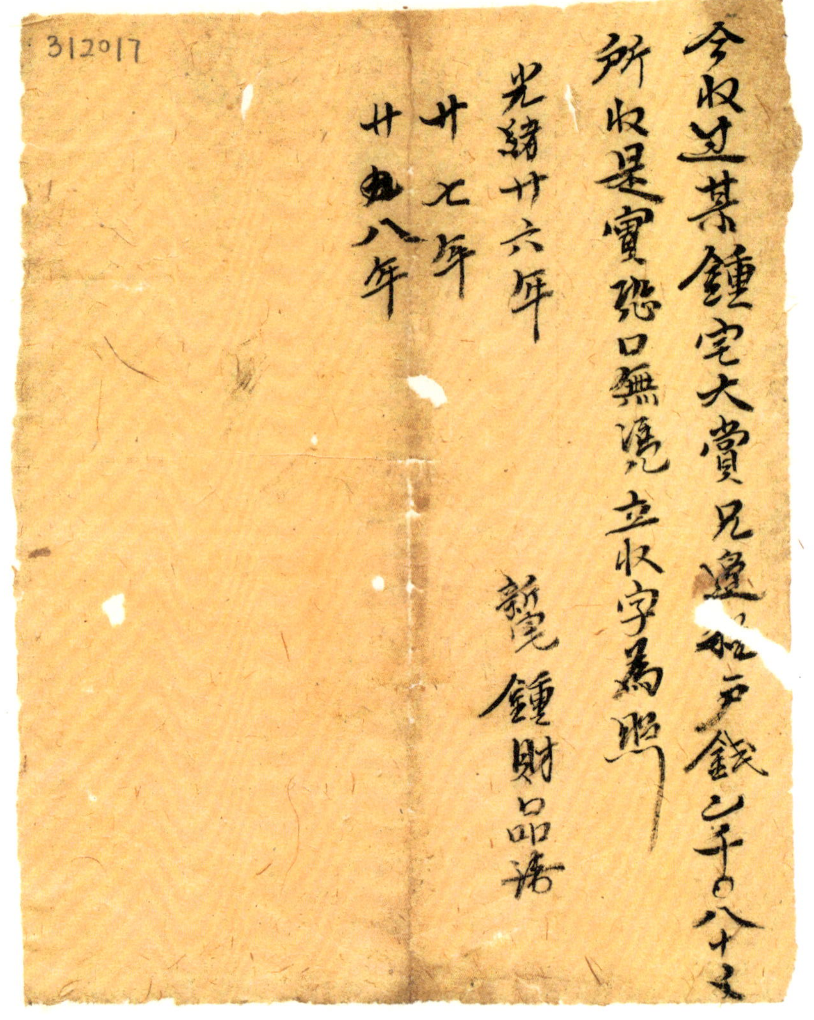

今收过某鍾宅大賞兄邊税户錢一千〇八十文，所收是實，恐口無憑，立收字爲照。

光緒廿六年　新宅鍾財品（押）

廿七年

廿八年

# 光緒二十七年鍾谷然立收字

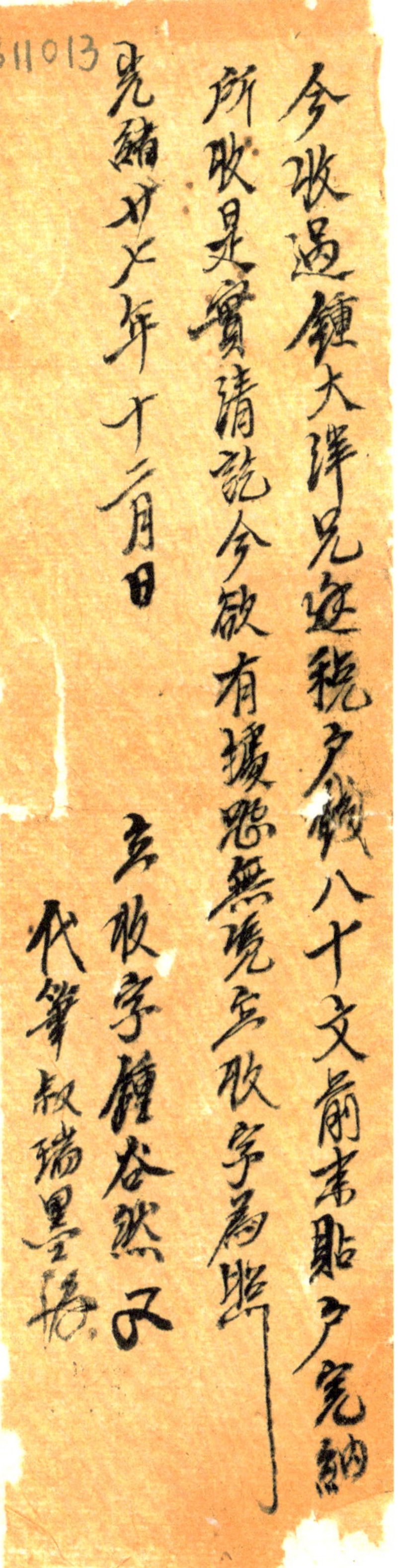

今收過鍾大泮兄邊税户錢八十文，前來貼户完納，所收是實清訖，今欲有據，恐無憑，立收字爲照。

光緒廿七年十二月日　立收字鍾谷然（押）

代筆叔瑞墨（押）

## 光緒二十八年鍾學聽立收字

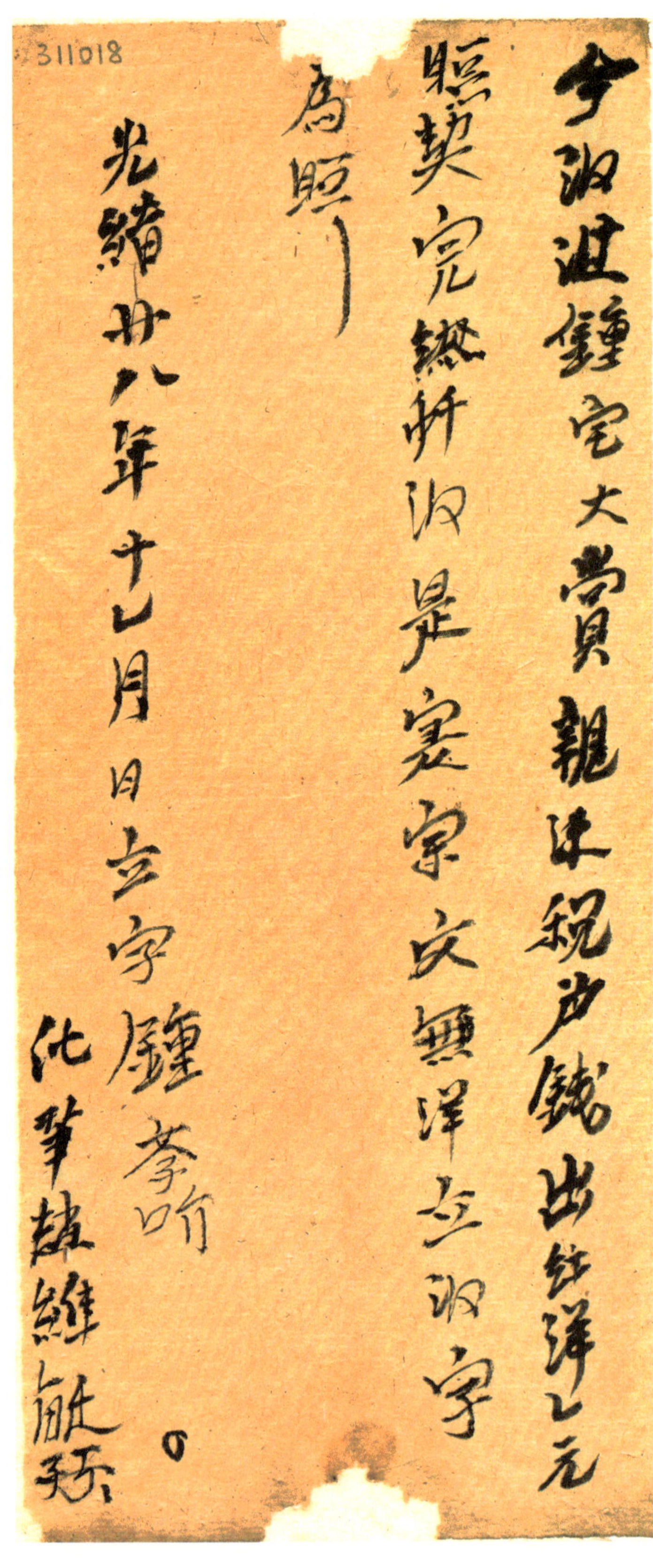

今收过鍾宅大賞親邊税户錢，出紅洋一元，照契完納，所收是寔，宗文無洋，立收字爲照。

光緒廿八年十一月日立字鍾學听（押）

代筆趙維挺（押）

# 光绪二十九年锺光故立收字

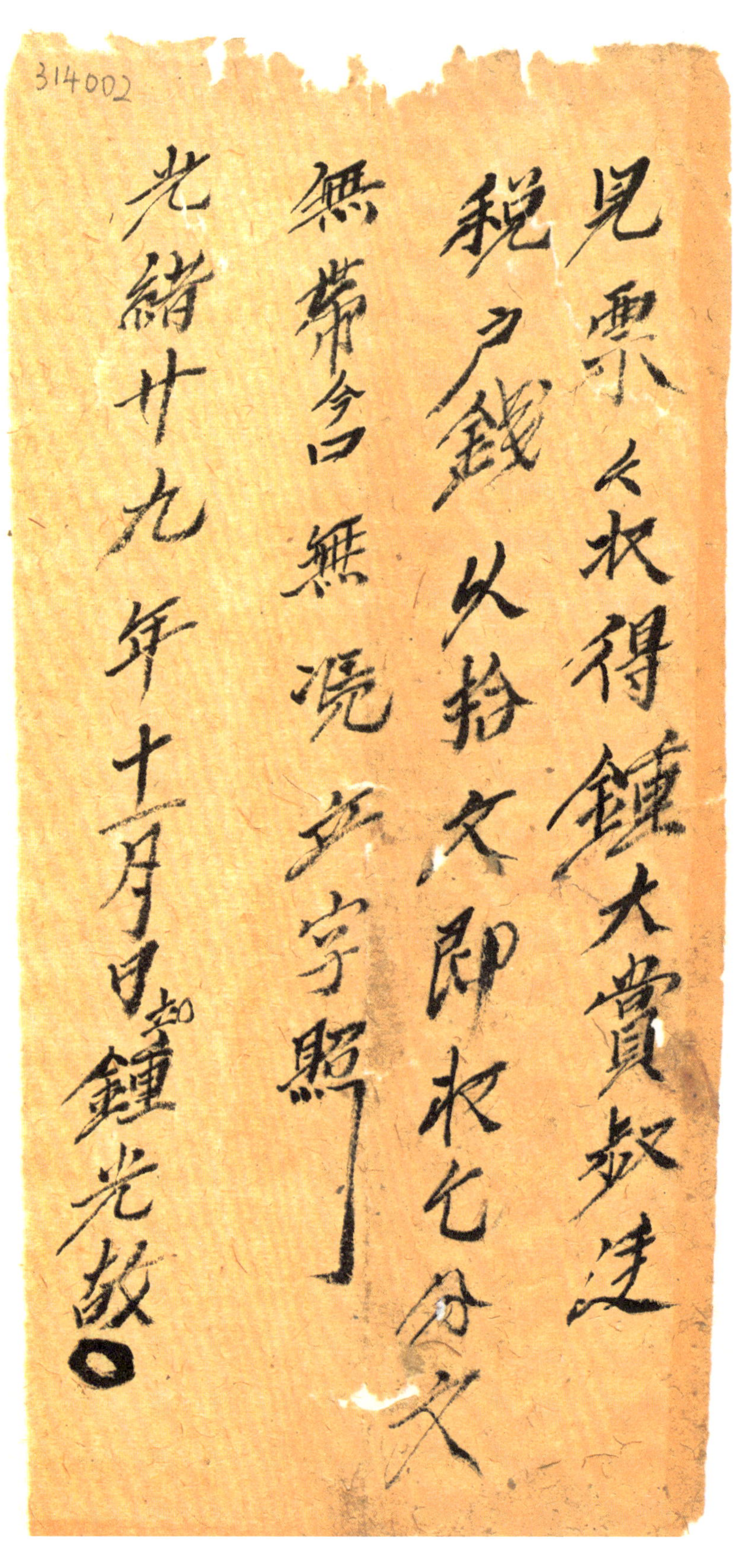

見票今收得鍾大賞叔邊
税户錢久［玖］拾文，即收乞［訖］，分文
無帶［滞］，今口無憑，立字照。

光緒廿九年十一月日立鍾光故（押）

## 光緒二十九年雷大漢等立請神書

佛法僧寶所　　令據

浙江省……　　奉

道附釋薦脩禮懺報恩孝子雷大漢穀眼大巧等詞為新（先）

王父〻〻姓名生卒依文書式寫云〻　切念祖德云雁愧終身

而莫报親恩罔極殫畢世而難忘合伸開度祈遂超昇

卜以今月十二日請　道於家啟建

太上資度道場一晝夜首則申發公文次行法事另疏奏明晚〻

填庫入夜附釋燔（蒙山）口法斛俵（耆捧）財

三界萬靈專伸提薦先親早登

仙界以及本郡宗親各郡姻戚乘此良因均成正果紋祈

神馭下降道場証明作主提度正附諸靈同登逍遥之境次保

孝眷合屬共躋福壽之

天立希嘉應須至牒者

右牒上請

照驗施行

光緒二十九年歲次癸卯十一月　十二日牒

玉壇總教嗣師葉

寫奏廿四明

牒四十張

（前頁）>>>>

佛法僧寶所　　今據

浙江省　　奉

道附釋薦脩禮懺報恩孝子雷大漢、穀眼、大巧等詞，爲先

王父　姓名生卒依文書式寫云　切念祖德□雁，愧终身

而莫报，親恩罔極，殫畢世而難忘，合伸開度，祈遂超昇，

卜以今月十二日，請　　道於家啓建

太上資度道場一晝夜，首則申發公文，次行法事，另疏奏明，晚分

填庫，入夜附釋蒙山法斛，普奉

三界萬靈，專伸提薦，先親早登

仙界，以及本郡宗親，各郡姻戚，乘此良因，均成正果，統祈

道力度往保生事　　本司得此，除已具奏

天廷外，合移文請　　照驗事理，伏乞

神馭下降道場，証明作主，提度正附諸靈，同登逍遥之境，次保

孝眷合屬共躋福壽之

天，立希嘉應，須至牒者。

右　牒　上　請

照　驗　施　行

光緒二十九年歲次癸卯十一月十二日牒

玉堂總教嗣師葉

寫

奏廿四□

牒四十□

## 光緒三十一年鍾亞聽立收字

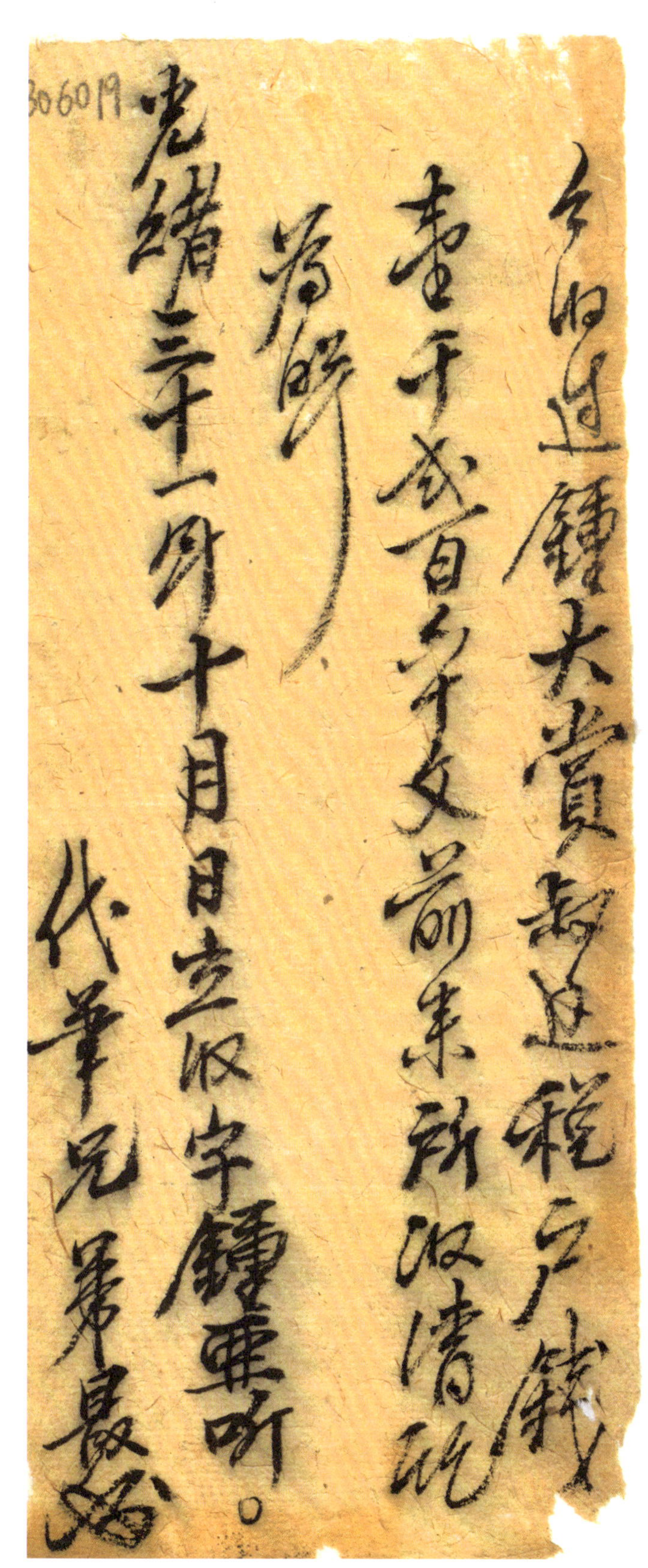

今收过鍾大賞叔邊稅户錢
壹千弍百六十文前來，所收清訖，
爲照。

光緒三十一年十月日立收字鍾亞听（押）
代筆兄弟最（押）

## 光緒三十二年鍾蘇佐立重借截字

立重借截字鍾蘇佐先年出賣有水田乙
号坐落八都五源鄭山底土名大界水路
牛塘壠豆叉䃘坵亭基壠梨樹坵上草鞋
先安着其田佐蘇祖碩敵分先有賣契
俱以截明今因缺錢應用憑眾再向為
族鍾大賞侄邊重借英洋陸元五角正
其英洋即日親收無滯乃文既重借之后
吾邊伯叔兄弟子侄慶亡趙藨不許重借
之理恐口無憑立重借截字永遠為照

光緒叁拾弍年十二月 日 立重借 鍾蘇左（押）

（前頁）>>>>

立重借截字鍾蘇佐，先年出賣有水田七号，坐落八都五源鄭山底，土名大界、水路、牛塘壠豆，又單坵、亭基壠、梨樹坵、上草鞋先安着，其田坵、蘇租碩、畝分先有賣契俱以載明，今因缺錢應用，憑衆再向爲族鍾大賞侄邊重借英洋陸元五角正，其英洋即日親收，無滯分文，既重借之后，吾邊伯叔兄弟子侄度亡超薦不許重借之理，恐口無憑，立重借截字永遠爲照。

光緒叁拾貳年十二月日立重借鍾蘇佐（押）

見　蘇員（押）

憑　鄭欽（押）

代筆順其（押）

## 光緒三十三年蔣路生等立當契

立當契人蔣路生等本家父手承分山塢數號土名坐落本源後坑底安着計菜園壹塊又壹號坐畲豹尖垟頂安着計園壹塊又壹號坐落畲豹尖外畔迳計園一塊又壹號坐落安葉田前垟安着計園叁塊又壹號坐落垟垟頭吹天飯甑安着計園數塊其四至不俱今因缺銀應用自心情愿邀族戚立當契壹一張向與族内弟梧元邊為業三面言定自價大英洋拾元正其銀吳世德抱認親收完足無少分文其園未當之先並無内外人等文墨交関自當之後其利面訂加叁起息約至冬下交还本利清楚不敢欠少如若欠少本利不清當契即作賣契管業去後不亂年深月久弟还加还本利取贖兄还不許執契之理如有此色見还不許執契之理自能支解吾家伯叔兄弟子姪言三語四之理兄邊毫無干涉此係兩造情愿並非逼抑已情等情恐口無憑立當契存照

光緒叁拾叁年 正月初六日

立當契 蔣路生

見當契 蔣三萬

（前頁）>>>>

立當契人蔣路生等，本家父手承分山塲数號，土名坐落本源後坑底安着，計菜園壹塊，又壹号坐畬豹尖夆顶安着，計園壹塊，又壹号坐落畬豹尖外辟邊，計園一塊，又壹號坐落安葉田前岸安着，計園叁塊，又壹號坐落垟夆頭吹天飯甑安着，計園数塊，其四至不俱，今因缺銀應用，自心情愿，憑族戚立當契壹一張，向與族内希梧兄邊爲業，三面言定，自價大英洋拾元文正，其银吴世德抱認，親收完足，無滯分文，其園未當之先，並無内外人等文墨交關，自當之後，其利面訂加叁起息，約至冬下交还，本利清楚，不敢欠少，如若欠少，本利不清，當契即作賣契管業，去後不乱年深月久，弟邊办还本利取贖，兄邊不許執契之理，如有此色，自能支解，吾家伯叔兄弟子姪言三語四之理，兄邊毫無干涉，此係兩造情愿，並非逼抑返悔等情，恐口無憑，立契存照。

光緒叁拾叁年　正月　初六日　立當契蔣路生（押）

見當契蔣三萬（押）

憑衆　蔣宗武（押）

親筆

## 宣統三年藍明真立請神書

上清三洞五雷經籙葛犢治祭酒玉堂總教嗣師玉府右卿五雷大使行諸省司府院事臣藍　明真　奏據

浙江省處州府青田縣八外都五源培頭鄭山底居住奉

道設醮救肯保安弟子鍾時補等詞爲家門不吉人丁欠利求

神問卜灵壇真神云說　諸天上帝聖前呪咀發動干犯譴責非憑

佛力曷護安康之福或因内外之人白口咔天呪詛愿歇相侵年深月之久曾伏乞難得平安

卜以今月初一日處倫菲醮一筵請

道三天門下豎立醮筵一所延迎

醮筵會上共格九情次第依科奉行理合具奏百拜上詣　簽稱　伏乞

昔天上帝　五呪司官　嶽瀆城隍里社香火土地司命等神同心協力始終証盟

敕旨行下　三界十方合屬神明咸令照應一切聖賢后……

立盟設誓具狀　御冤或於灶上亂叫神明赤身露體神前佛後妄疏詞狀般般積罪重重愆尤非飯

大道赦罪之恩咒詛難能解散之路伏乞

聖前先年呪詛等項愿欵鈎銷剪斷愿盟氷清迪吉統祈

佛力赦宥弟子鍾時補合家之愆尤祈賜將來之福祉乞保延生更祈家門清吉人物康使咸安之事

諸緣迪吉萬事禎祥　頌詞虔切但臣干冒

天威下情無任不勝伺　本司具牒　以照報應　須至牒者　右牒　上請

恩之至謹狀　鑒納施行　十月　日牒　玉堂總教嗣師藍

宣統三年十月　日祭酒臣藍　明真　百拜具疏

（前頁）>>>>

上清三洞五雷經籙葛璝治，祭酒玉堂總教嗣師玉府右卿五雷大使行諸省司府院事臣　藍明真　奏，據
浙江省處州府青田縣八外都五源培頭鄭山底居住奉
道設醮赦宥保安弟子鍾時補等詞，爲家門不吉，人丁欠利，求
神問卜，灵壇真神云説　諸天上帝聖前呪咀發動，干犯譴責，非凴
佛力曷蒦安康之福，或因内外之人白口哰天呪詛，愿欵相侵，年深月久未曾伏乞，難得平安，
卜以今月初一日，虔脩菲醮一筵，請
道三天門下暨立醮筵一所，迓迎
正一集福高真衆聖　醮筵會上，共格凡情，次第依科奉行，理合具奏，百拜上詣　諸天上帝、五呪司官、嶽瀆城隍、里社香火、土
地司命等神同心協力，始終証盟
天慈，允　臣　奏告，特乞
共格凡情，佛力投情露罪，或因先年冤家远年呪詛，内外人等白口哰天，或因他人呪己自究他，或因三光之下案前
敕旨行下　三界十方，合屬神明咸令照應，一切聖賢同降醮筵，始終証盟，統祈
立盟設誓，具狀唧冤，或於灶上乱叫神明，赤身露體神前佛後妄疏詞狀，般般積罪，重重愆尤，非皈
大道赦罪之恩，咒詛難能解散之路，伏乞
聖前，先年咒呪詛等項，愿欵鈎銷剪断，愿盟水清迪吉，統祈
佛力赦宥弟子鍾時補合家之愆尤，祈賜將來之福祉，乞保延生，更祈家門清吉，人物庶使咸安之事，
諸緣迪吉，萬事禎祥　　領詞虔切，但　　臣　　干冒
天威，下情無任不勝，伺　　本司具牒　以照報應　　須至牒者　　右牒　　上請
恩之至，謹狀　　鑒納施行。　十月　日牒　玉堂總教嗣師藍
宣統三年十月　日祭酒　臣　藍　明真　百　拜　具　疏

立賣截契鍾銀同本家父手承分有水田园山坐落八都五源鄭山后頂頭叠右边水門外路下安着小田一塊又一号坐落内坑边小田一坵园一塊又一号坐三連田内边墈脚小田一坵又一号坐紅砯嶺脚右边路下园三塊四至不俱今因上年生去英洋本利未能清楚將此田园自心情源(愿)托中出賣與房族鍾益叨侄孫边爲業面訂作價英洋捌元正壹應侄孫边自行耕種管業吾边伯叔子侄不得言三語四取后不得言輕加找以無取贖之理此係两相情源(愿)並無逼抑返悔等情無(憑)有據立賣截契永遠爲照

中華民国弍年拾二月　日立賣契鍾銀同（押）

在見侄　鍾日傳

代筆侄　鍾大存（押）

（前頁）>>>>

立賣截契鍾銀同，本家父手承分有水田园山，坐落八都五源鄭山后頂頭屋右邊水門外路下安着，小田一塊，又一号坐落内坑邊小田一坵、园一塊，又一号坐三連田内邊墈脚小田一坵，又一号坐紅砂崗脚右邊路下园三塊，四至不俱，今因上年生去英洋本利未能清楚，將此田园自心情愿憑衆出賣與房族鍾益叨侄孫邊爲業，面訂作價英洋捌元正，壹應侄孫邊自行耕種管業，吾邊伯叔子侄不得言三語四，取后不得言輕加找，以無取贖之理，此係兩相情愿，並無逼抑返悔等情，今欲有據，立賣截契永遠爲照。

中華民國弍年拾二月　　日立賣契鍾銀同（押）

在見侄鍾日傳（押）

代筆侄　鍾大存（押）

立賣契鍾日取，本家有水田山園，坐落本都伍源程山底底埭新屋塘後安着，有山園茶子在内，又山背路上園一塊，下墵邊園一塊，老屋後崗菜園一塊在内，四至不俱，今因缺錢應用，自心情愿，立賣契一紙，賣與族鍾茂迪任邊爲業，出英洋陸元正，此業既賣之後，一听任邊起種，去后無取贖，無找借，此係自心甘愿，恐口無憑，立賣契爲照。

中華民國弍年拾二月日鍾日取（押）

見

憑　　鄭欽（押）

代笔　學記（押）

## 民國二年鍾銀同立賣截契

立賣截契鍾銀同本家父手承分有房屋山塲园地坐落八都五源鄭
山后頂豆屋左边横軒安着其屋六間前面牛欄水塘右边糞厠上叉樣
頭瓦厂下叉板壁地基乎地閑基門楼路道并叉在内右边前菜园一塊又
一号园坐寨下坪田上其四至上至钱主园鄭為园為界下至田左至日
傳园右至碎舜园山為界又鄭為园上有园三塊在内又一号山坐寨右边
上至寨頂為界下至岩壁横入碎運园之横入為界左至钱主山右至路
為界又一号山坐屋后崗上至路為界下至钱主山左至崗外山圳直落
右至碎舜园為界俱立四至分明松杉雜柴竹木茶子并叉在内今因上年
缺租谷钱英洋未得完納清楚今將此屋山塲憑衆立賣契一紙賣与房

12003

無内外人等文墨交關已賣之

兄弟子侄不得異言之理如有此色自能支解不若侄送之事去后不

得找借亦無取贖字樣契盈價足理應割截此係兩相情愿並非逼抑

返悔等情今欲有據立賣契永遠為照

中華民国弍年拾弍月　日立賣契鍾銀同（押）

在見侄　鍾日傳

代筆侄　鍾大存（押）

（前頁）>>>>

立賣截契鍾銀同，本家父手承分有房屋山塲园地，坐落八都五源鄭山后頂豆屋左邊横軒安着，其屋六間，前面牛欄、水塘，右邊糞厠，上及樣頭瓦片，下及板壁地基，于地閑基、門楼、路道並及在内，右邊前菜园一塊，又一号园坐寨下坪田上，其四至上至錢主园、鄭爲园爲界，下至田，左至日傳园，右至碎舜园山爲界，又鄭爲园上有园三塊在内，又一号山坐寨右邊，上至寨頂爲界，下至岩壁横入碎運园园横入爲界，左至錢主山，右至路爲界，又一号山坐屋后崗，上至路爲界，下至錢主山，左至崗外山圳直落，右至碎舜园爲界，俱立四至分明，松杉雜柴竹木茶子並及在内，今因上年缺租谷錢英洋未得完納清楚，今将此屋山塲憑衆立賣契一紙，賣與房族鍾時補侄邊爲業，面断訂作價洋弍拾陸元正，此屋山园未賣之前，並無内外人等文墨交關，已賣之后，听侄邊自行樣籙栽種管業，吾邊伯叔兄弟子侄不得異言之理，如有此色，自能支解，不若侄邊之事，去后不得找借，亦無取贖字樣，契盡價足，理應割截，此係兩相情愿，並非逼柳[抑]返悔等情，今欲有據，立賣契永遠爲照。

中華民国弍年拾弍月　　日立賣契鍾銀同（押）

在見侄鍾日傳（押）

代筆侄鍾大存（押）

立賣契邢德儉，今將有園圃一片，坐落本都二源岩頭背，土名長底壟岩邊小塆安着，計園數塊，其四至上至李邊山，下至小坑，左至王邊山，右至至小坑爲界，俱立四至分明，今因缺銀應用，自愿立賣契一紙，向與鍾宅茂迪親邊賣出大英洋肆元弍角正，其銀即日收訖，無滯分文，此園既賣之後，任听鍾邊自行栽種管業，吾邊伯叔兄弟子侄不得言稱找借，亦無取贖之理，此係兩相情愿，並無逼抑返悔等情，恐口無憑，立賣契永遠爲照。

中華民國叁年　拾弍月日立賣契邢德儉（押）

德琴（押）

爲中鍾鄭欽（押）

代筆見邢桂瀾（押）

民國三年鍾銀同立賣契

立賣契鍾銀同本家有园圃山塲弍号坐落八都
玉源鄭山后土名三連田崗安着計园四塊其四
至上至碎鋅山下下至受主园园左至直路右至日傳
受主山园為界恭棠在內又山一号坐落亦沙崗頂安
着其界上至日傳山下下至坑左右弍至受主山為界
面頂本家租父等金每年清明隨此园掛締祀香；
之禮俱立四至分明今因鈌錢應用自愿立賣契一紙
向與族鍾茂通孫廷為業出得英洋弍元八角正其
英洋即日收訖無滯分文此园山既賣之後任听孫
廷起园栽種永遠管業去后永無找借亦無取贖
不許言三語四此出兩相情愿並非逼迫抑近悔等情

（前頁）>>>>

立賣契鍾銀同，本家有园圃山塲弍号，坐落八都五源鄭山后，土名三連田崗安着，計园四塊，其四至上至碎舜山，下至受主田园，左至直路，右至日傳、受主山园爲界，茶萗在内，又山一号坐落赤沙崗頂安着，其界上至日傳山，下至坑，左右弍至受主山爲界，面頂本家租［祖］父等金，每年清明，随此园掛紙祀香香之禮，俱立四至分明，今因缺錢應用，自愿立賣契一紙，向與族鍾茂迪孫邊爲業，出得英洋弍元八角正，其英洋即日收訖，無滯分文，此园山既賣之後，任听孫邊起园栽種，永遠管業，去后永無找借，亦無取贖，不許言三語四，此出兩相情愿，並非逼抑近［反］悔等情，恐口無憑，立賣契永遠爲照。

民國叁年拾二月　日　鍾銀同（押）

見孫碎賞

憑代筆學記（押）

## 民國四年鍾時補等立請神書

佛法僧寶所　　　今據

浙江省處州府青田縣八外都五源淨山後居住奉

佛誦經集福保安弟子鍾時補　等詞爲人丁

欠利家道不安叩靈壇而卜問云鬼妖之

作祟仰伏

經功而祛遣惟祈

佛力以匡扶卜以今月吉日請

釋於家啟建

宣經梵壇一日夜宣演法華之經文次第奉行

法事另疏奏明統祈

佛力消災賜福事　本司得此具奏

踪更扶家居迪吉人口咸安立希

嘉應須至牒者

右牒上請

照驗施行

中華民國四年三月初二日牒

主行法事比丘啟慧

寫文字廿四件

文牒卅二件

（前頁）>>>>

佛法僧寶所　今據
浙江省處州府青田縣八外都五源凈山後居住奉
佛誦經集福保安弟子鍾時補　等詞，爲人丁
欠利，家道不安，叩靈壇而卜問，云鬼妖之
作祟，仰仗
經功而祛遣，惟祈
佛力以匡扶，卜以今日吉旦，請
釋於家啓建
宣經梵壇一日夜，宣演法華之經文，次第奉行
法事，另疏奏明，統祈
佛力消災賜福事，本司得此，具奏
天廷外，合移文請　照驗事理，伏乞
駕臨，證明凢意，庇魑魅而遠斥，佑鬼妖以除
踪，更扶家居迪吉，人口咸安，立希
嘉應，須至牒者，
右牒上請
照驗施行。

中華民國四年三月　初二　日牒
主行法事　比邱　啓慧
寫文书廿四□
又牒卅二□

南瞻部洲 秉

南瞻部洲 秉

如來遺訓主行法事比邱啓慧和南九叩，據

浙江省處州府青田縣八外都五源净山後居住奉

佛宣經集福焰口施食保安弟子鍾時補 等詞，爲人丁損

失，家道不安，叩靈壇而卜問，云鬼妖之作害，思無解脱之

方，幸有經功之力，即發誠心，寅卜吉旦，請

釋於家啓建

覺皇宣經梵壇一晝夜，首申文狀，開演法華經典，夜設焰口，

普濟十類孤魂，修諸法事，另疏奏明，統祈

佛力消災賜福事，比邱謹具文狀百拜

上奏

聖駕下降，證明作主，嚴飭虎豹神將，斥逐魑魅妖鬼，遠祛外□，

毋得淹留，更祈家道咸安，庶事迪吉，但比邱干冒法事，

金容下情，無任虔切伺

恩之至以聞。

謹狀

中華民國四年三月 初二 日主行法事比邱啓慧和南九叩上呈

民國五年藍英祥等立息據

立息據房叔藍英祥房侄藍安品應因此
時謠言曲語罵兇假勢禮亂容爲今時憑
族戚親鄰公議品明截斷謠言若后叔侄兩
造不許閑話積氣復生枝節如若復生
枝節憑公責罰鳴官究治此係兩相甘
愿恐口無憑立息據存照

洪憲元年　月　日立息據　房叔藍英祥（押）
房侄藍安品（押）

公
周福選

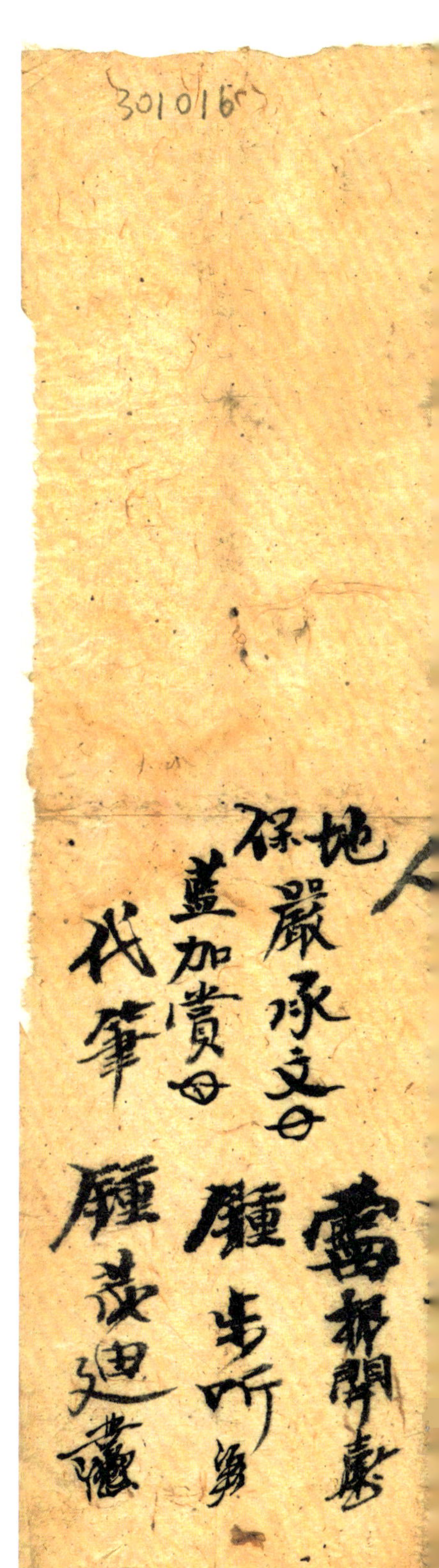

（前頁）>>>>

立息據房叔藍英祥、房侄藍安品，爲因先時謡言曲語，罵兜假勢，禮乱容爲，今時憑族戚親鄰公議品明，截断謡言，去后叔侄兩造不許闲話積氣，復生枝節，如若復生枝節，憑公責罰，鳴官究治，此係兩相甘愿，恐口無憑立息據存照。

洪憲元年弍月日立息據

房叔藍英祥（押）

房侄藍安品（押）

公　周福選（押）

人　陶積金（押）

地保嚴承文（押）　雷振開（押）

藍加賞（押）　鍾步听（押）

代筆　鍾茂迪（押）

## 民國七年鍾益滔立當契

立當田契鍾益滔今將有水田壹坵坐落捌都二源垄山土名門前外崗安着計田乙号計租肆石五方正其界不俱今因缺洋應用自心情愿憑中立當乙紙將此田當與雷宅

親邊面訂當出時價英洋三十二元正其洋即日親收清訖此田未當之先並無外內人等既當之后其田听雷邊耕種為利去后不拘年深月久办还原價取贖雷邊不得执留此系兩相情愿並非逼抑返悔等情恐口無憑立當契存照

民國七年　十二月日立當契　鍾益滔（押）

見代全弟　步滔（押）

（前頁）>>>>

立當契鍾益滔，今將有水田壹墢，坐落捌都二源五色山，土名門前外崗安着，計田一号，計租肆石五方正，其界不俱，今因缺洋應用，自心情愿，憑衆立當字一紙，將此田當與雷宅□□□□□親邊，面訂當出時價英洋三十二元正，其洋即日親收清訖，此田未當之先，並無外内人等，既當之后，其田听雷邊耕種爲利，去后不拘年深月久，办还原價取贖，雷邊不得执留，此係兩相情愿，並非逼抑返悔等情，恐口無憑，立當契存照。

民國七年　十二月日立當契　鍾益滔（押）

見代　仝弟　步滔（押）

憑衆　房叔　学計

民國十四年鍾際華執照

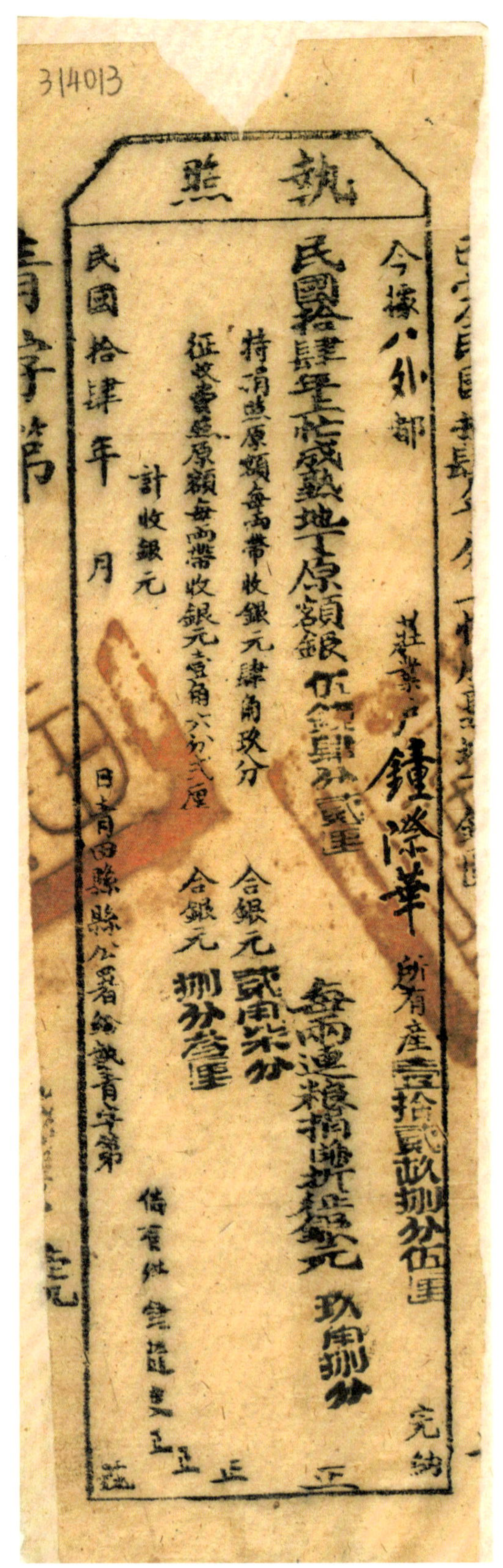

照執

今據八外都　莊業户鍾際華　所有産壹拾貳畝捌分伍厘　完納

民國拾肆年上忙成熟地丁原額銀伍錢肆分貳厘　每兩連粮捐準折征銀元　玖角捌分　正

特捐照原額每兩带收銀元肆角玖分　合銀元貳角柒分　正

征收費照原額每兩帶收銀元壹角六分弍厘　合銀元捌分叁厘　正

計收銀元

倘有□錯隨更正

民國拾肆年　月　日青田縣縣公署給執青字第　號

民國十四年鍾必傳執照

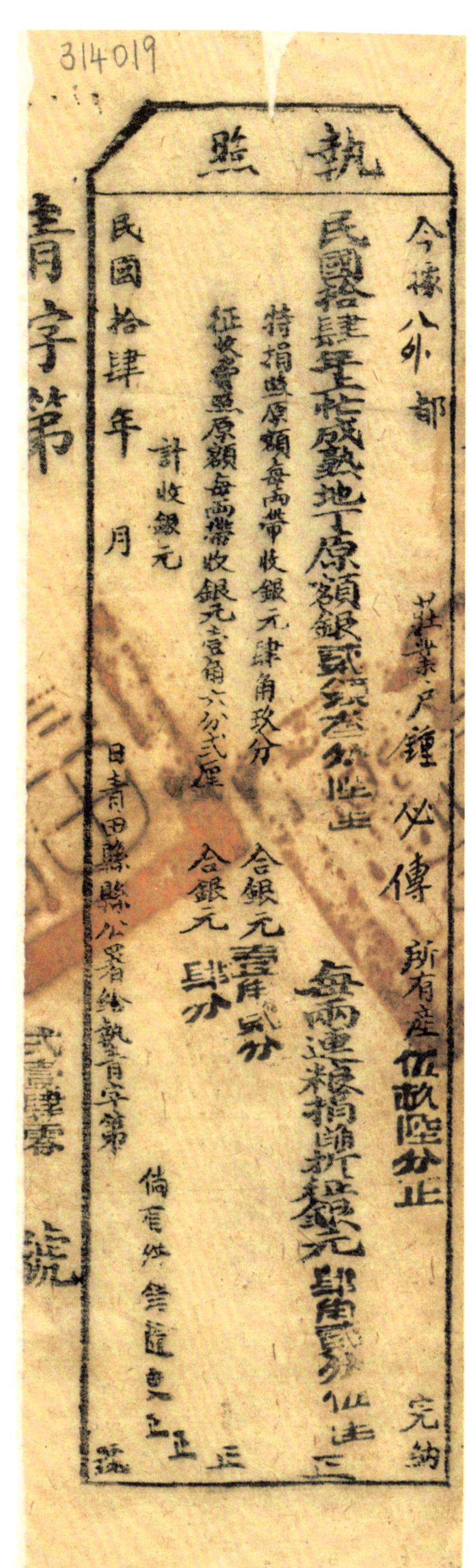

執照

今據八外都　莊業户鍾必傳　所有産伍畝陸分正　完納

民國拾肆年上忙成熟地丁原額銀貳錢叁分陸厘　每兩連粮捐八角折征銀元　肆角貳分伍厘正

特捐照原額每兩帶收銀元肆角玖分　合銀元壹角貳分　正

征收費照原額每兩帶收銀元壹角六分弍厘　合銀元肆分　正

計收銀元　倘有□錯隨更正

民國拾肆年　月　日青田縣縣公署給執青字第

青宋第　弍壹肆零　號

田產單

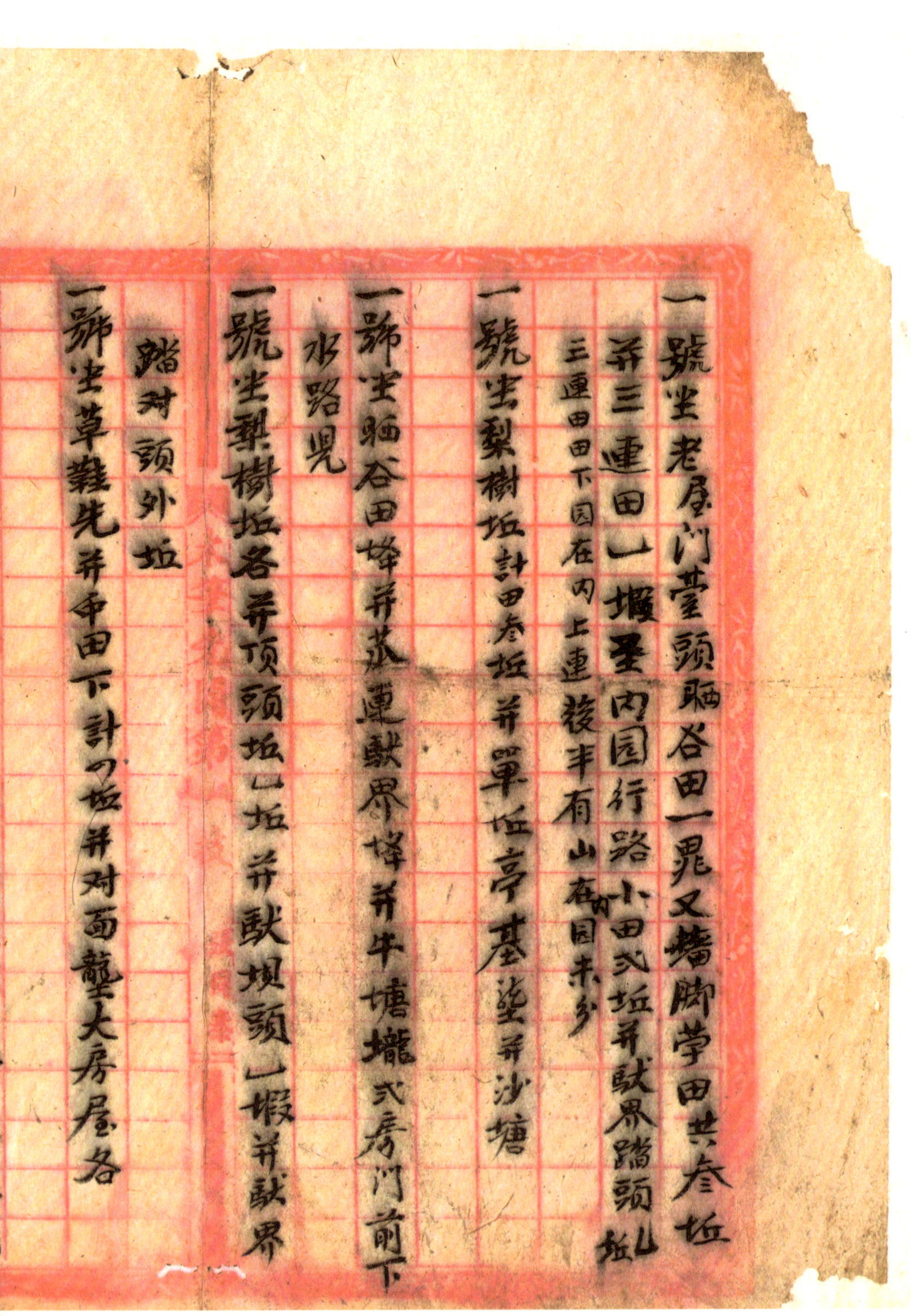

一號坐老屋门台頭晒谷田一𤰝又墻脚学田共叁坵
并三連田一堰墓内园行路小田弍坵并駄界踏頭一坵
三連田田下园在内上連後半有山在内园未分
一號坐梨樹坵計田叁坵并單坵亭基塗并沙塘
一號坐晒谷田塆并菰蓮駄界塆并牛塘壠弍房门前下
水路跟
一號坐梨樹坵各并頂頭坵一坵并駄坝頭一堰并駄界
踏対頭外坵
一號坐草鞋先并垂田下計四坵并対面龍墪大房屋各

（前頁）>>>>

一號坐老屋门盖頭晒谷田一晀，又畨脚苧田，共叁坵，並三連田一塅，至内园行路小田弍坵，並馱界踏頭一坵，三連田田下园在内，上連後半有山在内，园未分。
一號坐梨樹坵，計田叁坵，並單坵亭基壟，並沙塘。
一號坐晒谷田塳，並萾連馱界塳，並牛塘壠弍房门前下水路兜。
一號坐梨樹坵，各並顶頭坵一坵，並馱垻頭一塅，並馱界踏对頭外坵。
一號坐草鞋先，並衆田下，計四坵，並对面壟大房屋各。
一號坐老屋各弍坵，又長坵下一坵，顶頭坵後四坵，並古秧地路外旱塘壟荒坪。
一號坐山垻塆，並馱界下晀，計叁坵，並牛塘塆一塅。

趙邦統衆等立賣契

立賣契趙邦統衆姪有山弍坪坐落本都四
源大垟梅壟均安着，其界上至鍾家田為界，下
至均至小路為界，左至大路為界，右至鍾邊田
為界，俱立四至分明。今因缺用，自心情愿
立賣契一紙出賣與雷宅邊陸丘為業，面斷價
中錢弍千文正，其錢即收訖，既賣之後，其山一所
雷邊照管，樣蓄栽種，面斷至內有吉地雷
邊自能扦基安葬，作用所從雷邊出賣之理
不得找借，亦無取贖，永遠管業，如有內外人
姪自能支解，不及雷邊事，此係兩相情愿
無悔[illegible]無憑立賣契永遠[illegible]

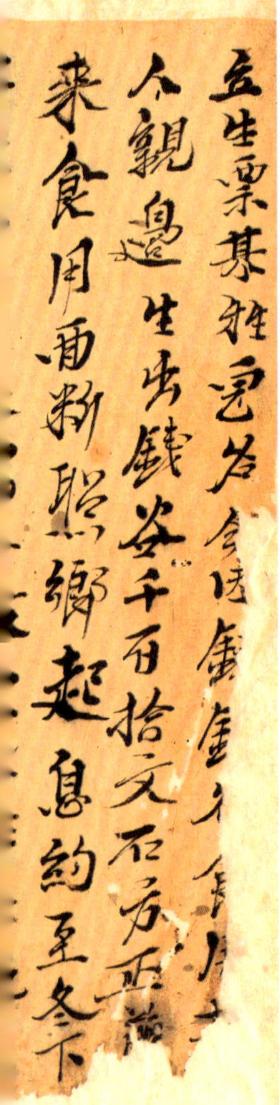

契約模板

（前頁）>>>>

立賣契趙邦統衆等，有山弍坪，坐落本都四源大坋梅壟坳安着，其界外至鍾家田爲界，底至小路爲界，左至大路爲界，右至鍾邊田爲界，俱立四至分明，今因缺錢应用，自心情愿立賣契一紙，出賣与雷宅亞陸邊爲業，面断價錢弍千文正，其錢即日收訖，既賣之後，其山一听雷邊照管樣篠栽種，面断至内有吉地，雷邊自能扦基安葬作用，聽從雷邊出賣之理，不得找借，亦無取贖，永遠管業，如有内外人等，自能支解，不及雷邊事，此係兩相情愿，並非逼抑等情，今恐無憑，立賣永遠爲照。

攔下有猪牛几頭或牿或籽，今因缺錢
應用，托憑立當字壹紙，并當與其人
親邊錢谷先來食用，面斷照鄉起
約至冬下并本利交還端正，不敢欠
少分文。如若欠少錢谷，其猪牛憑中聽當
亭邊攔所養，本家伯叔兄弟子孫
不得執異之理。如有此色，自能支解，不
涉錢谷主之事。此係自心情愿，並無逼
抑等情。今欲有據，立當字為照。
今收过鍾某人親邊税二人錢千百文
現託清收是实，恐口無憑，立收字為照。
立找契人鍾某人，自手承分有和田壹段，坐落都五源尊山后
土名某處，受着其田租數畝分厘正，俱已出契
載明。今因缺錢應用，自心情愿立找契一紙
又向與鍾宅某某人親邊找出時價錢千文
其田既找之后，听從鍾边自行起佃耕種，不得言贖

（前頁）>>>>

立生票某姓□名，今因□（缺）□（錢）□□□□□人親邊生出錢谷千百拾文、石、方正，前來食用，面断照鄉起息，約至冬下並本利交還端，不敢欠少，恐無憑，立生票爲照。

立當字某姓名人，本家欄下有猪牛几頭，或牯或稃，今因缺錢應用，凴衆立當字壹紙，紙當與某人親邊，錢谷先來食用，面断照鄉起，約至冬下並本利交還端正，不敢欠少，如若欠少錢谷，其猪牛憑衆照□牽過欄所養，本家伯叔兄弟子□不得執养之理，如有此色，自能支解，□涉錢谷主之事，此係自心情愿，並無逼抑等情，今欲有據，立當字爲照。

今收过鍾其人親邊税户錢千百文，現訖清，收是寔，恐口無憑，立收字爲照。

立找契鍾某人，自手承分有水田壹段，坐本都五源净山后，土名某處安着，其田坵数、畝分、厘正俱已正契載明，今因缺錢應用，自心情愿立找契一紙，又向與鍾宅某人親邊找出時價錢千文，其田既找之后，听從兄邊自行起種，不得霸

312001

靈寶大法司　　令據

浙江省處州府青田縣八外都五源培頭鄭山後居住奉

道薦修接傷報恩孝侄鍾亜雨　等詞爲新故伯父頼川號諱

鍾樹富官人距生　道光己酉年四月十三日酉時卒于

光緒戊申年四月廿五日戌時西沉陽年六十歲食史難留合

伸追薦拔乞超昇

卜以今月初十日於家啟建　道場一日夜遂日宣行法事依

科奉行滿日供王度備庫財　扛解拔

陰曹三府爲已酉亡命一灵填還庫錢即判生方夜分陳供普施以

伸滿散純祈　道力度往保生事　本司得此除已具奏

天廷外合移文請　照驗施事理即日下降

道場共格亡情闌度一灵上生

仙界陽居次保各家清吉人物咸安　須至牒者

（前頁）>>>>

靈寶大法司　今據

浙江省處州府青田縣八外都五源培頭鄭山後居住奉

道薦修拔傷報恩孝侄鍾亞雨等詞，爲新故伯父頴川郡諱

鍾樹富官人，距生　道光己酉年四月十三日酉時，卒于

光緒戊申年四月廿五日戌時西沉，陽年六十歲，食火難留，合

伸造荐，报乞超昇

卜以今月初十日，於家啓建　道場一日夜，遂日宣行法事，依

科奉行，滿日供王，虔備庫財，扛解报

陰曹三府，爲己酉亡命一灵填還庫帑，即判生方，夜分陳供普施，以

伸滿散，統祈　道力度往保生事，本司得此，除已具奏

天廷外，合移文請　照驗施事理，即日下降

道場，共格九情，開度一灵上生

仙界陽居，次保各家清吉，人物咸安　須至牒者。

## 道光二十一年、二十三年鍾彩子立付票

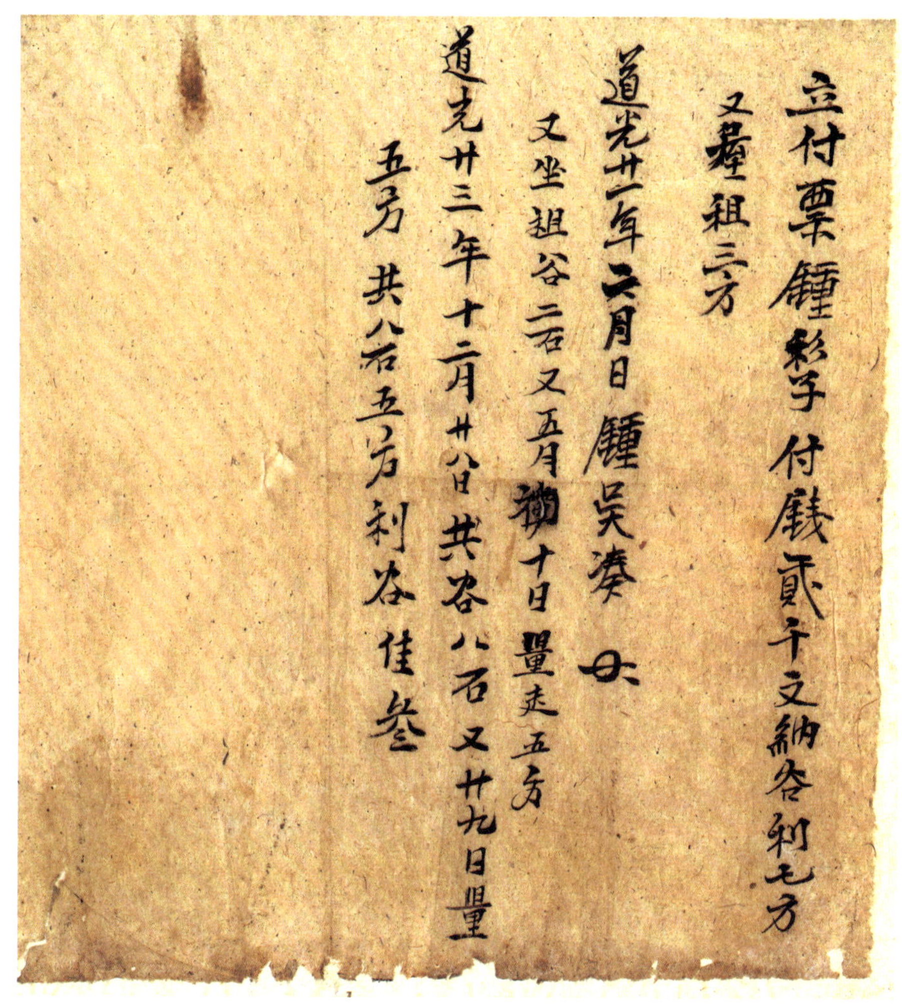

立付票鍾彩子，付錢貳千文，納谷利七方，
又屋租三方。
道光廿一年二月日鍾吴凑（押）
又坐租谷二石，又五月初十日量走五方
道光廿三年十二月廿八日共谷八石，又廿九日量
五方，共八石五方，利谷佳叁。

# 南田镇高村民族村水碓降藍志聰户

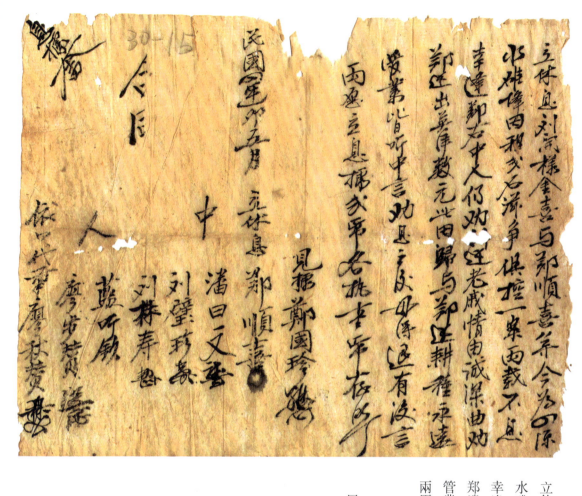

立休息刘開様、金喜与、郑顺喜等，今爲四源水碓垟田租弍石滋争俱控一案，兩载不息，幸逢鄰右中人仍劝，□邊老戚情由诚深，曲劝郑邊出英洋数元，此田歸与郑邊耕種，永遠管業，皆听中言劝息，去後毋得還有後言，兩愿立息據弍紙，各执壹紙存照。

見據鄭國珍（押）

民國四年乙卯五月立休息郑順喜（押）

中　潘曰文（押）

刘璧珍（押）

刘林寿（押）

蓝听欽（押）

人　廖步赞（押）

依口代筆廖秋赞（押）

# 民國十八年趙陽可等立賣契

立賣契趙陽可石生侄玉沛碎沛全兄弟侄等本家
祖手遺下有山場園地栢子楹杉雜柴一
片坐落八内都六源土名坑底源水覓頭塆許
山場園地等項一片安着其界上至横路下
小路兒為界下至大岩碧為界直落尽坑兒
迸下大岩為界左至崎岩峯為界右至小坑兒直
上右迸小坑兒直上為界俱立四至分明今因
缺銀應用自願憑中立契賣與藍宅陳隆
親邊為業三面訂定隨賣隨借隨找割截
盡出價洋拾陸元正其洋如契收訖分文無存
將此山場園地雜柴等項即仰藍廷起耕開
墾栽插樣䕶如意作用永遠管業本家伯

賣盡找劄截盡契永遠爲照——

一載此山場園地有連環契據存趙楊司家未成檢繳去

後不通行用充作廢紙再照　石生

民国拾捌年十二月日立賣契　趙楊司○●

弟趙石生盡

侄趙筷沛○

趙任沛○

親筆趙石生盡

合同

30-20

(前頁)>>>>

立賣契趙陽可、石生、侄五沛、碎沛仝兄弟侄等，本家祖手遺下有山場園地、柚子榅杉雜柴一片，坐落八内都八原[源]，土名坑底源水筧頭塆，計山場園地等項一片安着，其界上至横路下小路兒爲界，下至大岩碧爲界，直落尽坑兒邊下大岩爲界，左至崎峰爲界，右至小坑兒直上右邊小坑兒直上爲界，俱立四至分明，今因缺銀應用，自願憑中立契，賣與藍宅陳生親邊爲業，三面訂定，隨賣隨借隨找割截盡，出價洋拾陸元正，其洋如契收訖，分文無存，將此山場園地雜柴等項，即仰藍邊起耕開墾，栽種樣籙，如意作用，永遠管業，本家伯叔兄弟子侄人等不得言稱有分，亦無找贖等情，此係兩願，並非逼抑，今欲有據立賣隨找割截盡契永遠爲照

一載此山場地有連環契據，存趙楊可、石生家，未成檢繳去後不通行用，充作廢紙再照。

民國柗[拾]梆[捌]年十二月日立賣契

趙楊可(押)

弟趙石生(押)

侄趙碎沛(押)

趙伍沛(押)

見奄趙石生(押)

民國三十四年劉公器等立發租約

30-17

立發租約刘公器公[illegible]族衆有水田壹坵坐落
九都四源土名高村水尾安着計田大小陸坵又一
坵坐寨脚計田壹坵共計租米碩〇今因發与益宅
順仁生親邊受近租種[illegible]訂捌年約内進年秋收
完納燥白谷米碩計[illegible]陸拾市斤每碩共計
貳佰念市斤荒年[illegible]熟年無加不敢欠少如
若欠少租谷加五起息拾貳年種滿該田所從刘
邊自能收回另行發佃蓋進不得霸執之理此係兩
想甘愿並無逼抑等情恐口無憑立發租種字
存照

中華民國叁拾肆年[illegible]月日立租種字劉益龍〇

劉貴朋

東言　鳳奎　鳳龍　美和　開傑　化丹　益堯　長丹　開順　水勤　芝軒　碧清〇　傑遷

立發人公司

此據存鳳龍家

代筆　刘益三

（前頁）>>>>

立發租約刘公器、公□□，族衆有水田壹塅，坐落九都四源，土名高村水尾安着，計田大小陸坵，又一塅坐寨脚，計田壹坵，共計租柒碩，今因發與藍宅仁生、順生親邊受近租種，□訂拾弍年，約内遞年秋收完納燥白谷柒碩过揙□重陸拾市斤每碩，共計肆伯［佰］念市斤，荒年□（無）□（減），熟年無加，不敢欠少，如若欠少租谷，加五起息，拾弍年種滿，該田听從刘邊自能敢［改］耕，另行發佃，藍邊不得霸执之理，此係兩想［相］甘愿，並非逼抑等情，恐口無憑，立發租種字存照。

劉貴朋（印）

中華民國叁拾肆年□□月立租種字劉益龍（押）

東言（押）　鳳奎（押）

美和（押）

立永發合同

鳳龍（押）　化□（押）

開傑（押）　益堯（押）

此據存鳳龍家

長□（押）　開順（押）

水勤　芝軒（印）

碧清（押）　傑選（押）

代筆　刘益三（押）

# 玉壶镇洪地村雷志怀户

民國元年胡喜銓立冲字

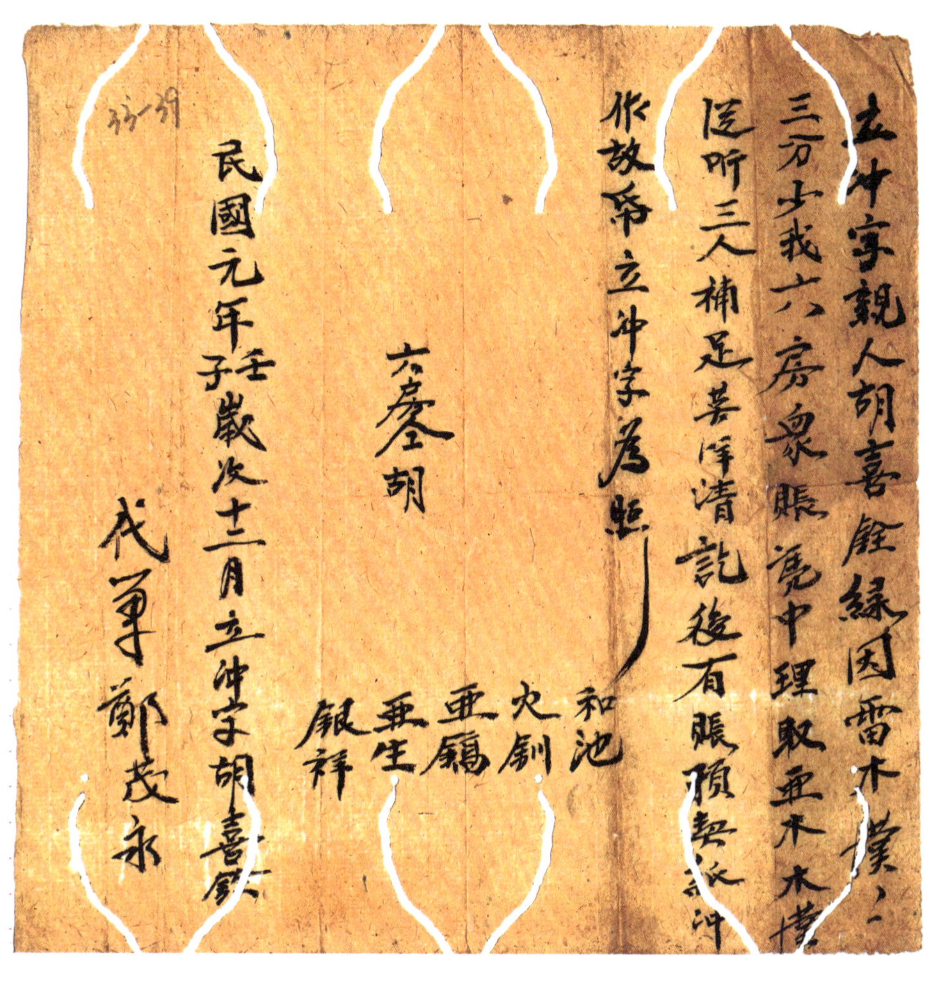

立冲字親人胡喜銓，緣因雷木漢三分少我六房衆賬，憑中理取亞木、木漢從听三人補足英洋清訖，後有賬項契紙冲作故紙，立冲字爲照。

和池

火釧

亞鎬

亞生

銀祥

六房仝胡

民國元年壬子歲次十二月立冲字胡喜銓

代筆鄭茂永

民國元年胡喜銓立冲字

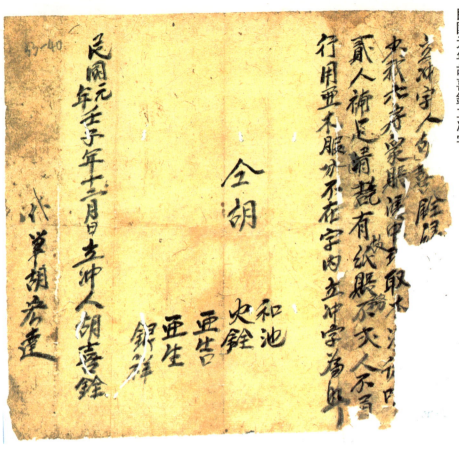

立冲字人胡喜銓，緣□□□□□□
少我六房衆賬，憑中□取木□、□□
貳人補足清訖，有故紙賬務不弍人不通
行用，亞木服分不在字内，立冲字爲照。

和池
仝胡　火銓
亞告
亞生
銀祥

民國元年壬子年十二月日立冲人胡喜銓
代筆胡宏達

## 民國三十年雷志紅居民證

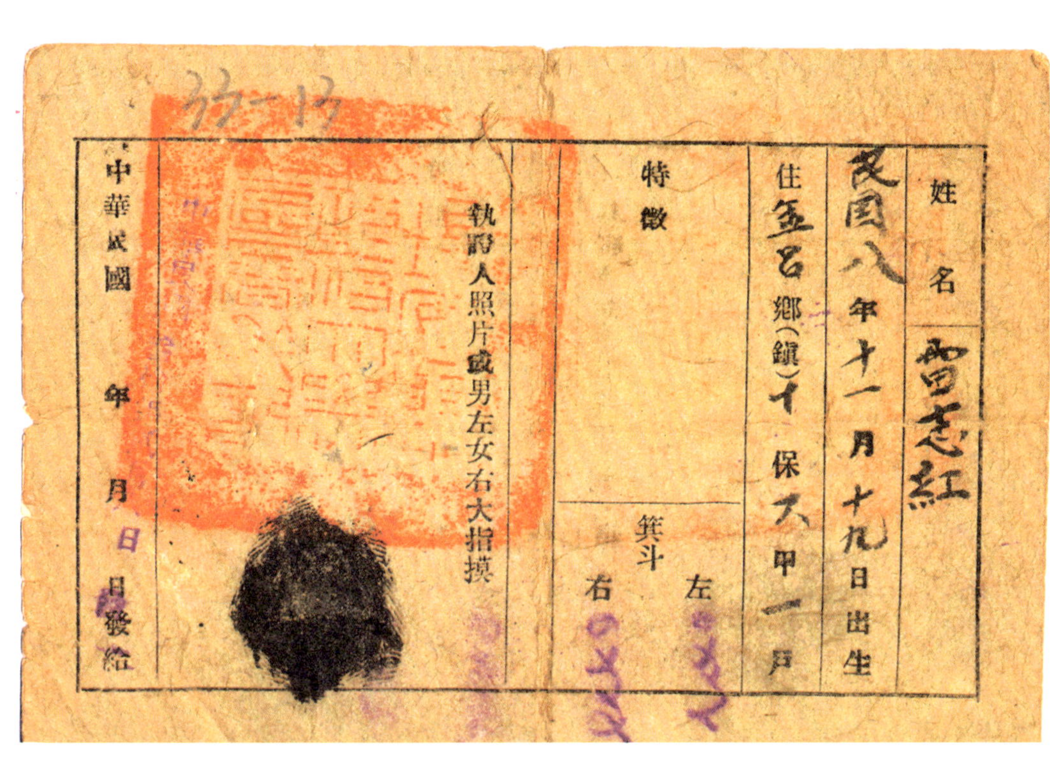

姓名　雷志紅

民国八年十一月十九日出生

住金吕鄉（鎮）十保六甲一户

特徵

箕斗　左○×××　右○×××

執證人照片或男左女右大指摸

（印）

（指模）

中華民國叁拾年貳月　日發給

# 民國二十九年雷從聽購鹽證

購鹽證

（憑證購鹽）

瑞安縣大嶴區金呂鄉鎮十保六甲一户
户長 雷從听 家有丁口 九 名，本
月份照章准購食鹽 玖 斤，仰該鹽
店予以秤售，並將本證留存，俟月終連
同月報彙送來署，以憑查核。
鹽店蓋戳（戳）（印）
中華民國二十九年 八 月 日
瑞安縣大嶴區署印發

第一聯

金呂字第 壹柒肆貳 號

購鹽證

（憑證放行）

瑞安縣大嶴區金呂鄉鎮十保六甲一户
户長 雷從听 家有丁口 九 名，本月
份准購食鹽 玖 斤，現已向官鹽店
購訖，務希沿途警隊查明放行。
鹽店蓋戳（戳）（印）
中華民國二十九年 八 月 日
瑞安縣大嶴區署印發

第二聯

# 民國三十年雷從聽妻藍氏居民證

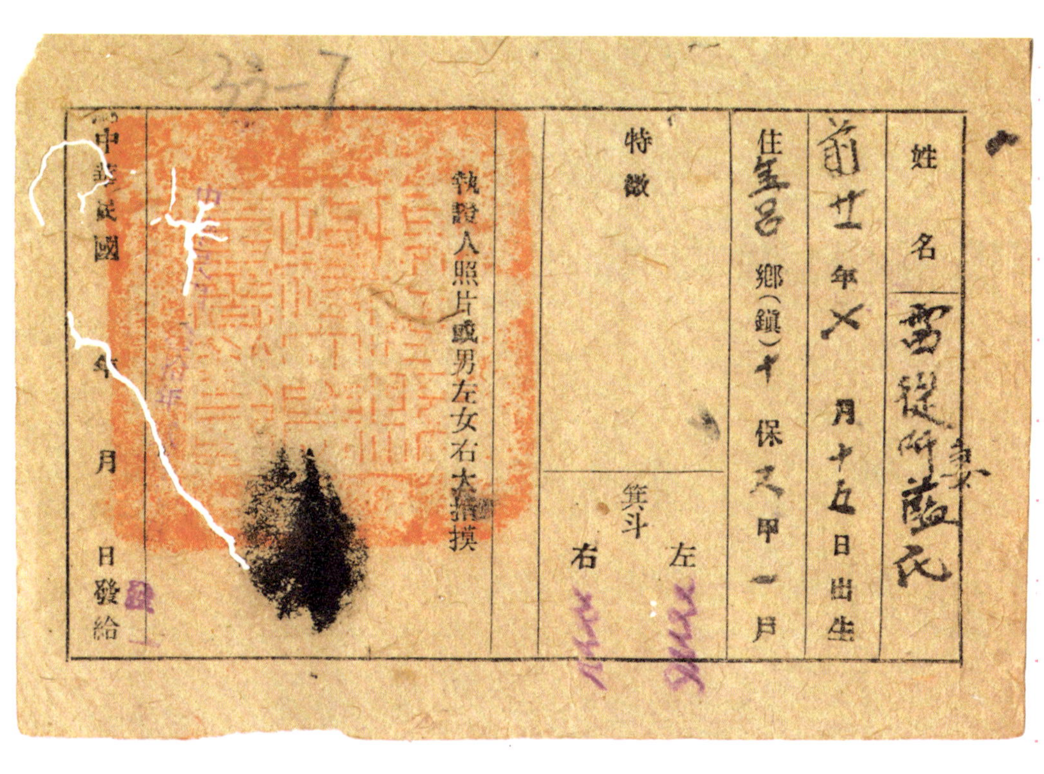

姓名　雷從听妻藍氏

前廿一年七月十五日出生

住金吕鄉（鎮）十保六甲一户

特徵

箕斗

左　〇×××

右　〇×××

執證人照片或男左女右大指摸

（印）

（指模）

中華民國叁拾年貳月日發給

民國三十年雷亞六居民證

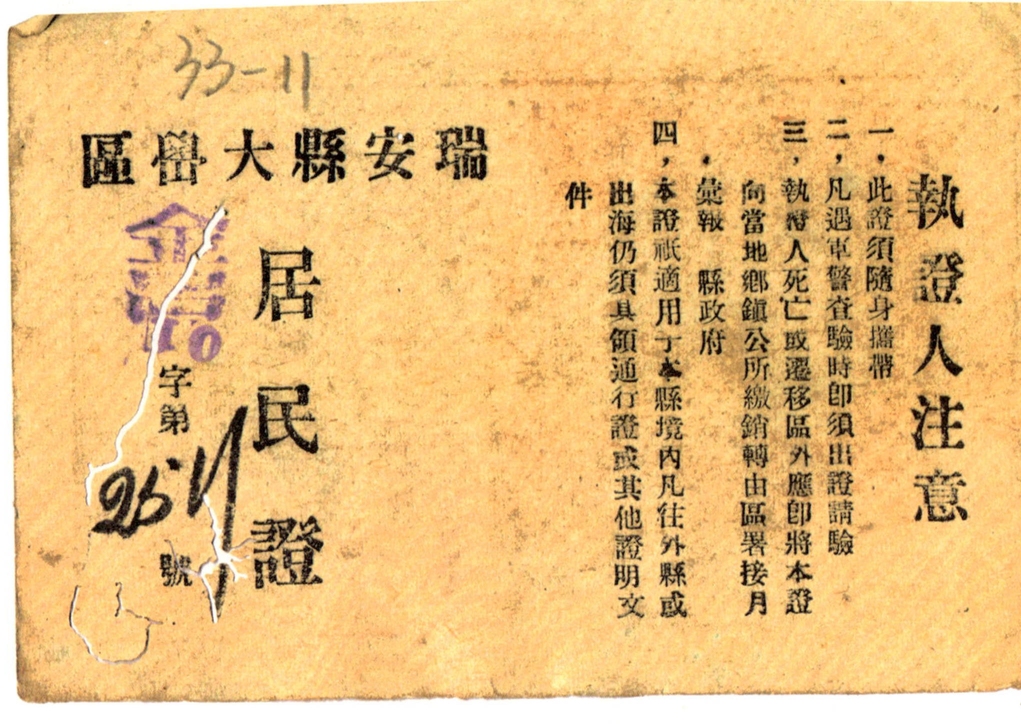

33-11

瑞安縣大嶨區

居民證

字第2511號

執證人注意

一、此證須隨身攜帶
二、凡遇軍警查驗時即須出證請驗
三、執證人死亡或遷移區外應即將本證向當地鄉鎮公所繳銷轉由區署按月彙報縣政府
四、本證祇適用于本縣境內凡往外縣或出海仍須具領通行證或其他證明文件

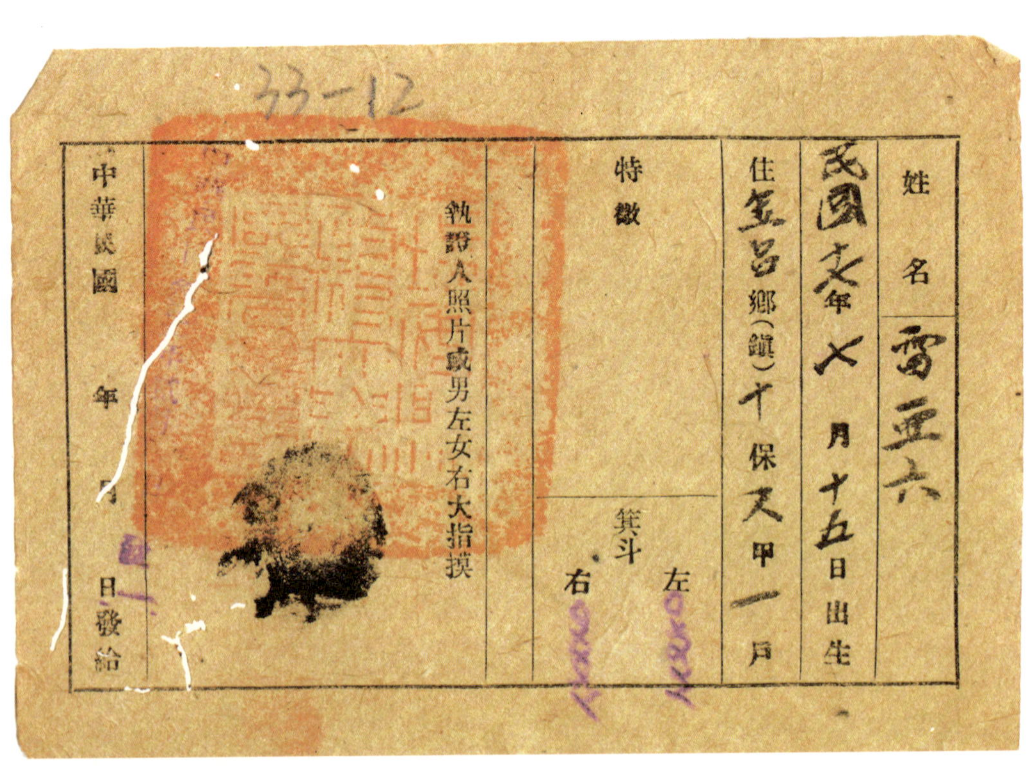

33-12

姓名 雷亞六

民國十年七月十五日出生

住金呂鄉（鎮）十保五甲一戶

特徵

箕斗 右 左

執證人照片或男左女右大指摸

中華民國 年 月 日發給

(前頁)>>>>

執證人注意

一,此證須隨身攜帶。

二,凡遇軍警查驗時,即須出證請驗。

三,執證人死亡或遷移區外,應即將本證向當地鄉鎮公所繳銷,轉由區署接月彙報　縣政府。

四,本證祇適用于本縣境内,凡往外縣或出海,仍須具領通行證或其他證明文件。

瑞安縣大嶴區

居民證

金呂10字第2511號

| 姓名 | 雷亞六 |
|---|---|
| 民國十七年七月十五日出生 | |
| 住金呂鄉(鎮)十保六甲一户 | |
| 特徵 | |
| 箕斗 | 左○×××　右○××× |
| 執證人照片或男左女右大指摸 | (印)　(指模) |
| 中華民國叁拾年貳月日發給 | |

民國三十年雷亞奶居民證

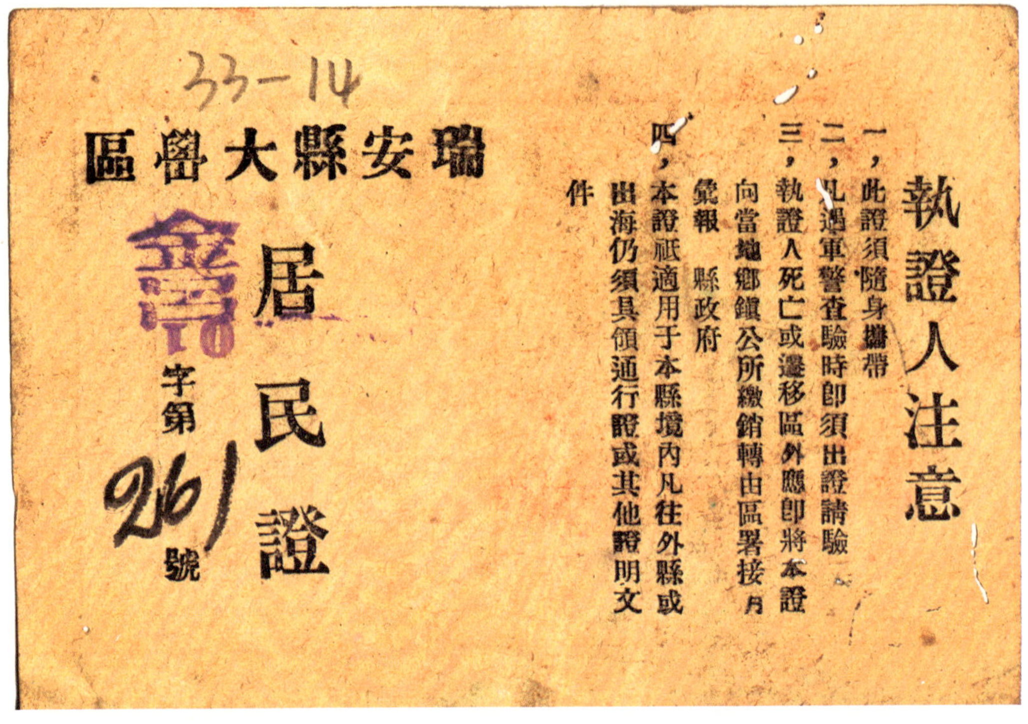
33-14

瑞安縣大嶨區

居民證

畲字第261號

執證人注意

一，此證須隨身攜帶

二，凡遇軍警查驗時即須出證請驗

三，執證人死亡或遷移區外應即將本證向當地鄉鎮公所繳銷轉由區署接月彙報　縣政府

四，本證祇適用于本縣境內凡往外縣或出海仍須具領通行證或其他證明文件

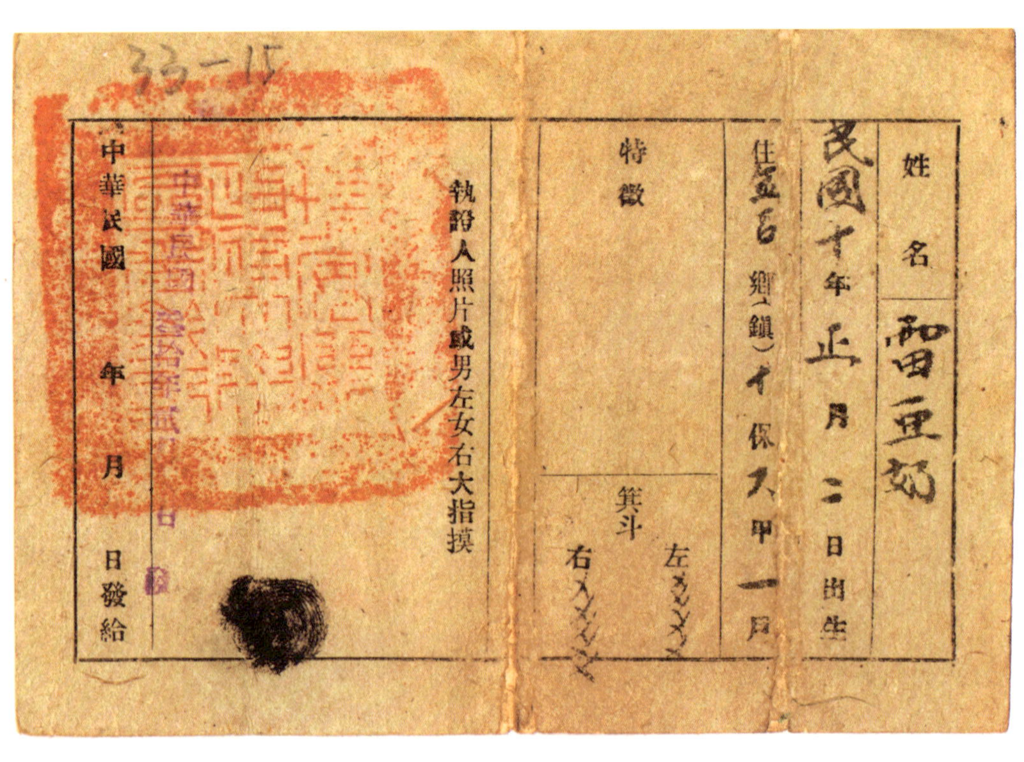
33-15

姓名　雷亞奶

民國十年正月二日出生

住址　鄉(鎮)十保大甲一戶

特徵

箕斗　左　右

執證人照片或男左女右大指摸

中華民國　年　月　日發給

(前頁)>>>>

執證人注意

一,此證須隨身攜帶。

二,凡遇軍警查驗時,即須出證請驗。

三,執證人死亡或遷移區外,應即將本證向當地鄉鎮公所繳銷,轉由區署接月彙報　縣政府。

四,本證衹適用于本縣境内,凡往外縣或出海,仍須具領通行證或其他證明文件。

瑞安縣大嶨區

居民證

金吕 10字第261號

| 姓名 | 雷亞奶 |
|---|---|
| 民國十年正月二日出生 | |
| 住金吕鄉(鎮)十保六甲一户 | |
| 特徵 | |
| 箕斗 | 左○××× 右○××× |
| 執證人照片或男左女右大指摸 | (印) (指模) |
| 中華民國叁拾年貳月　日發給 | |

民國三十年雷從聽居民證

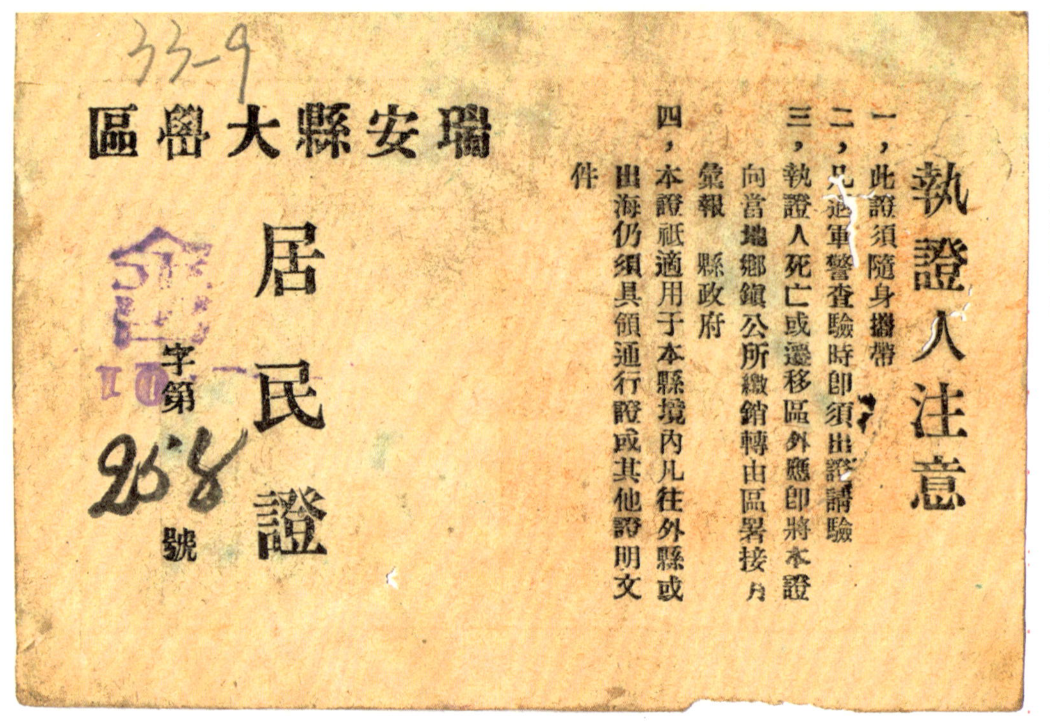
33-9

瑞安縣大嶨區

居民證

字第 2058 號

執證人注意

一，此證須隨身攜帶

二，凡遇軍警查驗時即須出證請驗

三，執證人死亡或遷移區外應即將本證向當地鄉鎮公所繳銷轉由區署按月彙報縣政府

四，本證祇適用于本縣境內凡往外縣或出海仍須具領通行證或其他證明文件

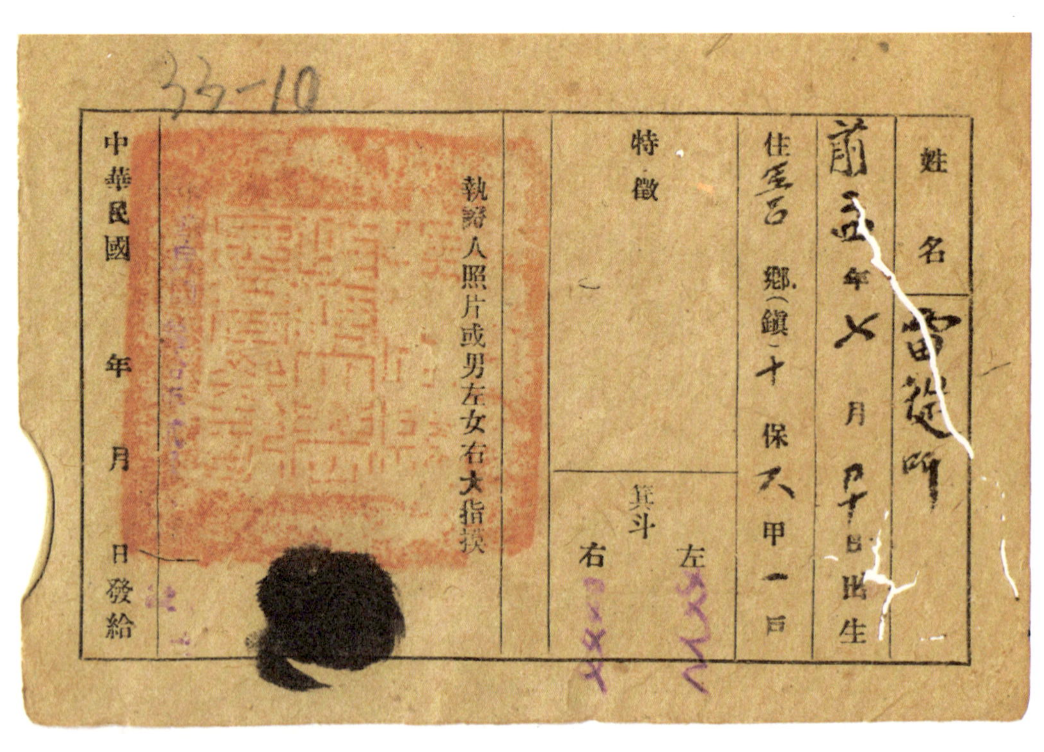
33-10

姓名 雷從聽

前五年七月廿日出生

住居 吕 鄉(鎮) 十 保 六 甲 一 戶

特徵

箕斗 左 右

執證人照片或男左女右大指摸

中華民國 年 月 日發給

(前頁)>>>>

執證人注意

一,此證須隨身攜帶。

二,凡遇軍警查驗時,即須出證請驗。

三,執證人死亡或遷移區外,應即將本證向當地鄉鎮公所繳銷,轉由區署按月彙報 縣政府。

四,本證祇適用于本縣境内,凡往外縣或出海,仍須具領通行證或其他證明文件。

瑞安縣大嶨區

居民證

金吕10字第258號

| 姓名 | 雷從听 |
|---|---|
| 前二四年七月口十日出生 | |
| 住金吕鄉(鎮)十保六甲一户 | |
| 特徵 | |
| 箕斗 | 左○××× 右○××× |
| 執證人照片或男左女右大指摸 | (印) (指模) |
| 中華民國叁拾年貳月日發給 | |

# 民國三十二年户牌

33-5

瑞安縣 金呂 鄉鎮

戶牌

（ ）戶

第七保 第十二甲 第一戶

| 稱謂 | 姓名 | 性別 | 年齡（歲） | 年齡（月） | 籍貫 | 職業 | 異動原因及時間 |
| --- | --- | --- | --- | --- | --- | --- | --- |
| 戶長 | 雷花[illegible] | 男 | 卌 | 九 | 本 | 農 | |
| 妻 | 木氏 | 女 | 五一 | 九 | | | |
| 長子 | 碎奶 | 男 | 三 | 三 | | | |
| 〃 | 阿伍 | 〃 | 十 | 五 | | | |
| 〃 | 阿陸 | 〃 | 八 | 九 | | | |
| 〃 | 獃鞻 | 〃 | 七 | 一 | | | |
| 〃 | 碎鞻 | 〃 | 五 | 〇 | | | |
| 女 | 雷氏 | 女 | 七 | 七 | | | |

附記

中華民國三十二年 月 日填發

凡有戶口異動應持此牌向保長報告如有全戶遷出應將此牌繳向保長註銷並請領遷徙證

（前頁）>>>>

瑞安縣 金吕鄉鎮

户牌（　　）户

第七保 第十二甲 第一户

| 稱謂 | 姓名 | 性别 | 年齡（歲） | 年齡（月） | 籍貫 | 職業 | 異動原因及時間 |
|---|---|---|---|---|---|---|---|
| 户長 | 雷從听 | 男 | 五四 | 九 | 本 | 農 | |
| 妻 | 木[蓝]氏 | 女 | 五一 | 九 | | | |
| 長子 | 碎奶 | 男 | 二二 | 三 | | | |
| — | 阿伍 | — | 十一 | 五 | | | |
| — | 阿陸 | — | 八 | 九 | | | |
| — | 馱輾 | — | 七 | 一 | | | |
| — | 碎輾 | — | 五 | 〇 | | | |
| 女 | 雷氏 | 女 | 十七 | 七 | | | |

附記：

| 稱謂 | 姓名 | 性别 | 年齡（歲） | 年齡（月） | 籍貫 | 職業 | 異動原因及時間 |
|---|---|---|---|---|---|---|---|
| | | | | | | | |

中華民國三十二年　月　日填發（印）

凡有户口異動，應持此牌向保長報告，如有全户徙出，應將此牌繳向保長註銷，並請領遷移證

## 民國三十四年吴碎棉立賣並加找借盡契

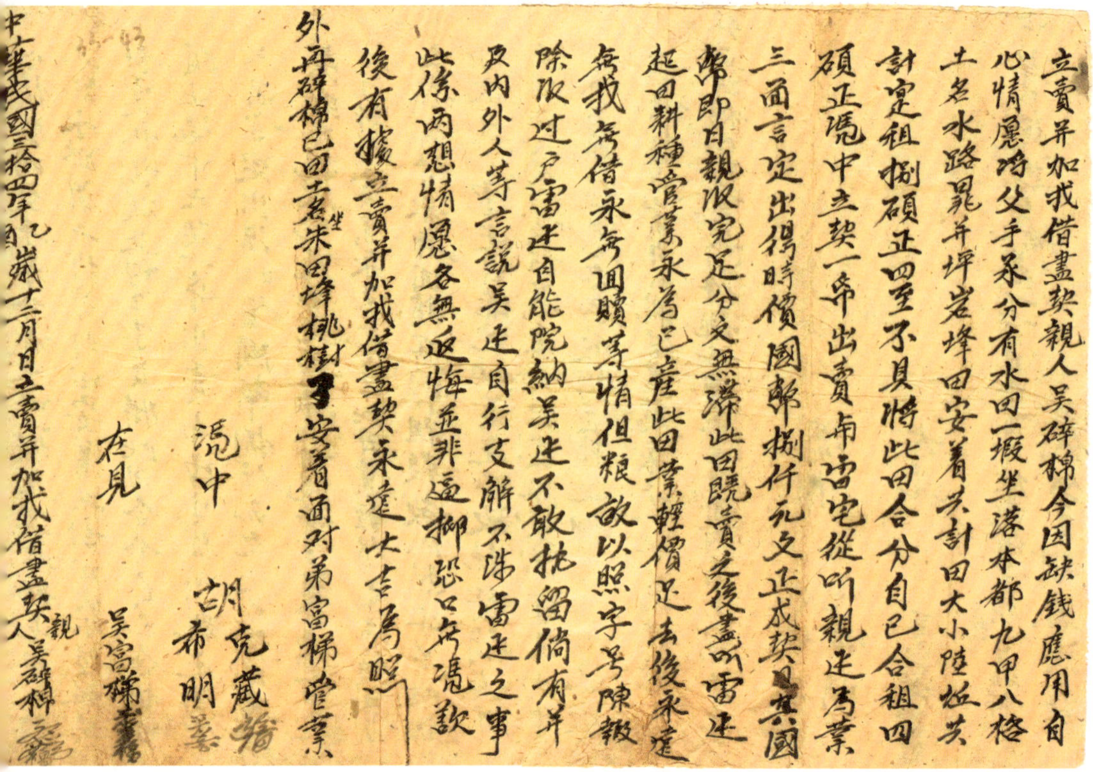

立賣並加找借盡契親人吴碎棉，今因缺錢應用，自心情愿，將父手承分有水田一坄，坐落本都九甲八格，土名水路冕並坪岩埄田安着，共計田大小陸坵，共計寔租捌碩正，四至不具，將此田合分自己合租四碩正，憑中立契一紙，出賣與雷宅從听親邊爲業，三面言定，出得時價國幣捌仟元文正，成契日其國幣即日親收完足，分文無滯，此田既賣之後，盡听雷邊起田耕種管業，永爲己産，此田業輕價足，去後永遠無找無借，永無回贖等情，但粮畝以照字号陳報，除收過户，雷邊自能院［完］納，吴邊不敢執留，倘有並及内外人等言説，吴邊自行支解，不涉雷邊之事，此係兩想［相］情愿，各無返悔，並非逼抑，恐口無憑，欲後有據，立賣並加找借盡契，永遠大吉爲照。

外再碎棉己田土名坐朱田埄桃樹子安着，面对弟富梯管業。

憑中　胡　克藏（押）

　　　　　希明（押）

在見　吴富梯（押）

中華民國三拾四年乙酉歲十二月日立賣並加找借盡契親人吴碎棉（押）

代筆　胡志清（押）

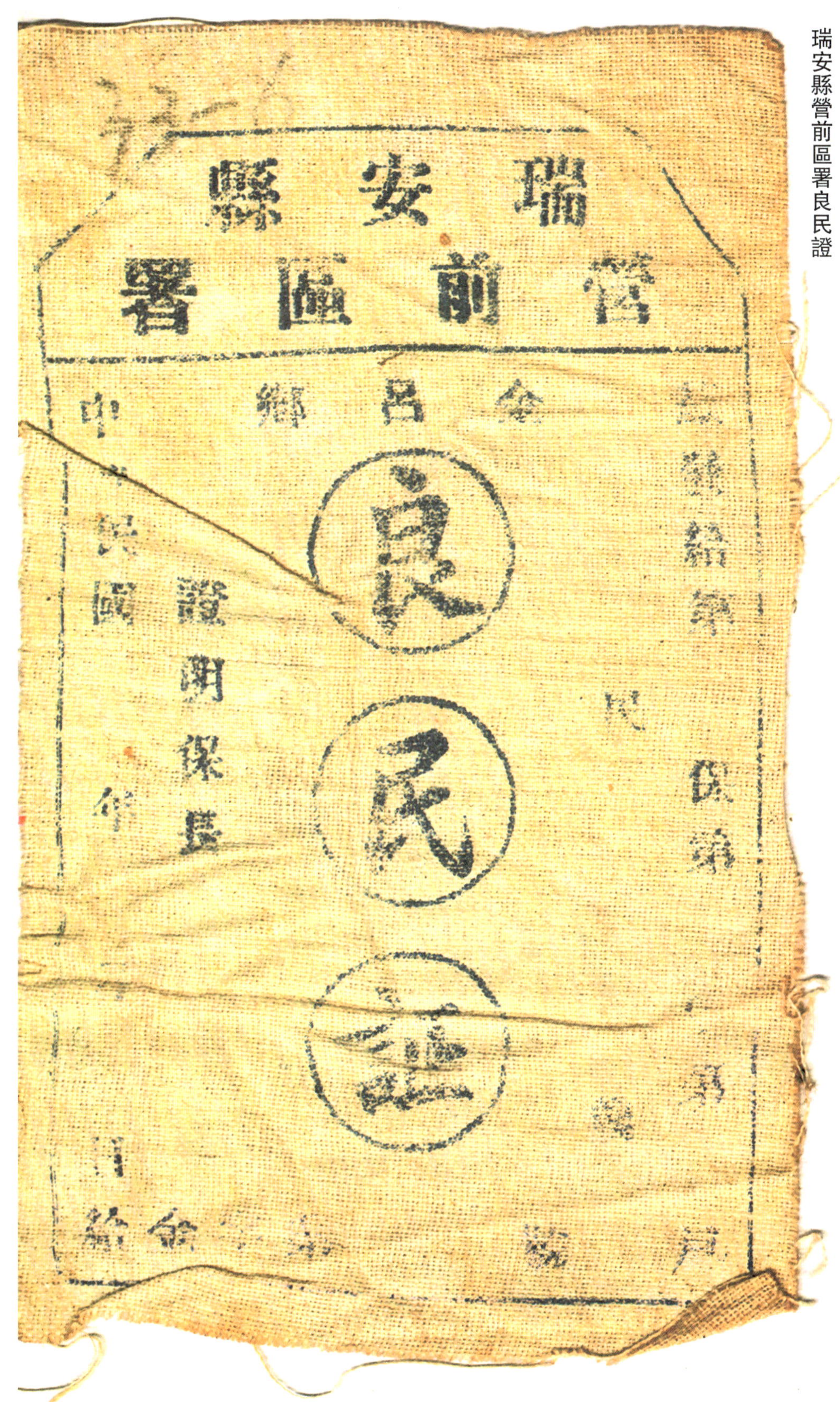

瑞安縣
營前區署
余呂鄉
良民證
證明保長

瑞安縣營前區署良民證

瑞安縣
營前區署

□發給第　保第　□第　户

民□

金吕鄉

良民証

證明保長

中華民國　年　月　日給

金字第　號

## 光緒二十四年雷亞榮立當契

立当契親人雷亞荣,父手承分有水田壹段,坐落本都九甲花地单工田安着,計田式邱[坵],計租租叁碩,憑衆出当與朱宅,当出時價錢洪洋拾伍元文正,雷邊親得價錢,親收完足,分文無滯,去後年深月玖[久],原錢取贖,朱邊不敢执吝之理,每年交租谷叁碩正,不敢欽(缺)少,如若租谷不清,此田悉听朱邊起佃耕種爲業,雷邊不敢执留,若有内外人等言説,自能支斛[解],不步[涉]朱邊之事,此係兩想[相]情愿,各(無)返悔之礼,恐口無憑,立当契爲照。

憑衆

在見雷壬申(押)

光緒念肆年戊戌歲日立当契雷亞荣(押)

代筆房兄雷亞堂(押)

## 宣統三年雷郭土立賣契

还原價英洋回贖等情，藍邊不敢执留之理，此係兩家情愿，各無返悔之理，恐口無憑，今欲有據，立賣契大吉爲照。

憑衆叔雷　銀新（押）

　　　　　亞董（押）

在見兄雷　亞張（押）

　　　　　郭元（押）

宣統叁年辛亥歲十一月日立賣契雷郭土（押）

衣[依]口代筆雷国堂（押）

## 民國壬子年雷亞榮立賣契

立賣契親人雷亞荣，今因缺錢應用，自心情愿，將父手承分有水田壹段，坐落本都九甲寒坑，土名大路下安着，計田大小坵数共田九坵，其田四至上至路，下至吴邊山爲界，底至侄邊田頭路爲界，外至侄邊田爲界，又外大岩頭下田安着，底至侄邊田堪脚爲界，外至少坑爲界，上至自己田爲界，下至侄邊田、吴邊山爲界，具立四至分明，憑衆立契一紙，出賣與外甥生藍亞土親邊爲（業），三面言定，賣出價錢英洋叁拾叁元文，其洋即日收訖完足，（分）文無滯，成契之日，親得價錢完足，此田悉听外甥藍邊亞土親邊起田耕種管業，此田未賣之先，暨[既]買之后，業輕價足，不得異言之理，田開垦凑整作用，倘有内外人等言説，雷邊自能支当，不若藍邊之事，去后自己原價錢英洋回贖，藍邊不敢执留之理，此係兩想[相]情（願），各無返悔之理，恐口無憑，今欲有據，立賣契爲照。

憑衆雷銀新（押）

水[税]户納錢八十

在見雷各土（押）

民國壬子年十二月日賣契人雷亞荣（押）

衣[依]口代筆雷國堂（押）

## 民國三年馬烈春立賣契

立賣契親人馬烈春，自己置有山場一片，坐落本都九甲花地，土名将軍岩脚横路下安着，山其四至下至亞章山爲（界），底至亞爲山爲界，外至衆山爲界，上至路爲（界），具立四至分明，憑衆立契一紙，出買與雷宅亞土親邊爲業，三面言定，買蒔［時］價錢英洋陸元正，其洋即日收訖完足，分文無滯，其山悉听雷邊起佃耕種管業，此山未賣之先，暨［既］買之后，開垦荒坦，與［興］造栽種，樣椂山茶雜柴並及在內，去后無找無借無贖，倘有人等言說，自能支解，不若雷邊之事，此係兩想［相］情愿，各無返悔之理，恐口無憑，今欲有據，立賣契永遠爲照。

憑衆雷亞董（押）

民國三年五月日立賣契馬烈春（押）

衣［依］口代筆雷国堂（押）

民國七年殘契

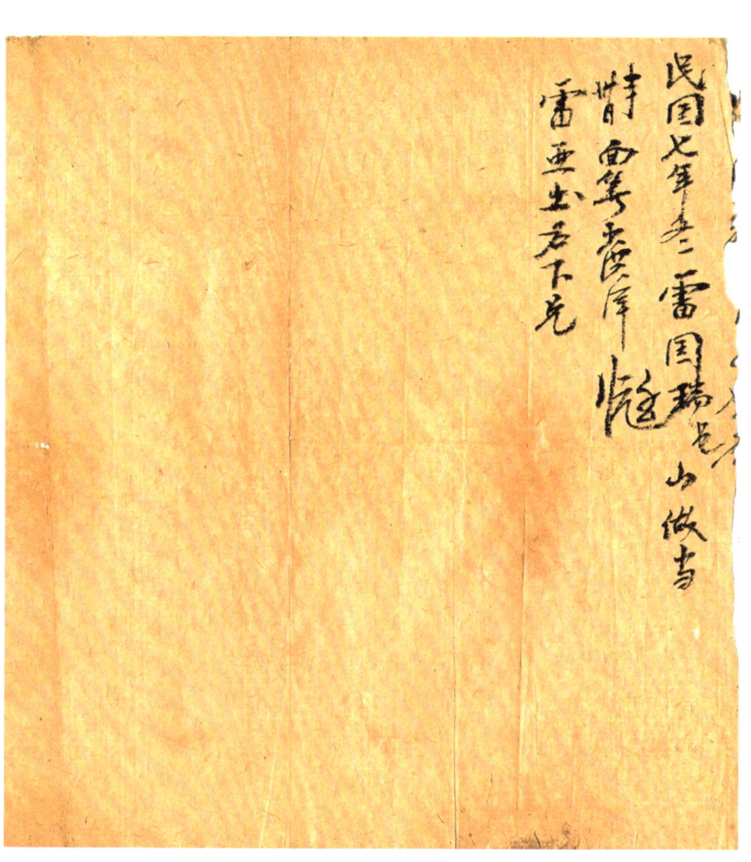

民国七年冬，雷国瑞□山做当，三月卅日面算出洪洋一二元五角，雷亚土名下兑。

# 民國十年雷郭土立加找盡契

立加找盡契親人雷郭土，今因缺錢應用，
自心情愿，父手承分有水田，坐落本都九甲
花地，土名单個田安着，計田弍坵，計找之後，
前有正契栽[載]明，價錢英洋叁拾玖元正，計
找日後，並前契價錢英(洋)肆拾叁元文正，憑衆
加找契一紙，三面言定，藍永元找出英洋肆
元正，即日收訖完足，分文無存，去後永與己
產，面断，去(後)無找無贖，永遠己業，去後垦造
凑整作用耕種，永遠管業，業輕價足，無找
借之礼，並非逼抑等情，恐口無憑，今欲
有憑，立加找盡契，永遠大吉爲照。

憑衆兄雷安福(押)

壬申(押)

在見叔雷

亞涷(押)

民國拾年辛酉歲十月日立加找盡契雷加土(押)

衣[依]口代筆雷玉珍堂(押)

民國十四年藍永元立當契

立当契親人藍永元，今因缺錢應用，父手置有水田，坐落本
都九甲化地，土名单個田安着，計租式碩正，計田式坵，
上至山，下至山底路爲界，外至小坑爲界，具立四至分明，憑
中立当契一紙，当與林宅正將親邊爲業，三面言定，
当出英洋念元文正，每年納谷式碩，又艮利英洋拾捌
元文正，每年納利息英洋三元，其洋即日親收完足
無存，此田未当之先，暨［既］当之后，如尚利谷不清，当契即
作賣契，林宅起佃耕種管業，倘有内外伯叔兄弟子侄
争执之理，藍邊自能支解，不若林邊之事，去後年
心［深］月玖［久］，办还原價回贖等情，林邊不水［许］执留之理，兩家
情原［願］，各無返悔之理，恐口有［無］憑，立当契爲照。

計存老契一支

在見　雷有維（押）

憑衆　吴沛希（押）

民國拾四年十二月二十日　立当契藍永元（押）

代筆　胡合和（押）

## 民國二十一年雷永元立當契

立當契親人雷永元，今因缺用，自情愿，
將父手置有水田壹段，坐落本都九甲花地
嶺脚，土名单坵田安着，不俱四至，又壹段土
名寒坑大路下，田大小五坵，不俱四至，憑衆立當
契一紙，三面言定，當與胡宅從治親邊爲業當
出英洋陸拾元文正，其洋成契之日親收完（足），
每年冬下交利息拾元正，不許缺少，如若利
息不清，當契作正契管業，倘有内外人等
言説，雷邊自能支解，不若胡邊之事，去後
不乱［論］年深月玖［久］，办還源［原］價取贖，胡邊不敢
執留之理，此係兩想［相］情愿，各無返悔之
理，恐口有［無］憑，今欲有據，立凿契大吉爲照。
外
家用筆智英洋叁角

見憑叔雷有餘（押）

中華民國念壹年壬申歲正月當契雷永元（押）

衣［依］口代筆房叔雷國堂（押）

雷各元找山契包契紙

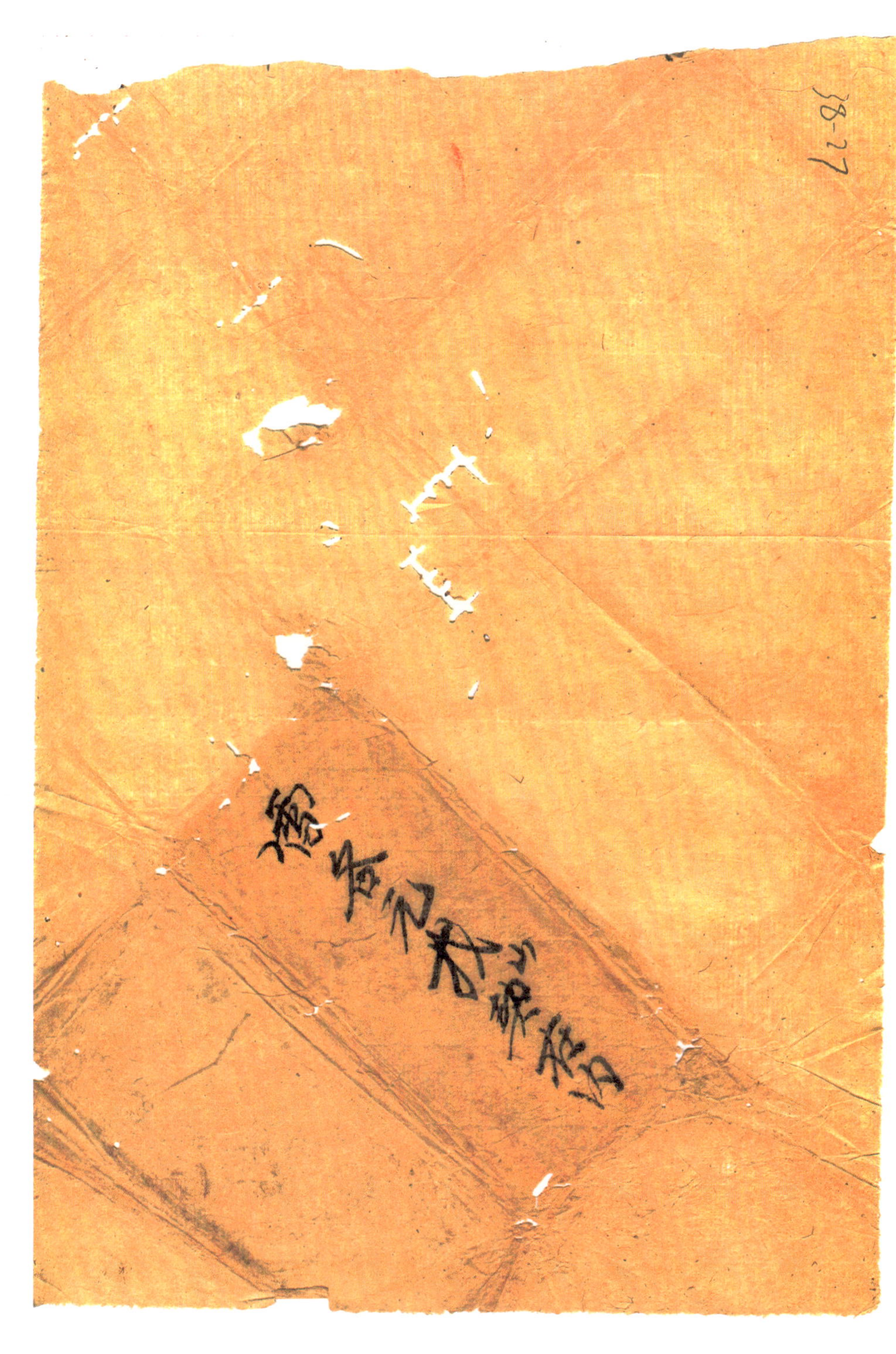

雷各元找山契在内

民國二十八年雷各元立加找借截斷盡契

立加找借截斷盡契親人雷各元先年雷永元父手出賣有水田壹坵坐落五十都九甲寮坑土名大路下安着四至租額坵數價銀前有正契再明不必重書茲今缺錢應用自心情愿立找斷盡契一紙送來再向过雷永源親边找出國幣壹拾捌元正成找日其洋即日親收清訖無存此田計找斷盡之後雷各元边去後永遠無找無借永無無贖之理倘有叔伯兄弟子侄孫內外人等言說一力雷各元边自能支解不涉雷永源本之事此係兩想情愿並非逼抑恐口無憑欲

（前頁）>>>>

民國念捌年己卯歲十二月立加找借截断尽契親人雷各元

依口代筆　胡錫未

立加找借截断尽契親人雷各元，先年『雷永元』父手出賣有水田壹塅，坐落五十都九甲寒坑，土名大路下安着，四至、租碩、坵数、價銀前有正契再〔載〕明，不必重書，兹今缺錢應用，自心情愿，立找断尽契一紙，憑衆再向过雷永源親邊找出國幣壹拾捌元正，成找日其洋即日親收，清訖無存，此田计找断尽之後，雷各元邊去後永遠無找無借，永無無〔回〕贖之理，倘有叔伯兄弟子侄並内外人等言説，一力雷各元邊自能支解，不涉雷永源邊之事，此係兩想〔相〕情愿，並非逼抑，恐口無憑，欲後有據，立加找借截断尽契永遠爲照。

每年納粮錢八分爲照。

憑衆　胡志清（印）

民國念捌年己卯歲十二月立加找借截断尽契親人雷各元（押）

依口代筆　胡錫未（押）

# 民國二十八年雷各元立加找借截斷盡契

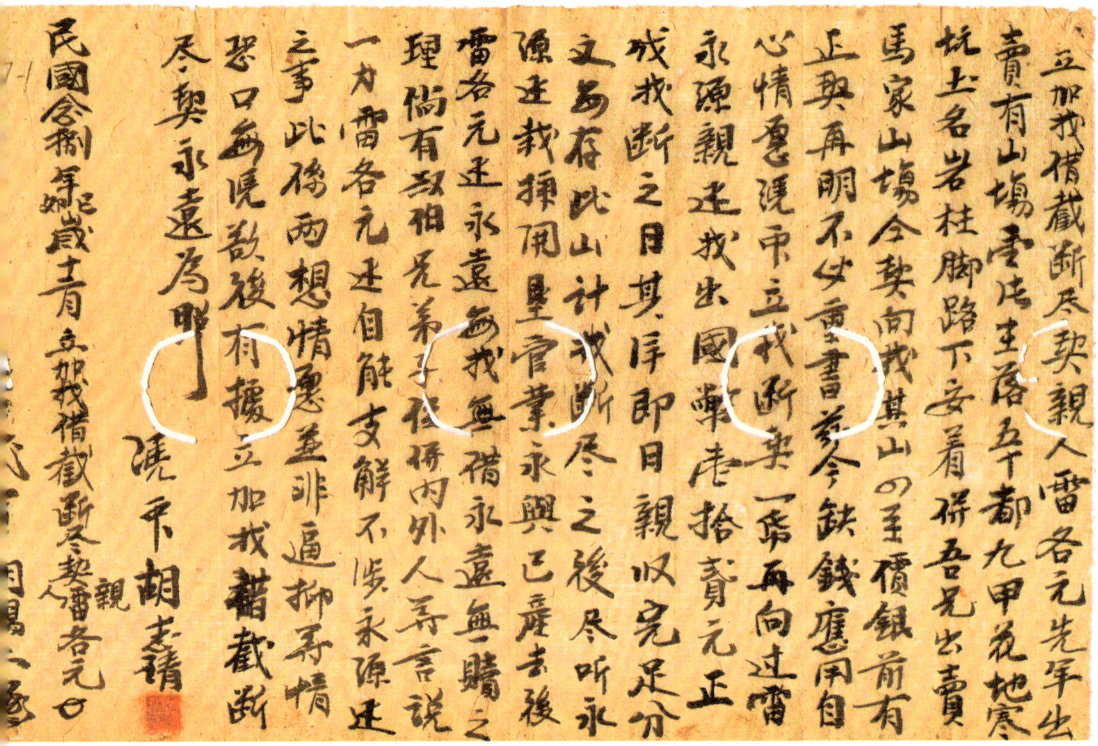

立加找借截断尽契親人雷各元，先年出賣有山塲壹片，坐落五十都九甲花地寒坑，土名岩柱脚路下安着，並吾兄出賣馬家山塲仝契向找，其山四至、價銀前有正契再[載]明，不必重書，兹今缺錢應用，自心情愿，憑衆立找断契一紙，再向过雷永源親邊找出國幣壹拾貳元正，成找断之日，其洋即日親收完足，分文無存，此山计找断尽之後，尽听永源邊栽種開墾管業，永與己產，去後雷各元邊永遠無找無借，永遠無贖之理，倘有叔伯兄弟子侄並内外人等言説，一力雷各元邊自能支解，不涉永源邊之事，此係兩想[相]情愿，並非逼抑等情，恐口無憑，欲後有據，立加找借截断尽契永遠爲照。

憑衆　胡志清（印）

民國念捌年己卯歲十二月立加找借截断尽契親人雷各元（押）

依口代筆胡錫末（押）

民國二十八年雷阿章立賣並加找盡契

立賣並加找盡契親人雷阿章，今因缺錢應用，自心情愿，父手承分有水田，坐落本都九甲花地，土名单個田安着，計田式坵，計賣加找盡契定價法幣貳拾壹元正，即日親收完足，分文無存，憑衆説合，立賣並加找盡契一紙，三面言定，即爲藍永元親邊管業，去後永與己産，面断之日，無借無找無贖，永遠己業，去後墾造凑整作用耕種，永遠管業，此後倘有内外人等言，自能計解，並非逼抑等情，恐口無憑，今欲有據，立賣加找盡契，永遠大吉爲照。

計粮

憑衆　胡克柳（押）

雷順珍（押）

在見雷　步傳（押）

會章（押）

民國貳拾捌年己卯歲十二月立賣並加找盡契雷阿章（押）

衣[依]口代筆雷鶴鳴（押）

民國三十年胡夆琦立充字

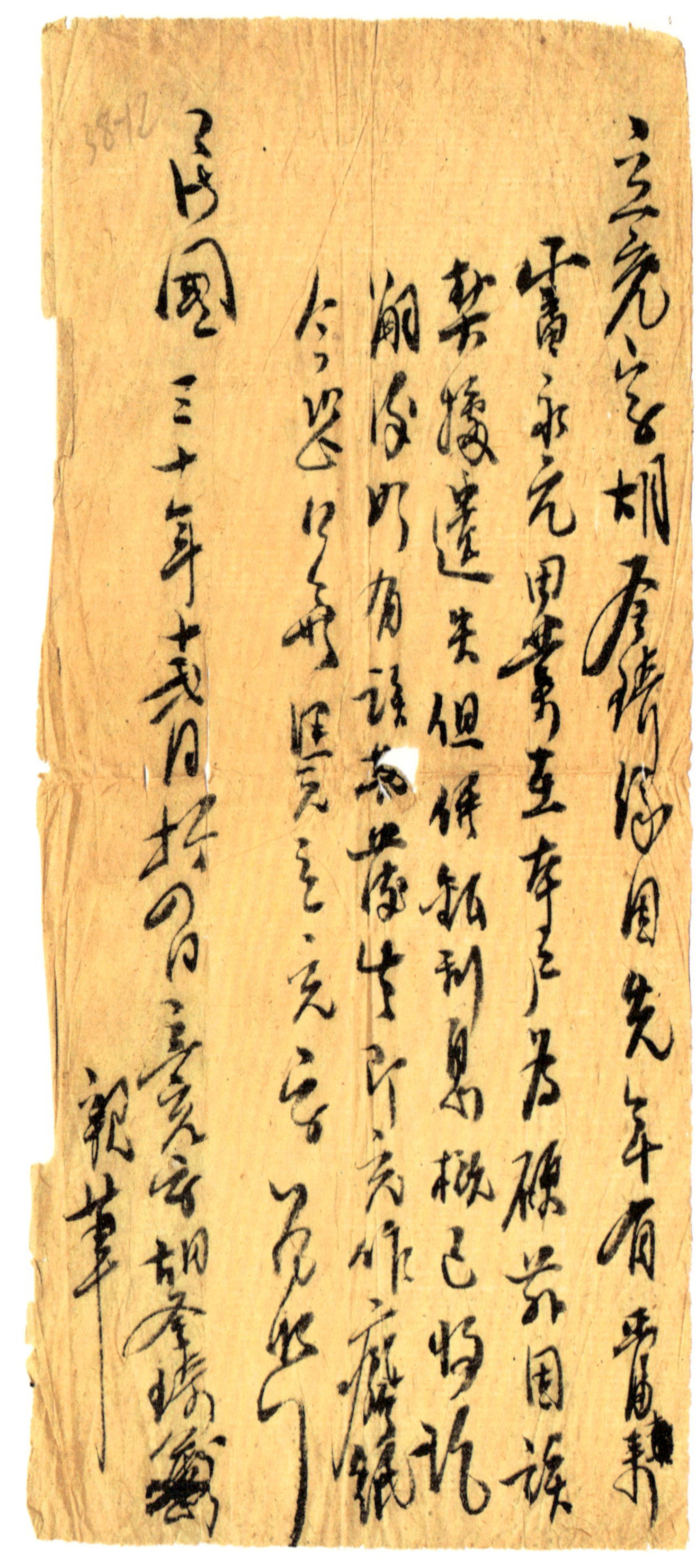

立充字胡夆琦，缘因先年有當來
雷永元田業在本户爲□，兹因该
契據遺失，但並租利息概已收訖，
嗣後如有该契□出，即充作廢紙，
今恐口無憑，立充字爲照。

民國三十年十弍月拾四日立充字胡夆琦（押）

馬烈春、雷各土賣契包契紙

馬烈春賣契在内
雷各土仝契在内

## 民國三十四年雷各土等立加找裁借截斷盡契

立加找裁借截断尽契親人雷各土雷亜章為因父手先
年出賣所有水田坐㘵坐落本都九甲寒坑土名大路下安着
又田坐㘵單佃田安着其田弍伍又山塲坐片坐落寒坑土名大路
上安着又園坐塊單个田下安着山茶雜柴等項一及在内其田
㘵伍数四至山塲園一及前有正契載明不必重書茲因建築窑
家超度功果缺錢應用自心甘愿憑衆說合立找借尽契一
紙將此田併山一及向找借尽與雷永元親邊為業三面言定
断得時價國幣叁仟元正其洋成契之日親收完足分文無
滯此田仝山木找之先並無内外人等文墨交閡既找借尽之

用去後無找無借永遠無贖倘有房族伯叔兄弟子侄內外

人等復生爭執言說叔侄雷亞章各出自能一力支解不涉侄邊

雷永元之事此係兩想情愿並非逼抑等情各無返悔恐口無

憑欲後有據立加找截借截斷盡契永遠為照

憑中　雷鉅林　藍刈滿

在見雷　步傳　会章　岳飛　鉅分



中華民國叁拾肆年三月日立加找截借截斷盡契親人雷亞章各出

代筆雷志斌

(前頁)>>>>

立加找裁借截断尽契親人雷各土、雷亞章，爲因父手先年出賣所有水田壹塅，坐落本都九甲寒坑，土名大路下安着，又田壹塅，單個田安着，其田弍坵，又山塲壹片，坐落寒坑，土名大路上安着，又園壹塊，單个田下安着，山茶、雜柴等項一及在内，其田塅、坵数、四至、山塲園一及前有正契載明，不必重書，兹因建築宅穸、超度功果缺錢應用，自心甘愿，憑衆說合，立找借尽契一紙，將此田並山一及向找借尽與雷永元親邊爲業，三面言定，断得時價國幣叁仟元正，其洋成契之日親收完足，分文無滯，此田仝山未找之先，並無内外人等文墨交關，既找借尽之後，此田等項一及悉听雷永元親邊永爲己産管業，聽憑過户完粮，出召耕種管業，去後荒孰[熟]凑整開墾兴[興]造作用，去後無找無借，永遠無贖，倘有房族佰[伯]叔兄弟子侄、内外人等復生争执言説，叔邊雷各土、亞章自能一力支解，不涉侄邊雷永元之事，此係兩想[相]情愿，並非逼抑等情，各無返悔，恐口無憑，欲後有據，立加找裁借截断尽契永遠爲照。

憑衆　雷鉅林(押)
　　　藍刘滿(押)
　　　步傳(押)
　　　会章(押)

在見雷　岳飛(押)
　　　　鉅分(押)

中華民國叁拾肆年三月日立加找裁借截断尽契親人雷　各土(押)
　　亞章(押)

胡章倫山契包契紙

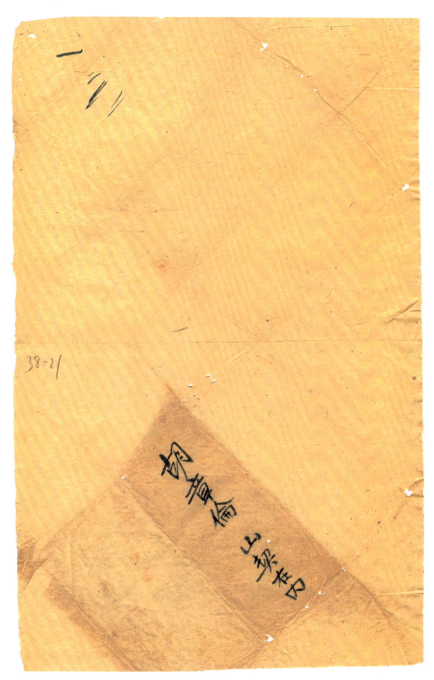


胡章倫　山契在内

## 民國三十六年胡章倫立賣並加找盡契

立賣並加找盡契親人胡章倫，今因缺國幣應用，自心情愿，將父手承置有山塲壹片，坐落本都九甲红濟豆桐橋坑，土名坵柴下安着，上至胡從斋山脚爲界，下至胡從言山爲界，左至胡隆慶山爲界，右至山水溝爲界，俱立四至分明，自心甘愿，憑衆立賣盡契壹紙，向賣與雷永元親邊爲業，三面言定，時價國幣壹佰捌拾伍萬元正，其幣成契之日親收完足，分文無滯，此山既賣尽之後，悉听雷永元親邊永爲己産管業，山茶、桐子、松杉、雜柴、逢青等項一及在內，去後無找無借，永遠無贖，倘有伯叔兄弟子侄内外人等言說，胡邊自能一力支解，不涉雷邊之事，此係兩想[相]甘愿，並非逼抑等情，恐口無憑，欲後有據，立賣並加找盡契永遠爲照。

在見　胡金岳(押)
金奶疋(押)
憑衆　胡紹香(押)

民國三十六年十二月日立賣並加找盡契親人胡章倫(押)

依口代筆　雷志彬(押)

雷吉品、雷永元合同據包契紙

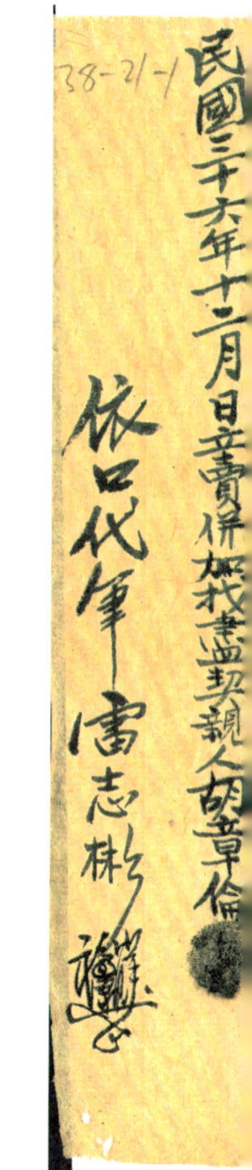

雷吉品
永元
合同據

雷岳飛山契包契紙

雷岳飛山契在内

## 賣並加找盡契包契紙

立賣並加找盡契在內

胡碎芬賣山契包契紙

胡碎芬立賣山契在内

找契包契紙

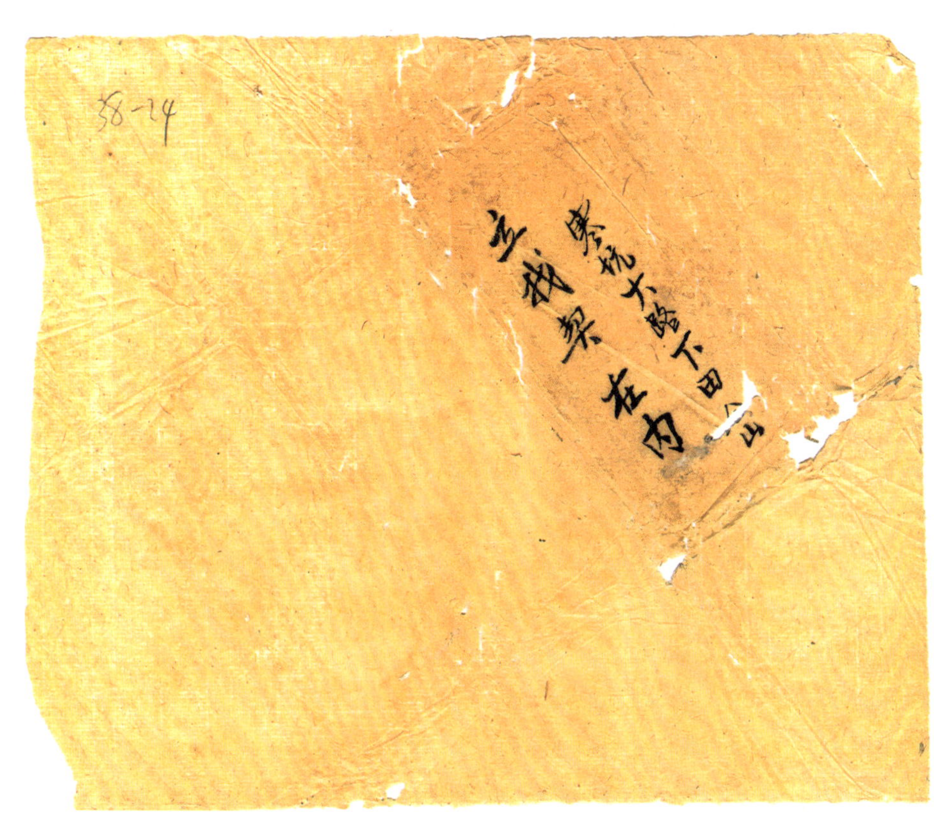

寒坑大路下田仝山
立找契在内

## 包契紙

□□□契在内

張仕妙、陳岩丁山契包契紙

張仕妙、陳岩丁山契在内

賣墳契包契紙

立賣坟契在内

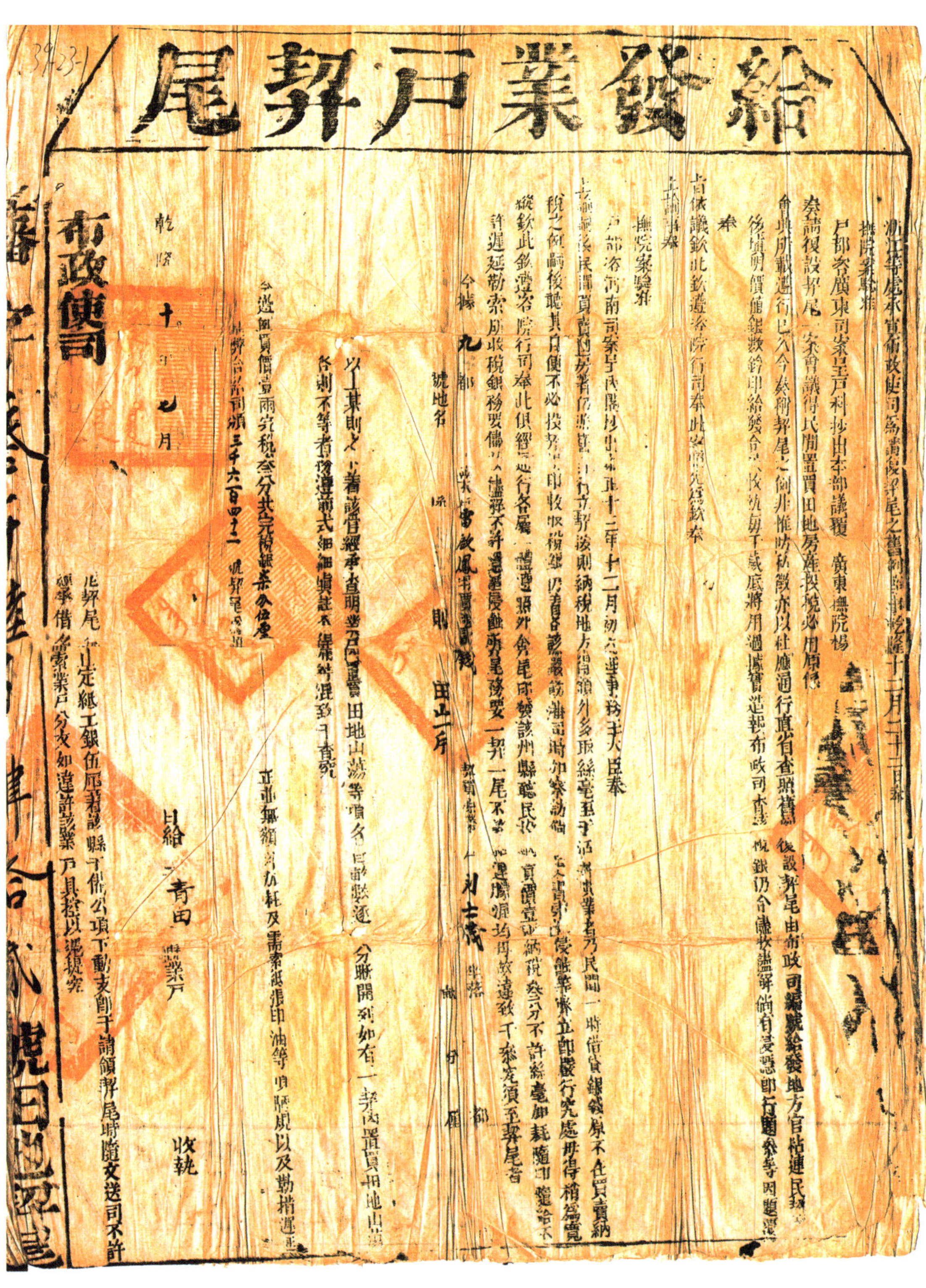

# 給發業戶契尾

浙江等處承宣布政使司為請復契尾之舊例事。乾隆十二月二十二日奉

撫院蔡　憲牌准

戶部咨廣東司案呈戶科抄出本部議覆　廣東撫院楊

奏請復設契尾一案會議得民間置買田地房產投稅必用原頒

會典所載遵行已久今奏稱契尾之例非惟防私徵亦以杜[illegible]應通行直省查照舊例　後設契尾由布政司編號給發地方官粘連民契

後填明價值銀數鈐印給發令民收執每于歲底將用過號數造報布政司查覈　稅銀仍令儘收儘解倘有侵蝕即行題參等因題覆

奉

旨依議欽此欽遵咨院行司奉此[illegible]欽奉

上諭事奉

撫院案驗准

戶部咨河南司案呈內閣抄出乾隆十二年十二月初六日準事務王大臣奏

[illegible]後民間買賣田房者仍遵照[illegible]令立契投稅後則納稅地方官得額外多取絲毫至于活契典業者乃民間一時借貸銀錢原不在買賣納

稅之例嗣後聽其自便不必投契用印收取稅銀仍責令該藩司時加察訪倘[illegible]侵蝕等弊立即嚴行究處毋得稍為寬

縱欽此欽遵咨院行司奉此俱經通行各屬[illegible]照外今買契尾交給該州縣聽民投[illegible]買價壹兩納稅叁分不許絲毫加耗隨即粘契給予不

許遲延勒索所收稅銀務要儘收儘解不許遲延侵蝕所有契尾務要一契一尾不許[illegible]遷就以致違干未便須至契尾者

今據　九　都業戶雷啟鳳用價銀[illegible]錢　買　都　劉士茂　坐落

號地名　原則　田山一片　[illegible]分　[illegible]

以上某則之下着該管經承查明坐落等項田地山蕩等項名目畝數逐一分晰開列如有一契內買田地山蕩

各則不等者務遵前式細細填註不得籠統混致干查究

今遵例買價壹兩完稅叁分共完稅銀柒分伍厘　並無額外加耗及需索紙張印油等項陋規以及勒措遲延

[illegible]字給發司頒三千六百四十二號契尾[illegible]

乾隆十　年　七　月

布政使司

右給　青田　縣業戶　收執

凡契尾[illegible]定紙工銀伍厘[illegible]縣于備公項下動支節于請領契尾時隨文送司不許

派累借名索業戶分文如違許該業戶具控以憑提究

(前頁)>>>>

尾契户業發給

浙江等處承宣布政使司爲請復契尾之舊例等事，乾隆九年十二月二十二日奉

撫院案驗，准　(印)

户部咨，廣東司案呈，户科抄出本部議覆　廣東撫院楊

奏請復設契尾一案，會議得民間置買田地房産投税必用，原係

「會典」所載，遵行已久，今奏稱契尾之例，非惟防私徵，亦以杜，應通行直省，查照舊(例)復設契尾，由布政司編號給發，

地方官粘連民契□

後填明價值銀數，鈐印給發，令民收執，每于歲底，將用過據實造報布政司查，税銀仍令儘收儘解，倘有侵隱，即行題条

等因，題覆，

奉

旨依議，欽此，欽遵咨院行司，奉此，案照先爲欽奉

上諭事，奉

撫院案驗，准

户部咨，河南司案呈内閣抄出(雍)正十二年十三月初六日□理事務王大臣奉

上諭，嗣後民間買賣田房，著仍照舊例行立契，按則納税，地方官不得額外多取絲毫，至于活買典業者，乃民間一時借貸

銀錢，原不在買賣納

税之例，嗣後聽其自便，不必投契尾印收取税銀，仍著各該督撫嚴飭藩司時加查訪，倘□□□書索□侵蝕等弊，立即

嚴行究處，毋得稍爲寬

縱，欽此，欽遵咨院行司，奉此，俱經通行，各屬一體遵照外，合□契尾印發該州縣，聽民□□，買價壹畝納税叁分，不許

絲毫加耗，隨印隨給，不

許遲延勒索，所收税銀，務要儘□儘解，不許隱匿侵蝕，所頒契尾務要一契一尾，不□粘連朦混，均毋故違，致于糸究，須至契尾者。

今據　九　都　業户　雷啓鳳　□賈銀貳兩五錢　契買原業户　刘士茂　坐落　都

號地名　□　則　田山一片　畝　分　厘

以上某則之下着該管經承查明業户契内置買田地山蕩等項名目、畝數逐□分晰開列，如有一契内置買田地山蕩各則不等者，務遵前式細細填註，不得遺漏舛混，致于查究。

今遵例買價壹兩完税三分，共完税銀柒分伍厘　正，並無額外加耗及需索紙張、印油等項陋規以及勒措遲延□弊，合給司頒　三千六百四十二　號契尾爲照（印）。

乾隆　十　年　七　月（印）　日給　青田　縣業户　收執

布政使司

此契尾□□止定紙工銀伍厘，着該縣于備公項下動支，即于請頒契尾時隨文送司，不許經承借名需索業户分文（印），如違，許該業户具控，以憑提究。

藩字　叁仟陸佰肆拾貳　號田地契尾

乾隆三十八年頒給墾户執照

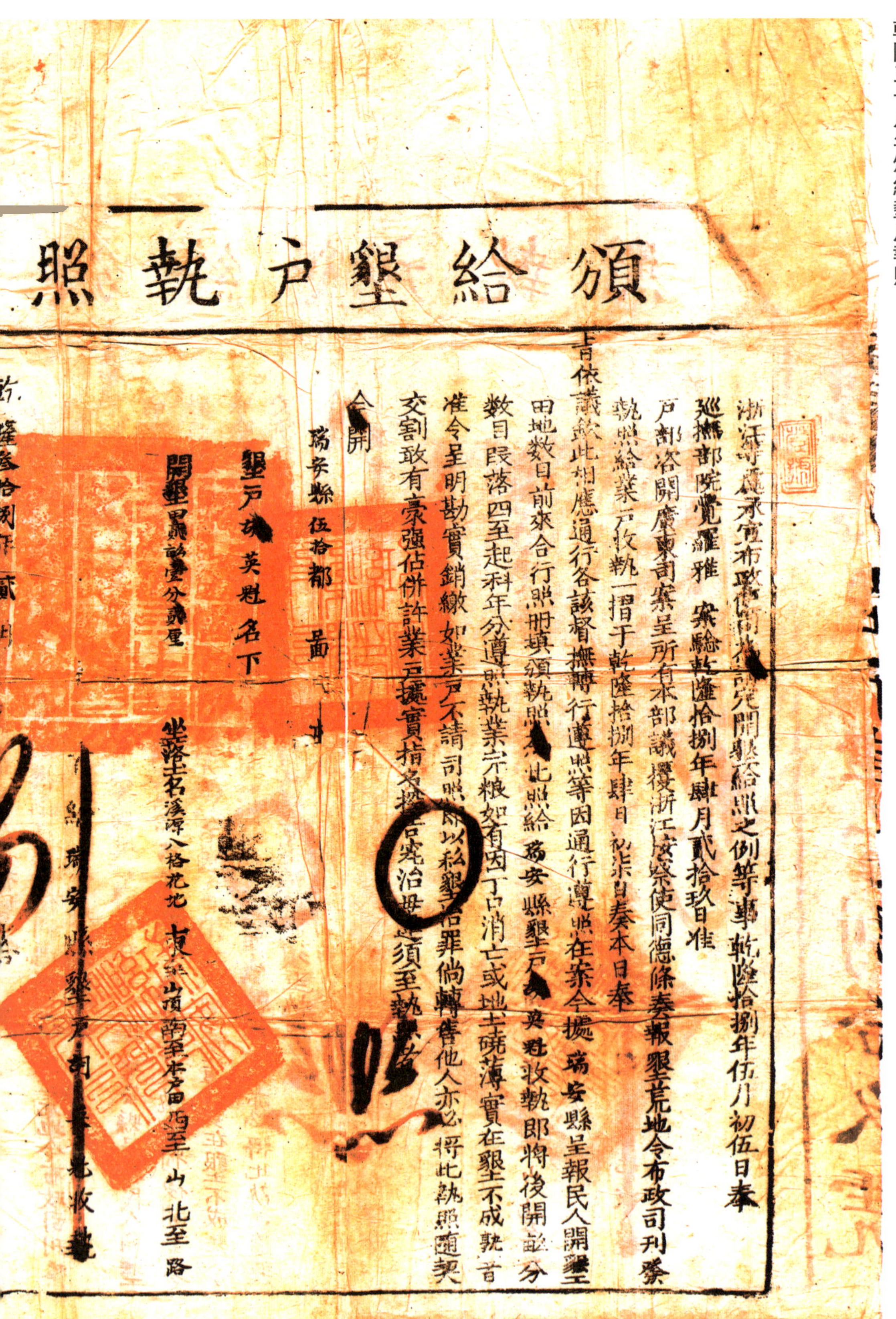

（前頁）>>>>

浙江等處承宣布政使司爲請定開墾給照之例等事，乾隆拾捌年伍月初伍日，奉
巡撫部院覺羅雅　案驗，乾隆拾捌年肆月貳拾玖日准
户部咨開，廣東司案呈，所有本部議覆浙江按察使同德條奏報墾荒地令布政司刊發
執照給業户收執一摺，于乾隆拾捌年肆月初柒日奏，本日奉
旨依議，欽此，相應通行各該督撫，轉行遵照等因，通行遵照在案，今據瑞安縣呈報民人開墾
田地數目前來，合行照册填頒執照，爲比照給瑞安縣墾户胡英魁收執，即將後開畝分
數目、段落四至、起科年分遵照執業完粮，如有因丁口消亡或地土磽薄，實在墾不成熟者，
准令呈明，勘實銷繳，如業户不請司照，即以私墾治罪，倘轉售他人，亦必將此執照隨契
交割，敢有豪强佔並，（印）許業户據實指名控告究治，毋違（押），須至執照者。

頒給墾户執照

今開
瑞安縣伍拾都　圖　莊
墾户（印）　胡英魁　名下
開墾田貳畝壹分貳厘，坐落土名溪源八格花地，東至山頂，南至本户田，西至山，（印）北至路。

頒給瑞安縣墾户胡英魁收執

乾隆叁拾捌　年　貳月　初四　（印）日給

藩字第陸千肆佰捌拾玖號

## 乾隆四十年朱雲海等立賣山契

立賣山契瑞邑五十都九甲桃坑庄衆等
有祖業山場壹片坐落本都本境土名
彭步嶺頭長尉石馬背後墈安着
其山左至□塝口爲界右至塝口爲界
上至山頂□水爲界下至田墈爲界具立
四至分明山内劉邊請有地理先生採
踏吉地壹穴立契壹紙出賣與劉宅继佐
學郁
三位親邊安塟父□士豪大人壽壙壹壙
即塟母親黃氏安人壹壙共弍壙三面斷
定山價錢叁千弍伯文其錢即成契日
親交親收完訖分文無滯既賣之後
此山一聽劉邊剩年剩月擇日扦塟本

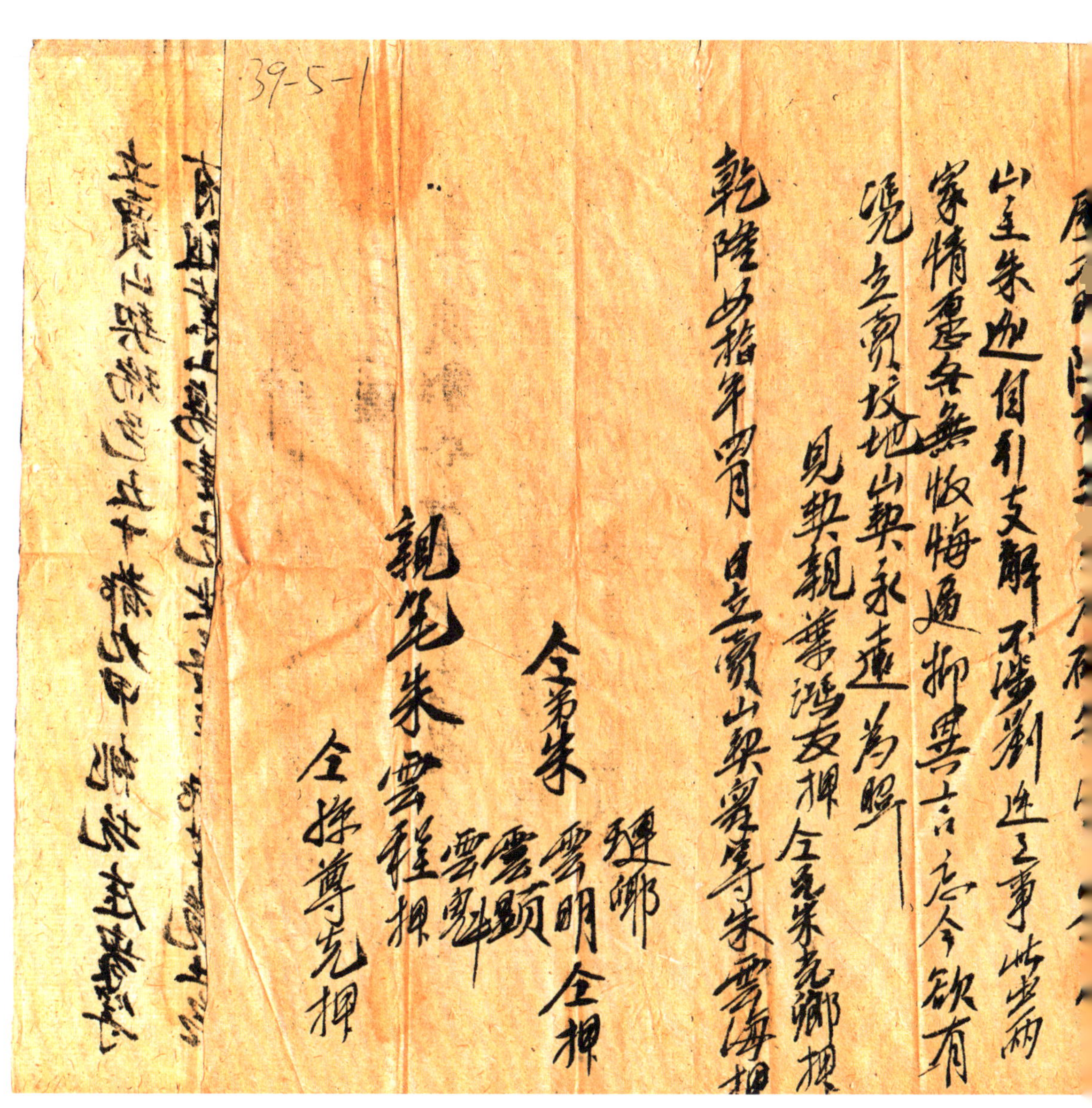

山主朱边自行支解，不涉刘边之事，此出两
家情愿，各無反悔，遍抑異言。恐今欲有
憑，立賣坟地山契永遠為照。
見契　親叔華鴻友　押　仝兄朱克鄉　押
乾隆四拾年四月　日立賣山契人　弟朱雲海　押
仝弟朱　雲明　仝押
雲顯
親筆　朱雲程　押
仝　堂尊克　押

(前頁)>>>>

立賣山契瑞邑五十都九甲桃坑莊衆等，有祖業山塲壹片，坐落本都本境，土名彭步嶺頭長斜石馬曹後塝安着，其山左至塆心爲界，右至塆心爲界，上至山頂分水爲界，下至田塝爲界，具立四至分明，山内劉邊請有地理先生探踏吉地壹穴，立契壹紙，出賣與劉宅聖佐、聖榮、聖郁三位親邊，安葬父親士豪大人壽壙壹壙，即[暨]葬母親黄氏安人壹壙，共弍壙，三面断定，山價錢叁千弍伯[佰]文，其錢即成契日親交親收完訖，分文無滯，既賣之後此山一仰劉邊利年利月擇日扦葬，本家父叔兄弟子侄，並内外人等並無來歷不明，阻执交争爲碍等情，如有此色，山主朱邊自行支解，不涉劉邊之事，此出兩家情愿，各無恢[反]悔逼抑異言忘，今欲有憑，立賣坟地山契永遠爲照。

見契 親 葉鴻友（押） 仝 兄 朱光鄉（押）

乾隆肆拾年四月 日立賣山契衆等朱雲海（押）

璉啷

仝弟朱 雲明仝（押）

雲顯

雲魁

親筆朱雲程（押）

仝孫亨元（押）

# 嘉慶十七年胡高楧立當字

立當字人胡高楧，今因缺錢應用，自心情愿，即將父手承分山壹片，坐落本都九甲八隔，土名旱坑安着，白阿仁載［栽］種繙蒔，憑衆出當與雷文秀客邊錢壹千文，其利將山租悉听雷邊收租爲利，去後年深月久，办還原錢取贖，雷邊不得执吝，倘有外人言説，自能支解，不涉雷邊之事，此係兩相情愿，各無反悔等情，今欲有憑，立當字爲照。

見字弟朱發（押）

嘉慶拾柒年正月日立當字胡高楧（押）

代筆叔維聰（押）

嘉慶二十五年契尾

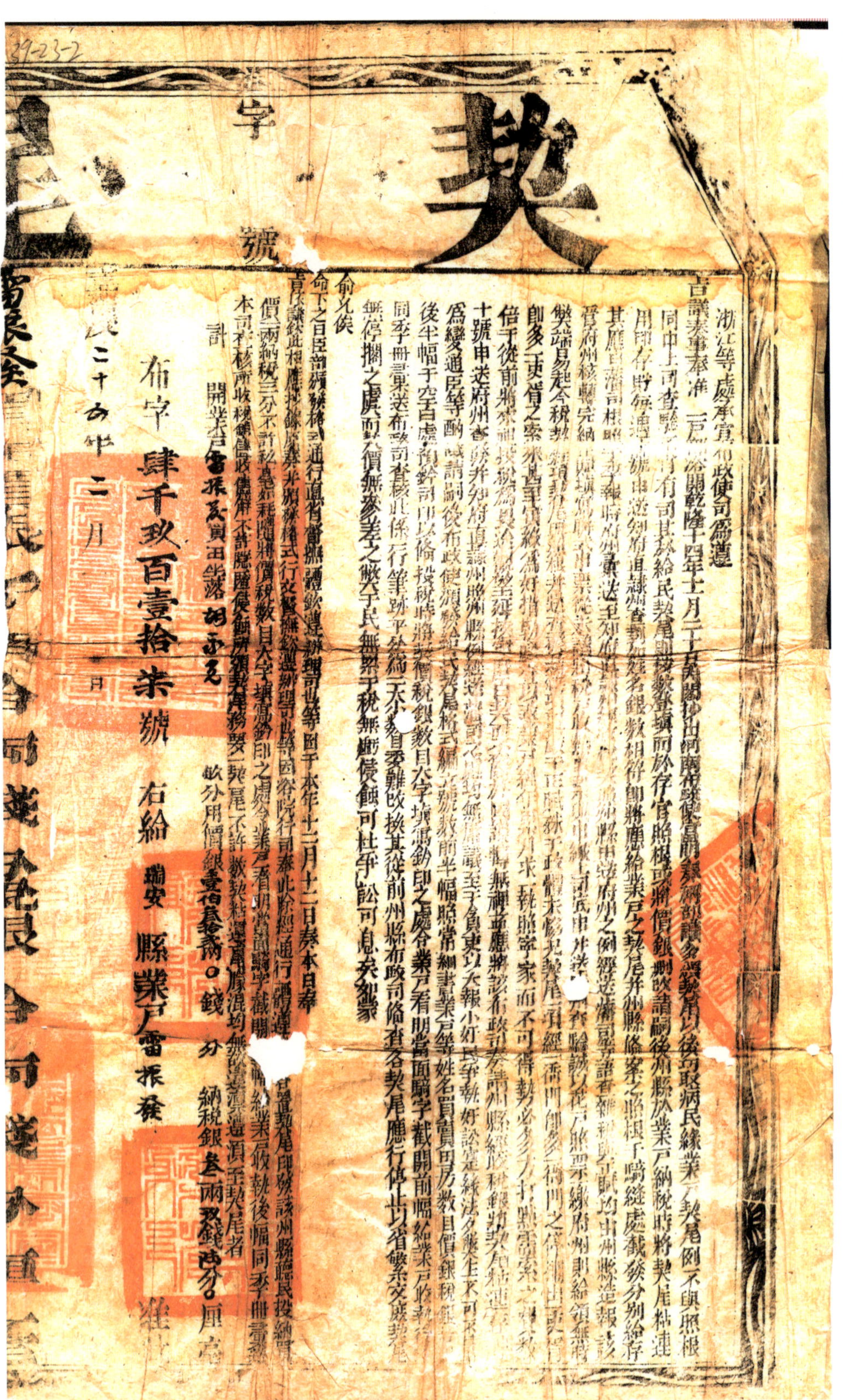

(前頁)>>>>

浙江等處承宣布政使司爲遵

契

旨議奏事，奉准一户部咨開，乾隆十四年十一月二十日内閣抄出河南布政使富明奏稱，部議多頒契尾以後巧取病民，緣業户契尾例不與照根同中上司查驗，不肖有司其於給民契尾則按数登填，而於存官照根或將價銀删改，請嗣後州縣於業户納税時，將契尾粘連用印存貯，每遇號申送知府、直隷州查對，如姓名銀数相符，即將應給業户之契尾並州縣備案之照根，于騎縫處截發，分別給存，其應申藩司根照，于季報時，府州彙送至知府、直隷州，經收税契，照州縣申送府州之例，經送藩司等語，查雜税與正賦均由州縣造報該管府州核轉完納，正賦填寫聯式串票，從未議將税户收執串票不與串繳上司底串並送□□查驗，誠以花户照票繳府州，則給領無時，弊端易起，今税契雜項契尾與照根並送查□，□雜項更嚴于正賦，殊于政體未協，況契尾一項經一衙門即多一衙門之停擱，出一吏胥即多一吏胥之索來，甚至寅緣为奸，措勒驗查，以致業户經年累月求一執照寧家而不可得，勢必多方打點，需索之費数倍于從前，將來視投税爲畏途，觀望延挨，寧匿白契而不□，於國課轉無裨益，應將該布政司奏請州縣經收税銀將契尾粘連存□十號申送府州查發，並知府、直隷州照州縣例經送藩司之處，均無庸議，至于貪吏以大報小，奸民争執好訟，寔緣法夕獘生，不可不□□爲變通，臣等酌議，請嗣後布政使頒發給民契尾格式編立號數，前半幅照常細書業户等姓名、買賣田房数目、價銀、税銀若□後半幅于空白處預鈐司印，以備投税時將契價、税銀数目大字填寫鈐印之處，令業户看明，當面騎字截開，前幅給業户收執，後□同季册彙送布政司查核，此係一行筆跡，平分爲二，大小数目委難改換，其從前州縣、布政司備查各契尾應行停止，以省繁文，庶契尾無停擱之虞，而契價無參差之獘，于民無累，于税無虧，侵蝕可杜，争訟可息矣，如蒙

俞允，俟

命下之日，臣部頒發格式，通行直省，督撫一體欽遵辦理可也等因，于本年十二月十二日奏，本日奉

旨依議，欽此，相應抄録原奏，並頒發格式，行文督撫欽遵辦理可也等因，咨院行司，奉此，除經通行一體遵□□□□置契尾印發，該州縣聽民投納，買

價一兩，納税三分，不許私毫如耗，隨將價税数目大字填寫鈐印之處，令業户看明，當面騎字截開，□□(前半)幅給業户收執，後幅同季册彙送本司查核，所收税銀儘收儘解，不許隱匿侵蝕，所頒契尾務要一契一尾，不許数契粘□尾朦混，均無故違凜遵，湏至契尾者。

計　開業户　雷振發　買田坐落　胡永元　畝分用價銀　壹伯叁拾弍兩○　錢　分　納税銀　叁　兩　玖　錢　陸　分　○　厘　毫

布字　肆千玖百壹拾柒號　右給　瑞安　縣業户　雷振發　准□

嘉慶　二十五　年　二　月　日

## 道光十年白幾仁立出劄

立出劄白幾仁，今因劄過雷宅
永儀、永音二人山塲壹廠，坐落本都九
甲寒坑等處安着，不具四至，憑中
劄與山塲栽種蕃蓧，三面言定，
迪[遞]年冬至交山祖[租]錢叁百文正，如
若欠租不清，此山並及单廠自心艮[甘]
□退还雷邊自能起佃耕種管
□□(另)行改批，白邊不得执吝，此
□兩相情原[願]，各無反悔之理，今
欲有據，立劄爲照。

見劄胡海松(押)

道光拾年庚寅歲二月日立劄白幾仁(押)

代筆胡錫統(押)

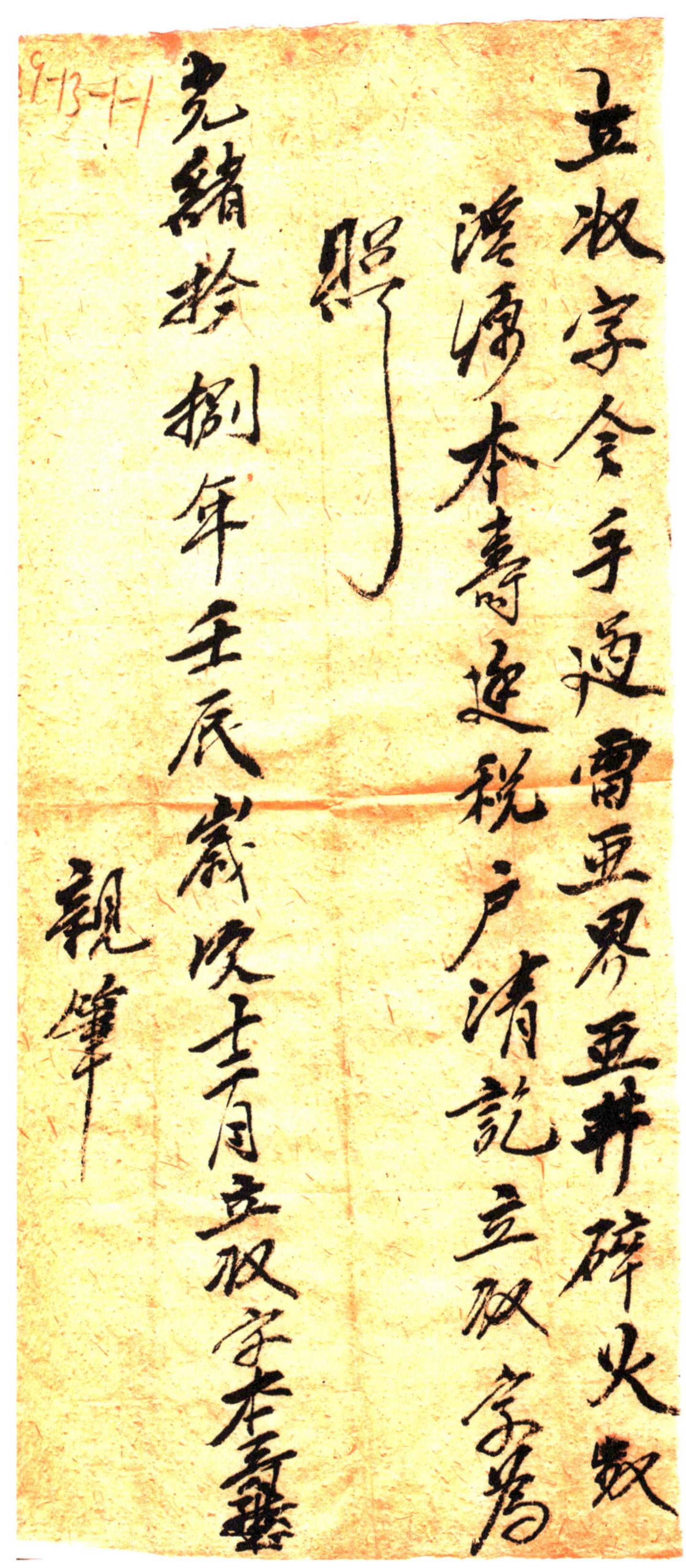

立收字，今手［收］過雷亞界、亞井、碎火叔、溪源本壽邊税户清訖，立收字爲照。

光緒拾捌年壬辰歲次十二月立收字本寿（押）

親筆

光緒二十四年雷壬申仝弟丙申立當契

立当契人雷壬申仝弟丙申父手承分有水田壹段
坐落本都九甲花地大降腳安着計田壹坵
租弍碩憑衆出当與朱宅英根親邊当出時價
洪洋拾元文正雷边親得價錢即日收訖親收完
分文無滯去後年深月玖如还原錢取贖朱邊
不敢執吝之每年交祖谷弍碩正不敢缺欠如若
不清此田悉听朱邊起佃耕種為業雷邊不敢執
留若有内外人等言說自能支解不涉朱边之事
此係兩想情愿各無返悔之礼恐口無憑今欲
有據立当契為照

在見雷亞榮

39-45

代筆雷亞堂箋

（前頁）>>>>

立當親人雷壬申仝弟丙申，父手承分有水田壹段，坐落本都九甲花地大降脚安着，計田壹坵，□租式碩，憑衆出當與朱宅英根親邊，当出時價洪洋拾元文正，雷邊親得價錢，即日收訖，親收完□，分文無滯，去後年深月玖［久］，办还原錢取贖，朱邊不敢执吝之，每年交租谷式碩正，不敢缺少，如若不清，此田悉听朱邊起佃耕種爲業，雷邊不敢□（执）留，若有内外人等言説，自能支解，不涉朱邊之□（事），此係兩想［相］情愿，各無返悔之礼，恐口无憑，今欲有據，立當契爲照。

在見雷亞荣（押）

光緒念肆年戊戌歲日　立当契雷壬申仝弟（押）

代筆雷亞堂（押）

## 光緒二十五年胡瑞坤等立借斷字

立借斷字親人胡瑞坤仝侄運本國珍
仝兄弟子侄六房乎有田地有山塲
壹片坐落本都九甲花地田地山
塲等處在內憑中缺錢收造玉泉
太祖宗祠收并應用向通雷宅親廷
阿鑑仝侄阿榮新財炳南喜財五房
乎憑中出借英洋念貳元胡廷即收
完足分文無滯去後年深月久胡
廷子孫永遠不敢異言之里外人言
說胡廷自能一力支當不涉雷廷之字
[illegible]永遠為照

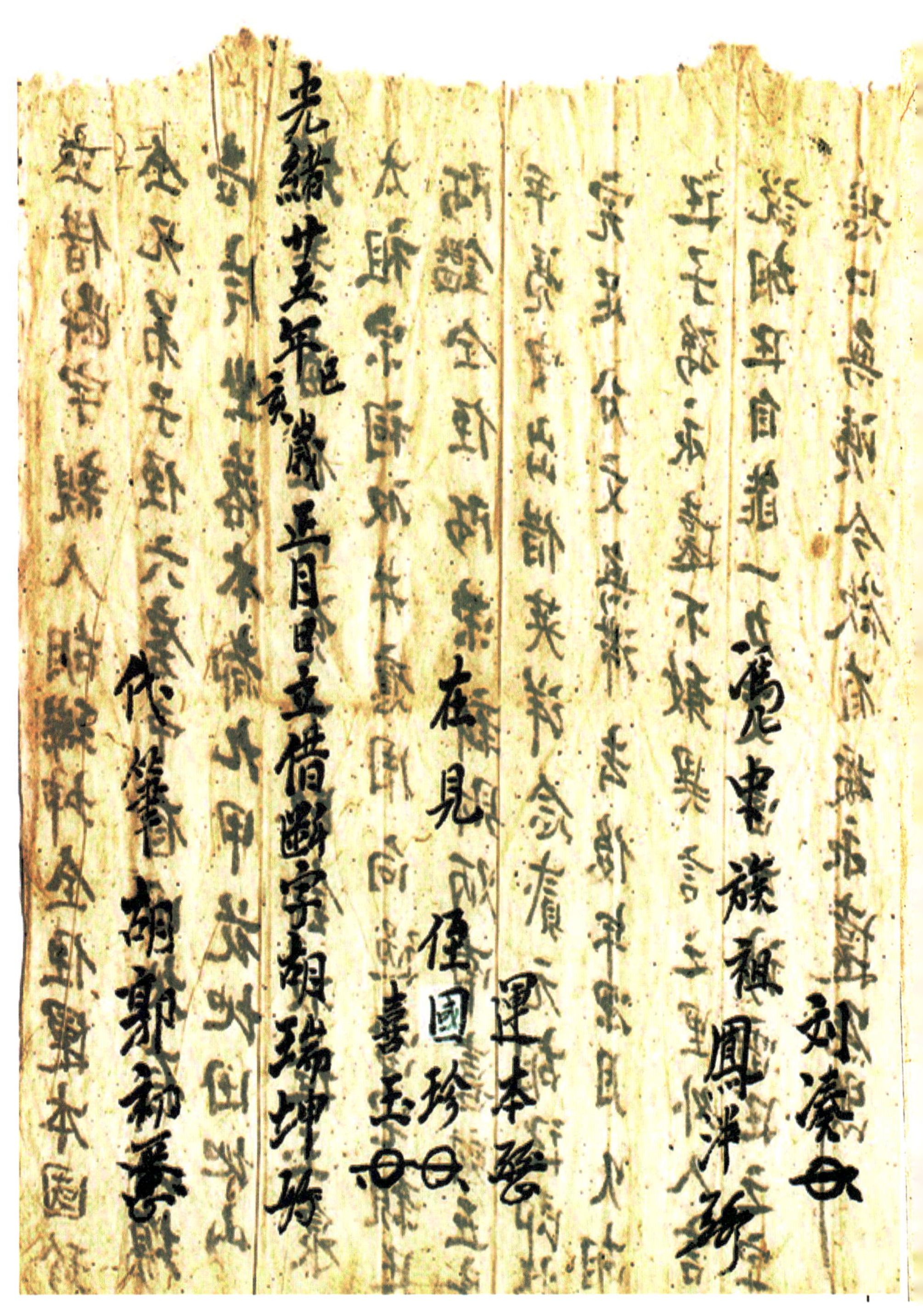

光緒廿五年己亥歲正月日立借斷字胡瑞坤行

（前頁）>>>>

立借断字親人胡瑞坤仝侄運本、國珍，仝兄弟子侄六房衆有田地、有山塲壹片，坐落本都九甲花地，田地山塲等處在内，憑衆缺錢收造玉泉太祖宗祠收井應用，向過雷宅親邊阿鑑仝侄阿荣、新財、炳南、喜財五房衆憑衆出借英洋念貳元，胡邊即收完足，分文無滯，去後年深月久，胡邊子孫永遠不敢異言之里［理］，外人言説，胡邊自能一力支當，不涉雷邊之字，恐口無憑，今欲有據，永遠爲照。

刘凑（押）

憑衆族祖　鳳泮（押）

運本（押）

在見　侄國珍（押）

喜玉（押）

光緒廿五年　己亥歲正月日立借断字　胡瑞坤（押）

代筆　胡郭初（押）

雷亞董當契包契紙

雷亞董当契在内

光緒二十八年雷亞董立當契

立当契人雷亞董今因缺錢應用自心
情愿將父手承分有水田壹段坐落本都
九甲花地土名秧地塆安着計田壹坵計
租壹碩憑中立字一紙当与朱宅尚廣
親邊為業三面言定当出英洋伍元
文正其洋即日收訖面斷每年納出壹
碩為利不敢欠少如有拖欠当字取作
賣契管業本家内外人等不得昇言之
理如有此色自能一力支当不涉朱边之事
去后不論年深月久办还原價取贖朱宅不
得執留此係兩想情愿各無返悔並非逼
抑恐口無憑立当字為照

（前頁）>>>>>

立当契人雷亞董，今因缺錢应用，自心情愿，将父手承分有水田壹段，坐落本都九甲花地，土名秧地墳安着，計田壹坵，計租壹碩，憑衆立字一紙，当與朱宅尚廣親邊爲業，三面言定，當出英洋伍元文正，其洋即日收訖，面断每年纳谷壹碩爲利，不敢欠少，如有拖欠，当字即作賣契管業，本家内外人等不得異言之理，如有此色，自能一力支当，不涉朱邊之事，去后不論年深月久，办还原價取贖，朱宅不得执留，此係兩想「相」情愿，各無返悔，並非逼抑，恐口無憑，立当字爲照。

憑衆雷申財（押）

在見雷國瑞（押）

光緒念捌年壬寅歲十二月日立当字雷亞董（押）

代筆雷國堂（押）

## 光緒三十年雷阿董立當契

立當契人雷阿董今因缺錢應用自心情愿
將父手分置水田壹段坐落本都九甲花佗土
名洋梅降安着計田壹坵計租弍碩正其田東
至當字一號其之田至上至安廷田為界下
至路為界左至小坑為界外至兄田為界其
田三面照定出當與藍宅大朗親邊與業
三面言定當出英洋拾伍元其洋即日收訖親
收完足分文無滯每年冬下交租弍碩正交利
錢英洋山元工不敢欠少如若短少利錢不清
起佃耕種管業去後不亂年深月久办還
原價錢英洋田贖等情任廷不敢執留之礼
倘有內外人等言說自能一力支当不涉
藍廷之事此係兩想情愿各無返悔之
理今欲有據立當契為照

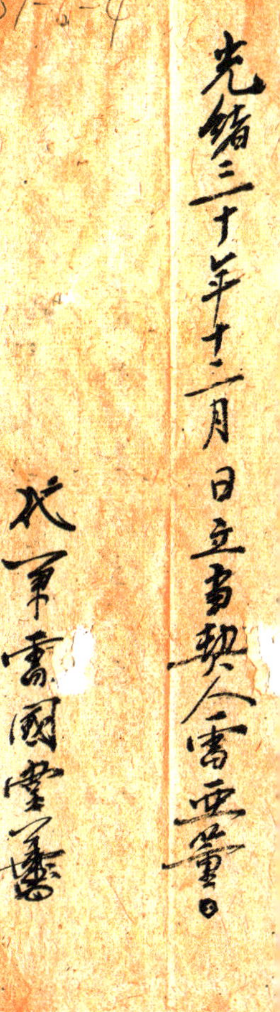


（前頁）>>>>

立當契人雷阿董，今因缺錢应用，自心情愿，將父手承分置水田壹段，坐落本都九甲花地，土名垟梅降安着，計田壹坵，計租式碩正，憑衆立当字一紙，具立四至，上至叔邊田爲界，下至路爲界，底至小坑爲界，外至兄田爲界，憑衆三面断定，當與藍宅大湖親邊與業，三面言定，當出洪洋拾伍元文正，即日收訖，親收完足，分文無滯，每年冬下交租式碩正，交利錢英洋一元正，不敢欠少，如若租谷利錢不清，起佃耕種管業，去後不乱［論］年深月玖［久］，办还原價錢英洋回贖等情，藍邊不敢執留之礼，倘有内外人等言説，自能一力支当，不涉藍邊之事，此係兩想［相］情愿，各無返悔之理，今欲有據，立当契爲照。

房姪　憑衆　亞章（押）

光緒三十年十二月　日　立当契人雷亞董（押）

代筆雷國堂（押）

胡運本收字包契紙

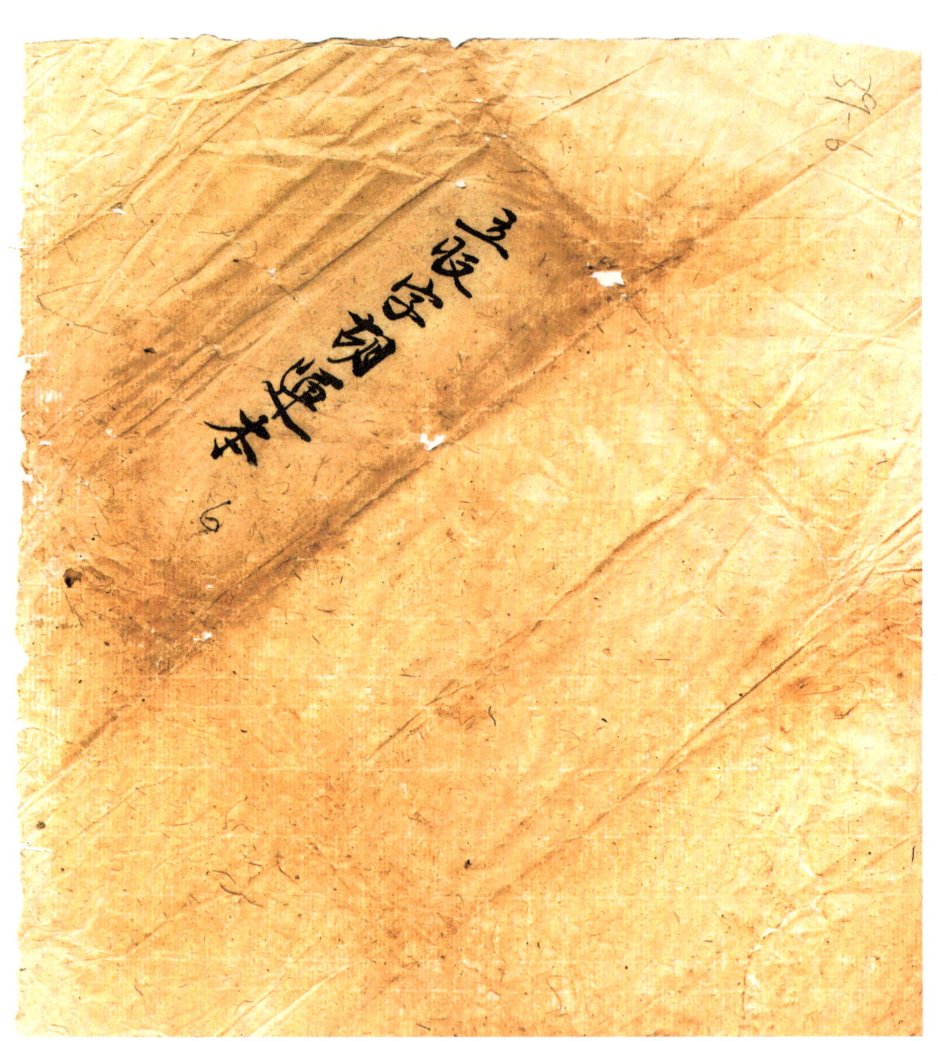


立收字胡運本

胡運本收字包契紙

立收字胡運本

# 光緒三十年胡運本立收字

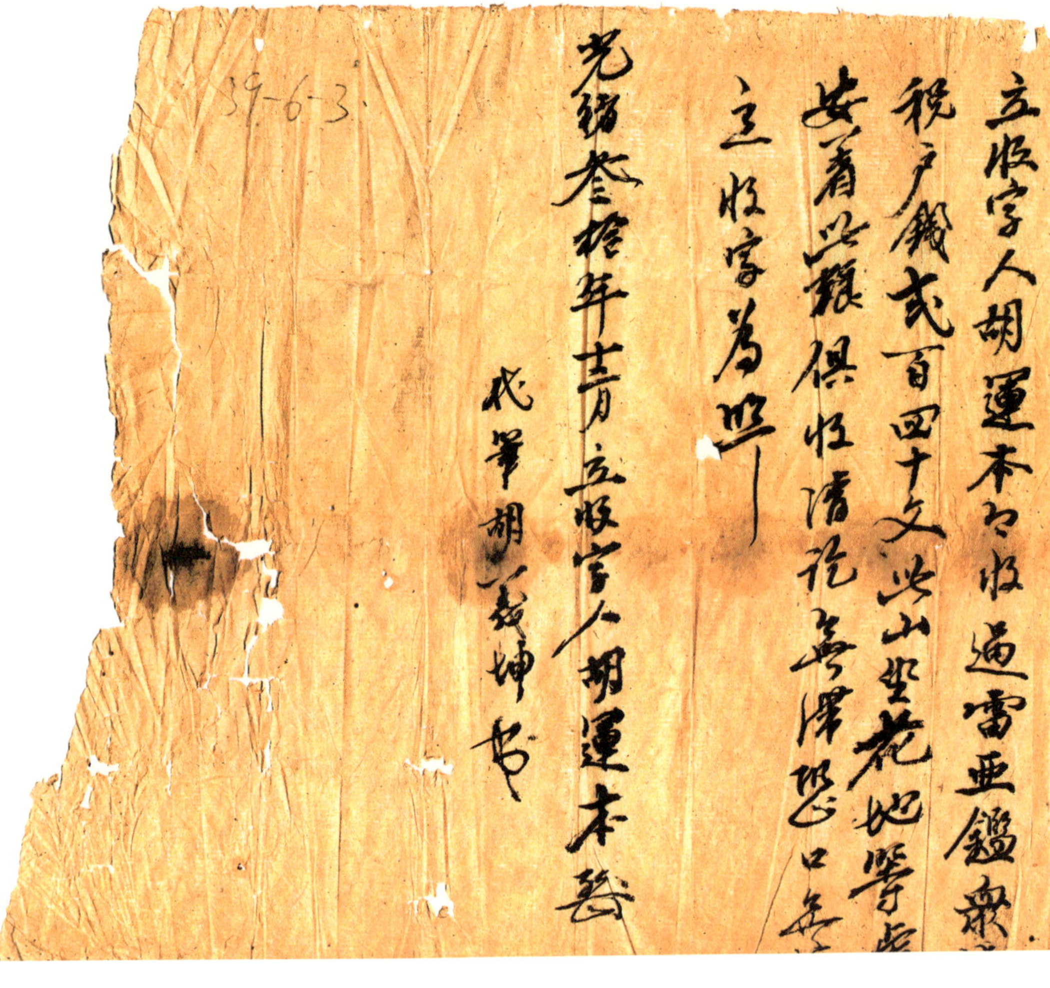

立收字人胡運本，今收過雷亞鑑衆□(邊)
税户錢弍百四十文，此山坐花地等□(處)
安着，此粮俱收清訖無滯，恐口無□(凴)，
立收字爲照。

光緒叁拾年十二月　立收字人胡運本(押)

代筆胡義坤(押)

雷國瑞當契包契紙

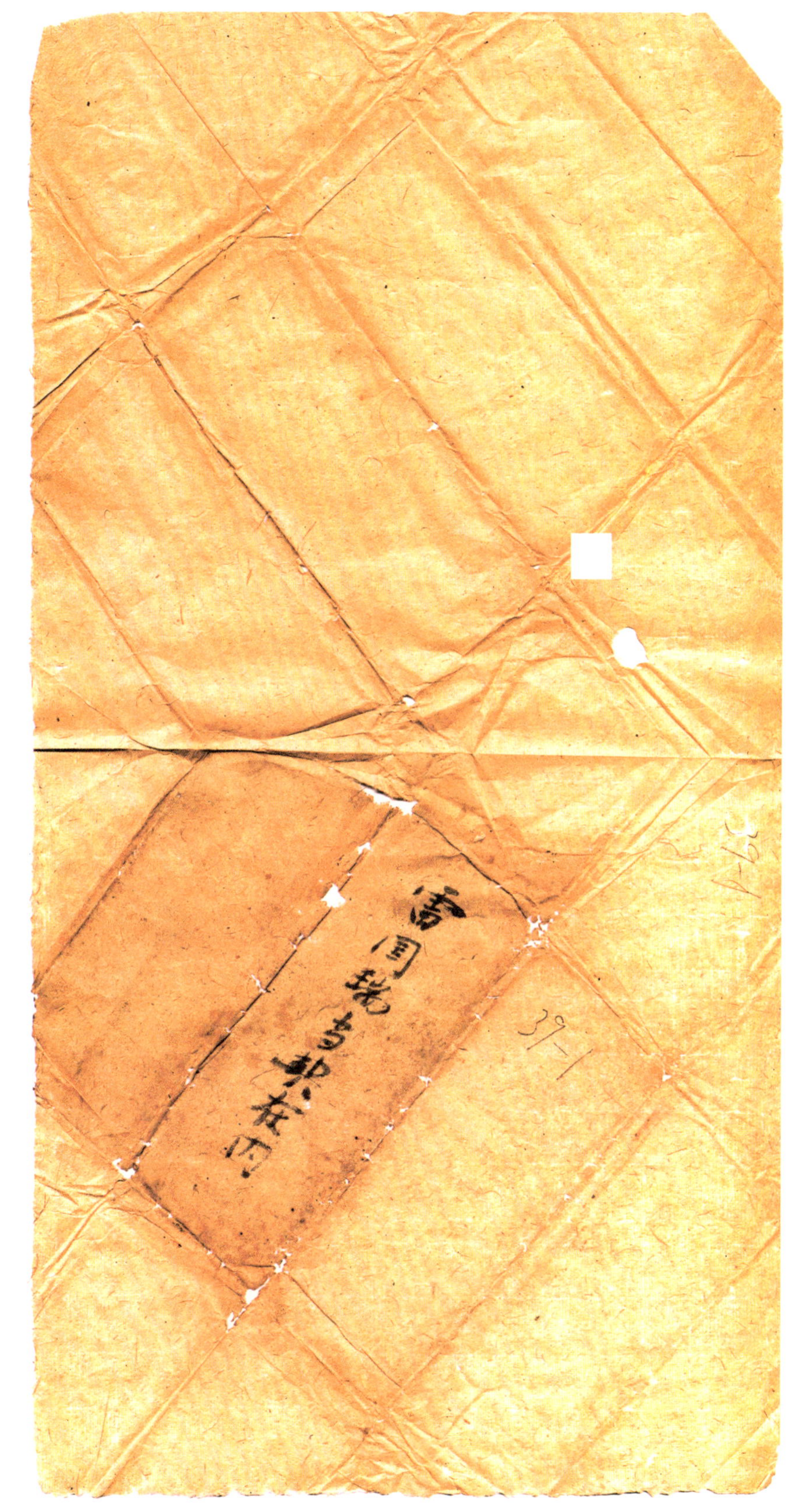


雷国瑞当契在内

# 光緒三十一年雷國瑞立當契

立当契人雷國瑞，今因缺錢應用，自心情愿，將父手承分置有水田壹段，坐落本都九甲□□，土名屋門前路下安着，計田壹坵，不具四至，左至田，右至路，上至田，下至田爲界，憑衆出與劉運坤親邊爲業，三面言定，當出莳［時］價英洋壹拾弍元正，其洋即日收訖，分文無滞，親收完足，成契之日立當□□紙，每年冬下其洋英洋弍元正，去後利息不許欠少，如若利息不清，異［易］作正契起佃耕種管業，去後不乱［論］年深月玖［久］，办還莳［時］價英洋取贖，劉邊不敢執留之理，倘有内外人等言説，自能一力支解，不涉劉邊□□□此係兩想［相］情愿，各無返情，今欲有據，立当契爲照。

憑衆　胡和堂

光緒叁拾壹年十二月□□□雷國瑞（押）

衣［依］口代筆雷國堂（押）

立當契親人雷阿董仝姪亞廷，今因缺錢應用，自心情愿，將父手承分置水田叁坵，坐落本都九甲花，土名垟梅降安着，不具四至上至亞章姪邊田爲界，下至路爲界，底至岩瑝爲界，外至兄邊田爲界，又至过路下竹山爲界，具立四至分明，憑衆立紙一紙，出當與楊□□挺親邊爲業，三面言定，当出英洋拾捌元文正，即日收訖完足，分文無滯，面断每年冬下利錢加壹柒分，利息不許缺少，如若利息缺少，楊邊起佃耕種官[管]業，去後不拘年深月玖[久]，办还源[原]價英洋取贖，楊邊不敢执留之理，倘有内外人等言説，自能一力支解，不若楊邊之事，此係兩想[相]情愿，各無返悔之礼，恐口無憑，今欲有據，立當契大吉爲照。

在見雷國瑞（押）

憑衆金君恩（押）

宣统元年己酉十二月日立當契人雷阿董（押）

阿廷（押）

衣[依]口代筆兄雷順吉堂（押）

宣統元年胡運本立收字

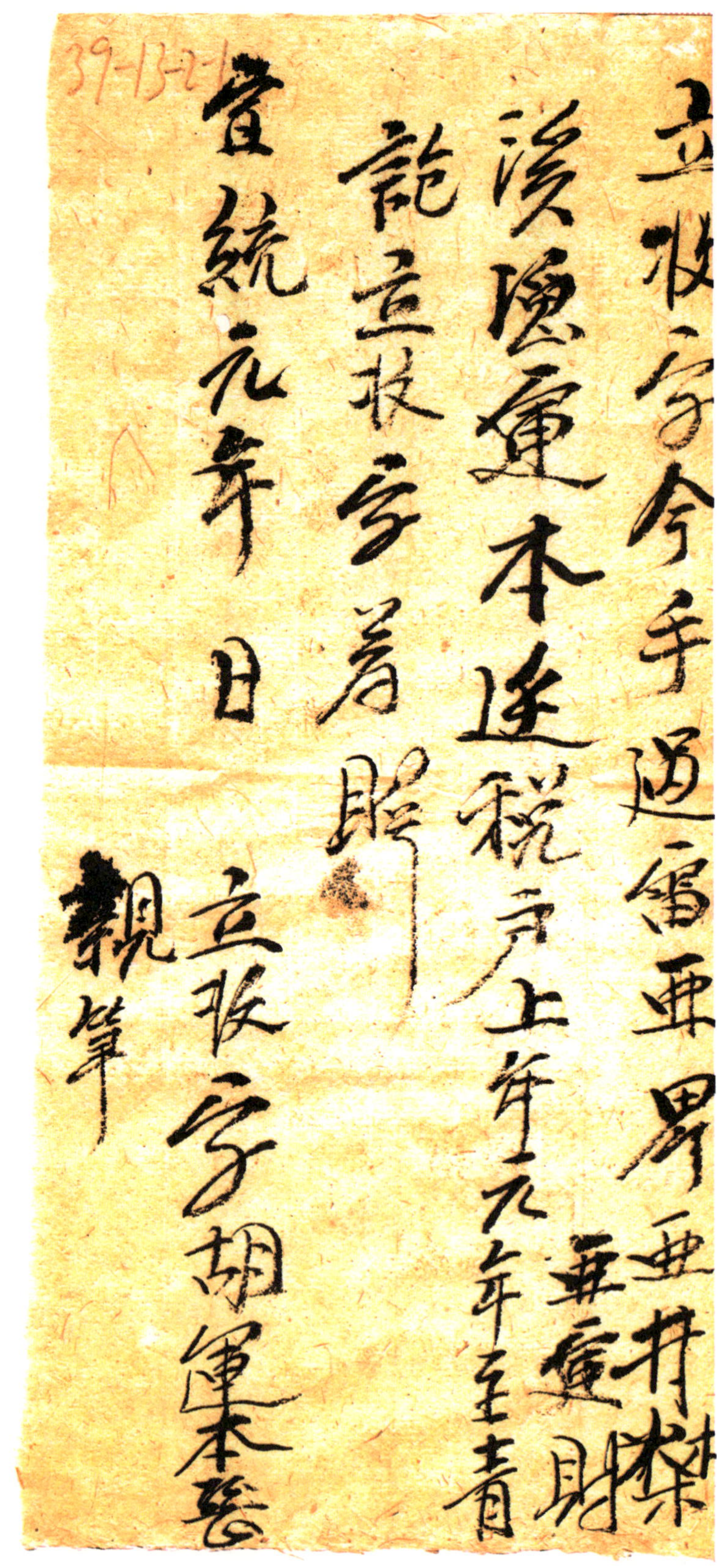

立收字，今手［收］過雷亞界、亞井、亞運、桊財、溪隱運本邊税户上年、元年至青［清］訖，立收字爲照。

宣統元年　日立收字胡運本（押）

親筆

民國三年雷郭土立當契

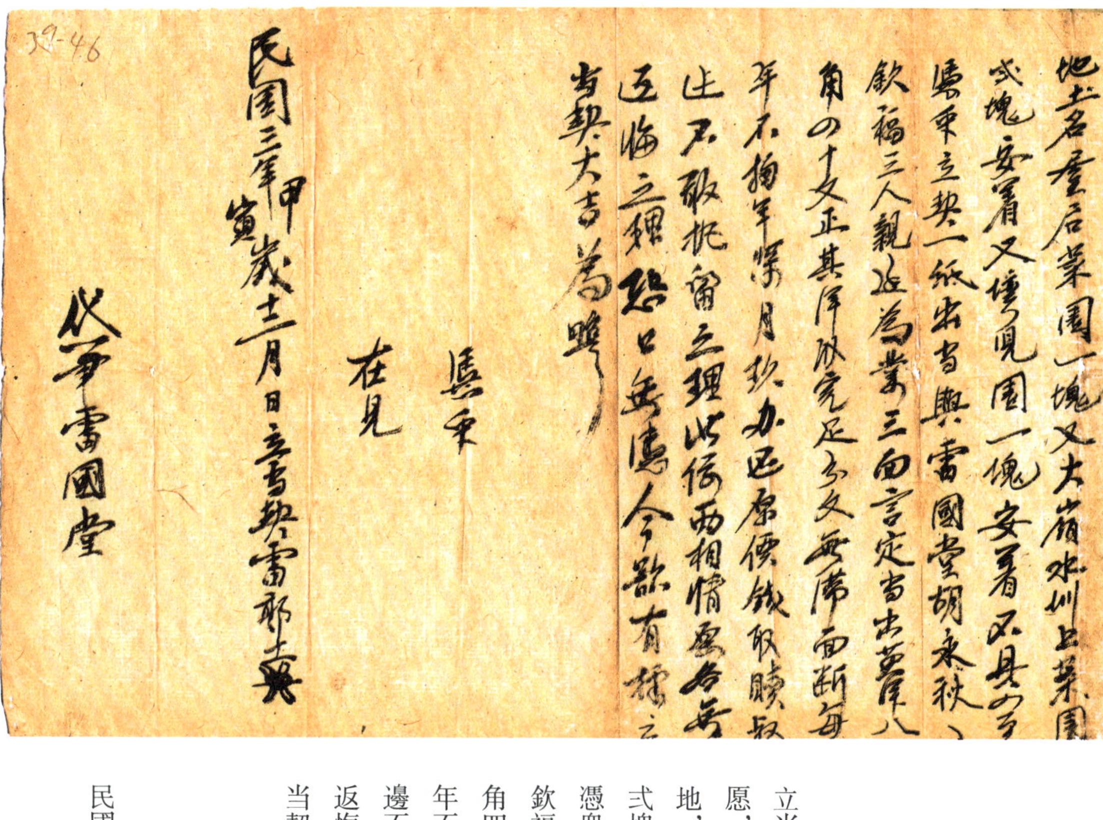

立当契親人雷郭土，今因缺應用，自心情愿，將父手承分有山場，坐落本都九甲花地，土名屋后菜園一塊，又大嶺水圳上菜園式塊安着，又塆兒園一塊安着，不具四至，憑衆立契一紙，出当與雷國堂、胡永秋、欽福三人親邊爲業，三面言定，当出英洋八角四十文正，其洋收完足，分文無滯，面断每年不拘年深月玖[久]，办还原價錢取贖，叔邊不敢执留之理，此係兩相情愿，各無返悔之理，恐口無憑，今欲有據，立当契大吉爲照。

憑衆

在見

民國三年甲寅歲十二月日立当契雷郭土（押）

代筆雷國堂

## 民國三年雷郭土立當契

立当契親人雷郭土，今因缺錢應用，自心情愿，將自手承分有山場一片，坐落本都九甲花地，土名大路下岩笋安着，其山四至上至欽福山爲界，底至兄邊爲界，外至少坑爲界，又菜園一塊在内，憑衆立當契一紙，出当與叔邊亞董親邊爲業，三面言定，当出英洋一元弍角文正，其洋即日收訖，分文無滯，每年此山起佃耕種管業，永爲己產，去后不拘年深月玖[久]，亦还愿[原]價回贖，叔邊不敢执留之理，此係兩想[相]情愿，各無返悔之理，恐口無憑，今欲有據，立當契爲照。

憑衆雷銀新（押）

中華民國三年甲寅歲十二月日立当契雷各土（押）

衣[依]口代筆雷國堂（押）

39-17-1

立賣契親人雷郭元，今因缺錢應用，自心情愿，將自手承分置有水田，坐落本都九甲花地，土名屋門前安着，計田三坵，計租陸碩，具四至上至鳳志田爲界，下至亞章田爲界，外至路爲界，底至少坑爲界，具立四至分明，憑衆立契一紙，出賣與鄭阿棋親邊爲業，三面言定，賣出價錢英洋叁拾肆元文正，其洋即日收訖完足，分文無滯，每年面断此田鄭邊起佃耕種管業，永爲己産，業輕價足，此田未買之先，暨[既]買之后，面断去后無找無借，去后不乱[論]年深月玖[久]，办還原價英洋回贖，鄭邊不敢执留之理，倘有内外人等言説，自能支解，不若鄭邊之事，此係兩想[相]情愿，各無返悔之理，並非逼抑，恐口無憑，今欲有據，立賣契永遠爲照。

表兄憑衆　藍土弟（押）

壬甲（押）

房叔在見　雷　亞董（押）

中華民國叁年甲寅歲十二月日立賣契親人雷郭元（押）

衣[依]口代筆雷國堂（押）

## 民國五年胡運本立收字

39-6-2
立收字親人胡運本今收過雷國樹
四分大衆边税户粮民国叁年起伍
年止此粮俱收清訖無存恐口無憑
立收字為照
民國伍年丙辰歲十二月日立收字胡運本
代筆胡義坤

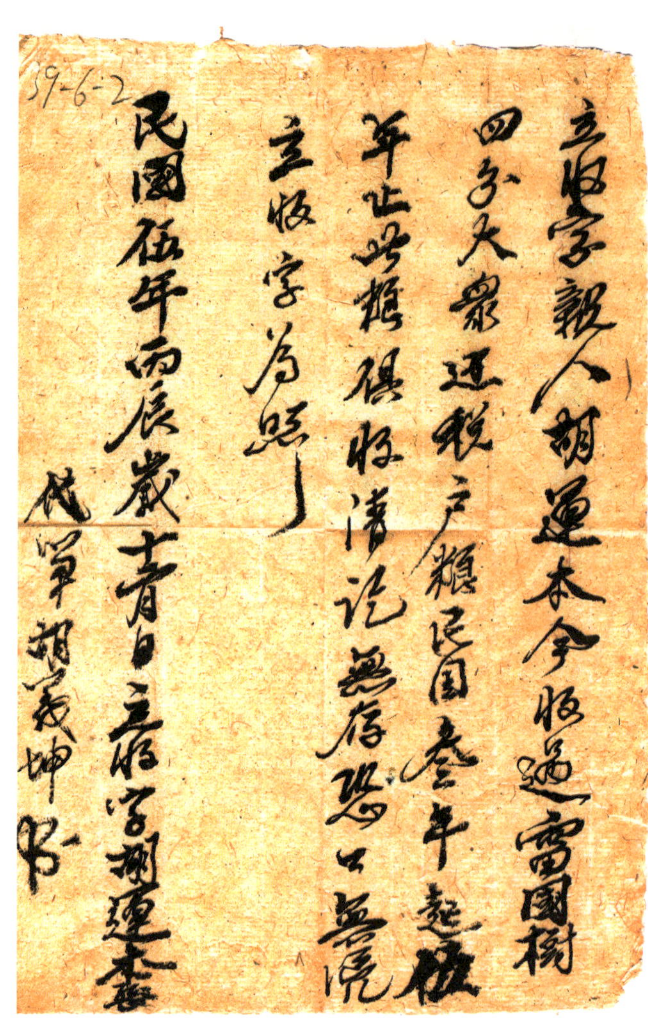

立收字親人胡運本，今收過雷國樹
四分大衆邊税户粮，民國叁年起伍
年止此粮俱收清訖。無存，恐口無憑
立收字爲照。

民國伍年丙辰歲十二月日　立收字胡運本（押）
代筆胡義坤（押）

## 民國六年雷郭土立當契

立當契親人雷郭土今因缺用自心情愿將父
手承分有山場壹處坐落本都九甲花地土名屋、
橫頭菜園上敊排山安着計園四塊又竹園坐落
后左边安着又一處坐門前下竹園安着又一處

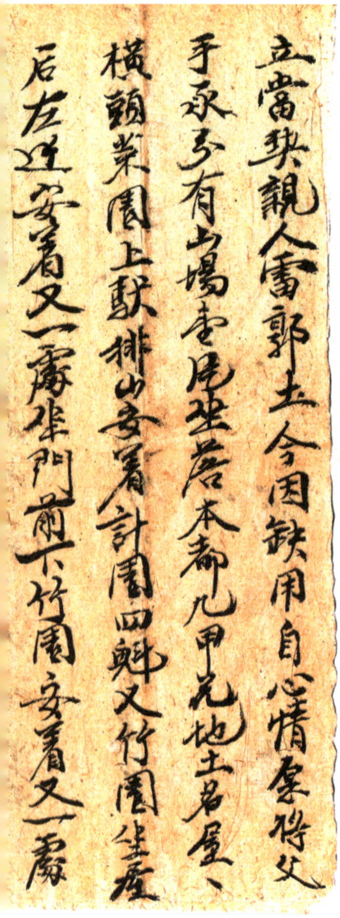

39-25-1

立當契親人雷郭土，今因缺用，自心情愿，將父手承分有山場壹片，坐落本都九甲花地，土名屋横頭菜園上駄排山安着，計園四魁，又竹園坐屋后左邊安着，又一處坐門前下竹園安着，又一處坐落大路下山脚安着，又一處岩壁下計山一半安着，又菜園上下四魁、横頭竹園壹魁在内，並及茶棕、榅杉、竹木、雜柴、桑樹、桐梓、山茶栽種樣様等項並及一暨在内，合具四至分明，憑衆立当契一紙，三面言定，当與房叔雷亞凍親邊爲業，三面断價錢英洋伍元文正，成契之日親收完足，分文無滯，每年此山悉听叔邊起佃耕種管業，並及七處在内，去后不拘年深月玖[久]，办还原價英洋取贖，叔邊不敢执留之理，此係兩想[相]情愿，各無返(悔)之情，恐口無憑，今欲有據，立當契大吉爲照。

憑衆　雷安福(押)

民國六年丁巳歲十二月日当契人雷郭土(押)

代筆　雷國堂(押)

民國八年雷國瑞立當契

立当契親人雷国瑞，今因（缺）錢應用，自心情愿，將父承分有桐梓，坐落本都九甲花地，土名合同股止，憑衆立当契一紙，出当與黄春財親邊爲業，三面言定，当出英洋四元文正，成契之日親收完足，分文（無）滯，每年冬下交利共本錢桐梓完納肆碩六方正，冬下不許缺少，本利息交清，黄邊不敢晋[留]，每年冬下交还，雷邊自能親邊，此係兩想[相]情愿各無返悔，恐口有[無]憑，今欲有據，立当契爲照

憑衆　姪雷珍有（押）

民國八年己未歲十二月日立当契雷國瑞（押）

代筆弟　雷玉珍（押）

婚書包契紙

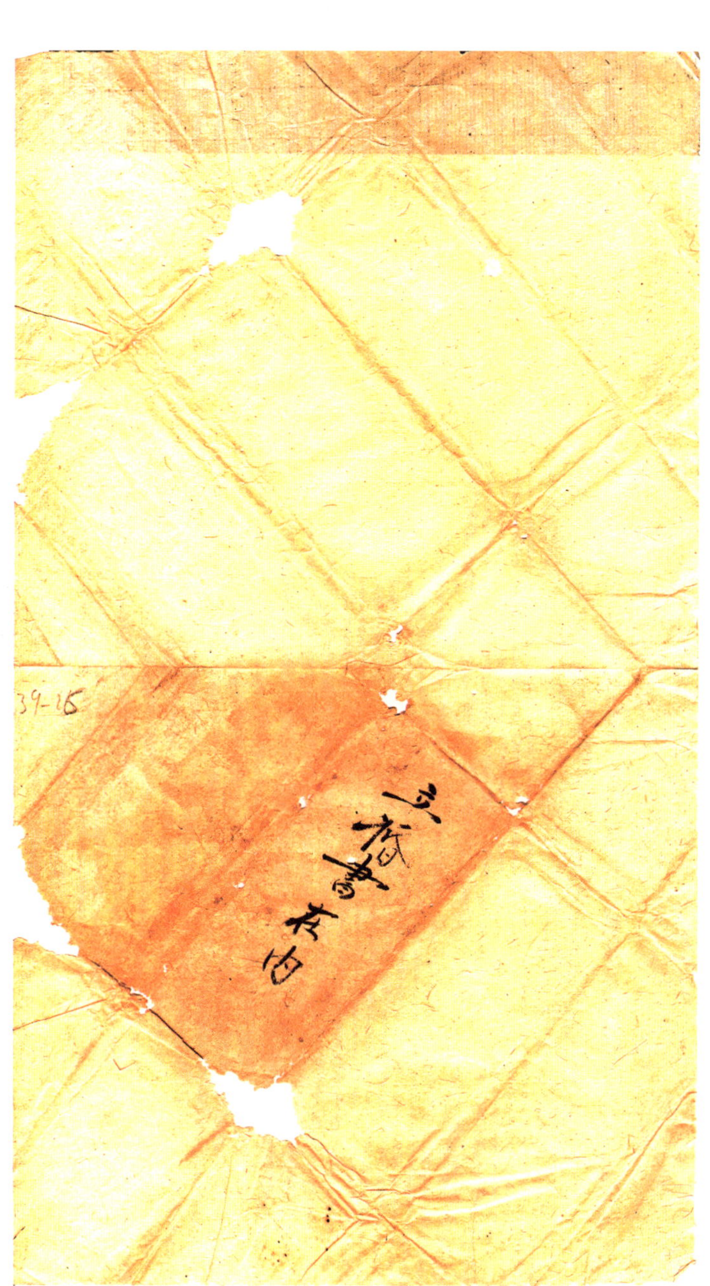

立婚書在内

## 民國十年藍氏立婚書

立婚書藍氏緣因自己年長取妻雷宅
有余自心情愿年輕歲少藍氏怨夫不要
此故三餐难度不得異言凭媒說托立
書一紙將藍氏另適與雷有余為妻三面
言定訂作禮金英洋拾弍元文正即日收
訖完足分文無滯对除貴智英洋禮金完
足即將藍氏成婚配與雷有余成婚百年
好合永結同心面斷再雷承元家中田地
世業田還永元後有即將田地世業照子
均分天長地久早生貴子接宗枝吾家伯
叔兄弟子姪不敢異言之理並非逼抑
等情恐口無凭此係兩想情愿各無返

（前頁）>>>>

立婚書藍氏，緣因自己年長，取妻雷宅有余，自心情愿，年輕歲少，藍氏怒夫不幸亡故，三喰难度，不得異言，憑媒説托立婚書一紙，將藍氏另適與雷有余爲妻，三面言定，訂作禮金英洋拾弍元文正，即日收訖完足，分文無滯，对除貢智英洋禮金完足，即將藍氏成婚，配與雷有余成婚，百年好合，永結同心，面断一再雷永元家中由地世業归還永元，後有即將田地世業照子均分，天長地久，早生貴子接宗枝，吾家伯叔兄弟子姪不敢異言之理，並非逼抑等情，恐口無憑，此係兩想［相］情愿，各無返悔，今欲有憑，立婚書永遠大吉爲照。

憑媒　胡將池（押）

在見　雷土弟（押）

民國拾年辛酉歲十二月日立婚書　親人藍氏（押）

代筆　雷玉珍（押）

## 民國十年雷郭土立賣加找盡契

立賣加找盡契雷郭土，自情愿，將父手承分有山場，坐落本都九甲花地，土名屋横頭菜園上馱棑山安着，計園四魁，又竹園坐屋后左邊中央安着，又一處坐门前下竹園安着，又一處坐落大路下山脚（安）着，又一處坐落山脚岩壁下山一半安着，又一處菜園上下四魁，又田兒一坵在内，又屋横頭竹園壹魁，又榅樹二枝在内，並及茶棕、松杉、竹木、雜柴、桑樹、桐梓、山茶栽種樣（篠）等項並及一概在内，今具四至分明，憑衆立契三紙，先有當契再［載］明，暨［既］買之后，三面言定，出賣與房叔雷亞凍親邊爲業，三面断定，並前契價錢英洋拾式元式角文正，成契之日親收完足，分（文）無滯，每年此山悉听叔邊起種耕作營業，並山園七處在内，去后無找無借，不許返贖，自己原錢回贖，叔邊不敢执留之理，此係兩想［相］情愿，各無返（悔）之理，恐口無憑，今欲有據，立當立賣契永遠大吉爲照。

憑衆　雷安福（押）

民國拾年辛酉歲十月日立賣契雷郭土（押）

代筆　雷國堂（押）

# 民國十四年胡運本仝侄立賣税户糧畝

立賣税户糧畝親人胡運本仝侄，今因缺錢中用，自心情愿，將祖父手置有税户土名坐落本都九甲八隔花地安着，其糧畝税户錢弍百四十文正，憑衆立賣契一紙，三面言定，出賣與雷宅三房中，賣出英洋八元正，其洋親收完足，分文無存，此糧畝暨[既]賣之後，悉听雷邊永遠己產，胡邊不許異言之理，倘有叔伯子侄言説，胡邊自能一力支當，不涉雷邊之事，此係兩相情愿，並非逼抑等情，今欲有據，立賣糧字永遠大吉爲照。

在見　胡銀伍（押）

民國拾肆年十二月日立賣糧字　胡運本（押）

代筆　胡希明（押）

## 民國十五年雷亞董立找契

立找契親人雷亞董，缺錢應用，自心情愿，父手置有水田，坐落本都九甲花地，土名寒坑大路邊前后安着，計田大小不俱坵数，俱立界内，憑衆立找契壹紙，三面言定，再向过藍邊衆找出英洋弍拾柒元正，四至前有賣契再[載]明，賬目对除，並前契供價銀找字英洋肆拾壹元文正，其洋成契之日親收完足，分文無滯，暨[既]找之后，業輕價足，面断日后不許無找無借，無有返贖，主邊自能原價英洋回贖等情，藍邊自能不敢留之理，倘有内外人等言説，主邊自能一力支解，不涉藍邊之事，此係兩想[相]情愿，各無返悔，恐口有[無]憑，今欲有據，立找契大吉爲照。

憑衆　雷安福（押）

在見　雷會張（押）

民國拾伍年丙寅歲十二月日立找契人雷亞董（押）

衣[依]口代筆　雷玉珍堂（押）

# 民國十六年雷國堂仝侄安福立賣契

立賣契親人雷國堂仝侄安福，今因缺應用，自心情愿，將父手中田壹段，坐落本都九甲花地，土名岩龍塆安着，路上路下計田陸坵，不俱大小坵数，不俱四至，面断言定，憑衆立契一紙，出賣與藍宅碎隆親邊爲業，三面言定，賣出價錢英洋叁拾肆元正，並前当契價錢在内，成契之日親收完足，分文無滯，此田每年起佃耕種管業，此田未買之先，暨[既]賣之後，去后不拘年深月久，办還原價英洋取贖，藍邊不敢执留，倘有内外人等言説，自能一力支当，不涉藍邊之事，此係兩想[相]情愿，各無返悔之理，恐口無憑，今欲有據，立賣契大吉爲照。

一再粮畝錢餘糧小洋五角。

憑衆　房弟雷亞董（押）

在見　侄　雷亞連（押）

民國十六年丁卯歲十二月日立賣契雷國堂仝（押）
安福（押）

親筆

民國十八年雷伙頂立冲字

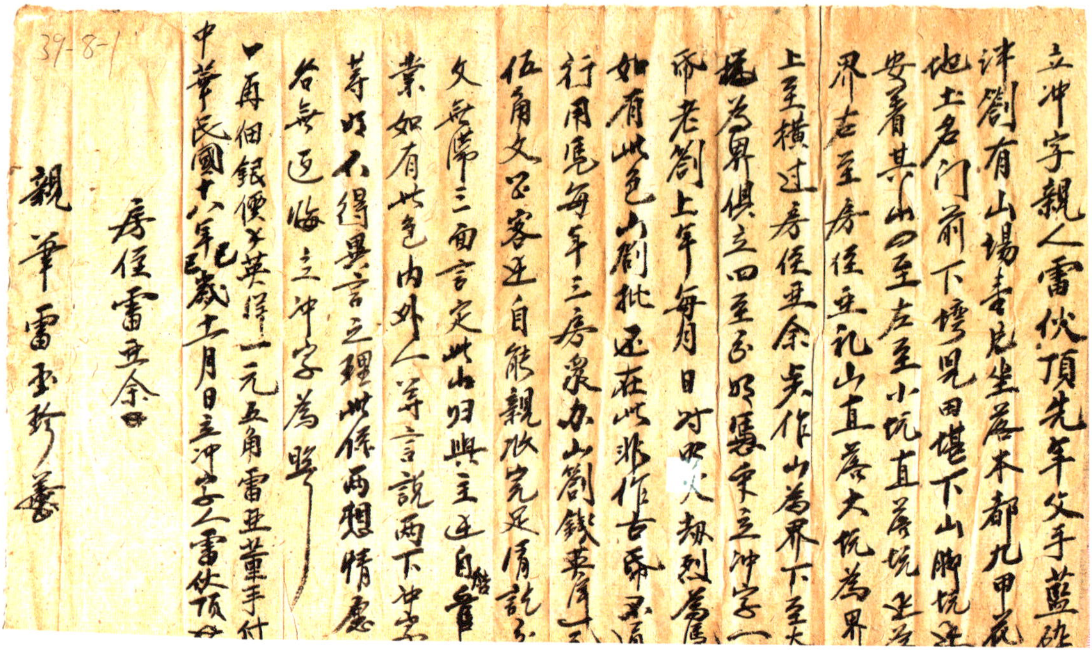

立冲字親人雷伙頂，先年父手藍碎泮劄有山場壹片，坐落本都九甲花地，土名門前下塆兒田堪下山脚坑邊安着，其山四至左至小坑直落坑邊爲界，右至房侄亞礼山直落大坑爲界，上至横过房侄亞余、步作山爲界，下至大坑爲界，俱立四至分明，憑衆立冲字一紙，老劄上年每月日对明火刼烈爲憑，如有此色，山劄批还在，此非作古紙，不通行用，憑每年三房衆办山劄錢英洋一元伍角文正，客邊自能親收完足清訖，分文無滯，三面言定，此山归與主邊自能管業，如有此色，内外人等言説，兩下冲字等姪不得異言之理，此係兩想[相]情愿，各無返悔，立冲字爲照。

一再佃銀價銭英洋一元五角，雷亞董手付

中華民國十八年己巳歲十一月日立冲字人雷伙頂（押）

房侄雷亞余（押）

親筆雷玉珍（押）

## 民國二十六年藍步祥立退婚書

立退婚書藍步祥，自心情愿，今因來因茲因自心不敢事楚，憑無返心，三面言定，憑衆立退婚書一紙，退礼金銀大洋拾叁元文正，其洋成收訖完足，不許缺少，粉[分]文無存，去後不敢言三語四，自會傳、陳德昌老司二人兄支當，不若藍邊之事，此係兩家情愿，鍾文生、步傳、步祥兩下不許返悔之礼，恐口無憑，今欲有據，立退婚書爲照。

憑衆　藍會傳（押）

陳德昌（押）

在見　雷步傳

憑衆　鍾文生

民國廿六年丁丑歲二月日立退婚書藍步祥（押）

衣[依]衆口代筆雷乾元

雷安福賣契包契紙

立賣契雷安福

雷安福賣契包契紙

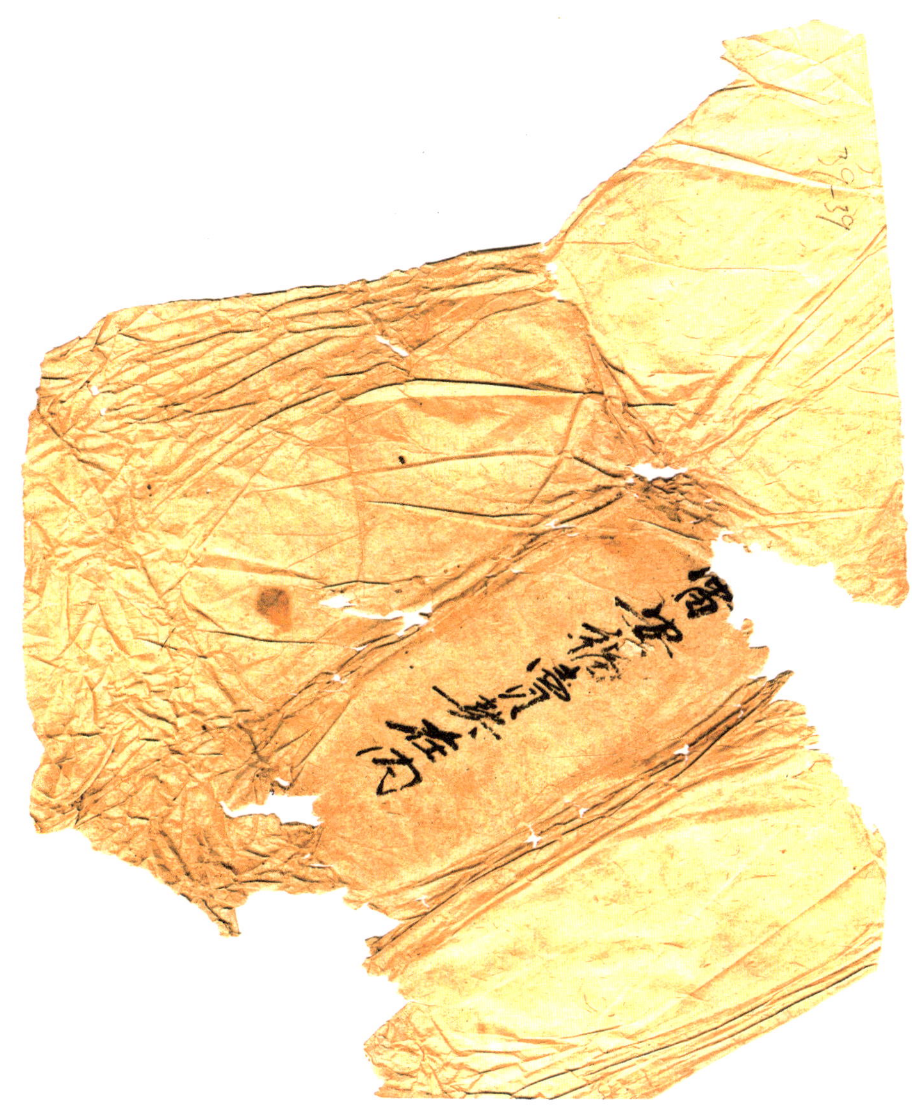

雷安福賣契在内

# 民國二十六年雷安福立賣契

立賣契親人雷安福，今因缺用，自心情愿，將父手承分有水田壹坵，坐落本都九甲花地屋門前右手路下安着，計田壹坵，憑衆立契壹紙，出賣與弟邊雷步傳爲業，三面言定，賣出價錢英洋拾玖元伍角文正，其垟［洋］成契之日親收完足，分文無滯，此田悉听弟邊起佃耕種管業，去后無贖等情，倘有内外人等言説，兄邊自能一力支当，此係兩情愿，各無返悔之理，恐口無憑，今欲有據，立賣契永遠爲照。

一再粮畝錢英洋七角文正，主邊自能完納。

憑衆

在見　雷國堂（押）

民國廿六年丁丑歲十二月日立賣契　雷安福（押）

代筆　叔　雷玉珍堂（押）

立賣契親人雷國堂仝侄安福，今因缺錢應用，自心情愿，將父手承分有水田壹段，坐落本都九甲八隔，土名下洪安着，計田大小三坵，計租三碩，具四至上至房兄田，下至房兄田，底至、外至小坑爲界，具四至分明，憑衆立賣契壹紙，賣與雷宅亞品親邊爲業，三面言定，出價錢壹伯［佰］伍拾元文正，成契之日親收完（足），分文無滯，面断此田每年冬下納燥谷三碩，不許缺少，如若租谷不清，起佃耕種管業，去後不乱［論］年深月玖［久］，办還原價回贖，雷邊不敢执留之理，恐有内外人等言説，賣主自能支解，不若買主之事，此係兩想［相］情愿，各無返悔之理，恐口有［無］憑，今欲有據，立賣契大吉爲照。

一再糧畝

主邊自能

完納

憑衆　胡　從德（押）

紹竺（印）

在見　亞董（押）

中華民國廿九年庚辰歲十二月日立賣契雷國堂（押）

仝　安福（押）

## 民國二十九年雷安福立賣契

立賣契親人雷安福今因缺用國幣應用自心情愿將自
手買有山場坐土名生落在本都九甲八格土名下壠岩大田前岸
後塊安着計山三塊不具四至憑中出賣一概出賣與
鄭宅世聰親邊為業三面言定出得時價國幣拾、
叁元正其洋親收完足分文無存此山計賣之後悉
听鄭邊起山耕種管業去后亦無找借之理不拘年
深月玖自能办还源價取贖鄭边不敢挑留之理倘有
內外人等言說雷边自能支解不涉鄭边之事此係兩想
情愿各無反悔恐口無憑今欲有據立賣契大吉為照

憑代筆胡希明

（前頁）>>>>

立賣契親人雷安福，今因缺國幣應用，自心情愿，將自手置有山塲壹片，坐落五十都九甲八格，土名下壠石大田前崖後墈安着，計山三塊，不俱四至，憑衆出賣一紙，出賣與鄭宅世聽親邊爲業，三面言定，出得時價國幣拾叁元正，其洋親收完足，分文無存，此山計賣之後，悉听鄭邊起山耕種管業，去后亦無找借之理，不拘年深月玖［久］，自能办还源［原］價取贖，鄭邊不敢执留之理，倘有内外人等言説，雷邊自能支解，不涉鄭邊之事，此係兩想［相］情愿，各無返悔，恐口無憑，今欲有據，立賣契大吉爲照。

憑衆　胡希明（印）

民國念玖年十二月日　立賣契親人雷安福（押）

依口　代筆　黄芳釧（押）

胡學鼎賣契包契紙

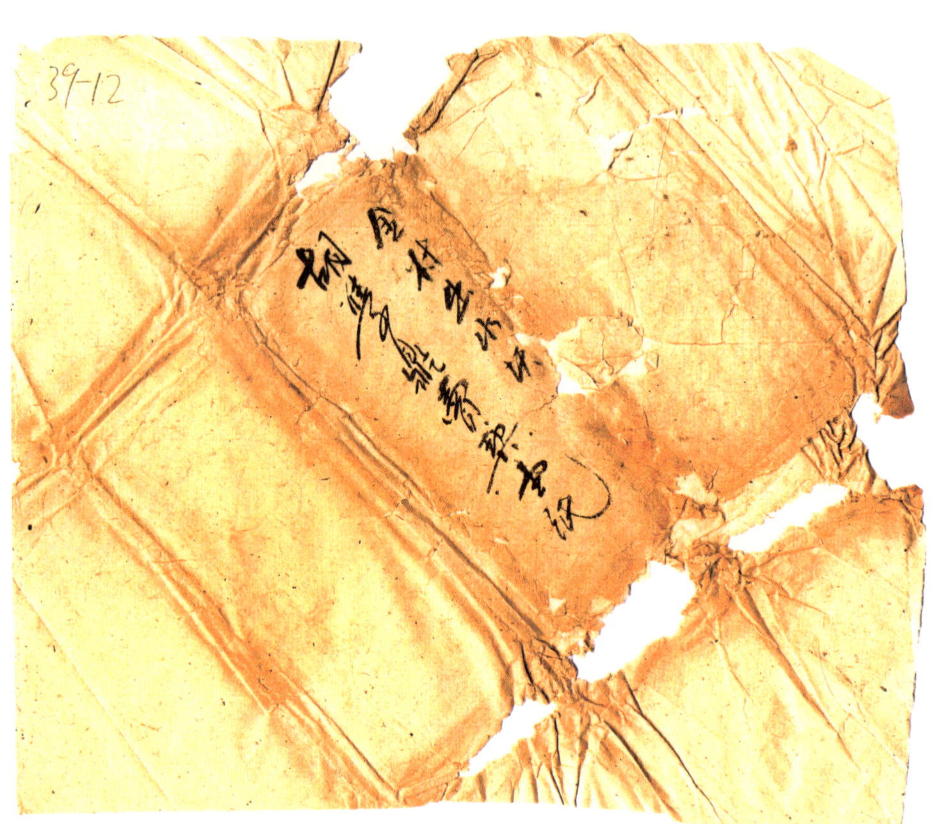


金村出水坏
胡學鼎賣契壹紙

民國三十一年胡學鼎立賣契

立賣契親人胡學鼎，今因缺銀应用，自心情愿，將父手承分水田壹段，（坐）落金烏鄉九甲金村，土茗[名]缺水号安着，其四至□（上）至小坑，下至洪生田，左至小坑，右至大路爲界，四至分明，共計田大小念坵，計實租伍碩正，憑衆立契壹紙，出賣與雷宅步傳邊爲業，三面議定，賣出國幣壹千零柒拾元正，隨成契日即收完足，分文無滯，既賣□（之）後，悉聽雷邊起佃耕種管業，面断三年以後取贖，此田業輕價足，去後不拘年深月久，胡邊办還原價取贖，雷邊不許执留，倘有內外人等言説，胡邊自能支解，不涉雷邊之事，此係兩想[相]情愿，並無逼仰[抑]，今欲有據，立賣契爲照。

另外國幣拾伍元正其利完粮。

憑衆　張智蘭（押）

中華民國叁拾壹年十二月　日立賣契親人　胡學鼎（印）

依口代筆　胡國圭（押）

## 民國三十二年雷安福仝叔國堂立賣截斷盡契

立賣截断尽契親人房兄雷安福仝叔國堂，
今因缺錢應用，自心情愿，將父手承分置有水
田壹塅，坐落本都九甲八格，土名下洪安着，其田
大小三坵，計租陆碩正，又山弍晁，上至亞品田爲界，
下至会章田爲界，左至小坑爲界，右至会章田爲界，
俱立四至分明，自心甘愿，憑衆立賣尽契壹紙，出
賣與房弟雷步傳親邊爲業，三面言定，出得時
價國幣伍仟元正，其洋成契之日親收完足，分
文無滯，既賣尽之後，此田悉听房弟邊耕種，
永爲己産管業，以后田頭山荒熟開墾㒷[興]造作
用，計佀[租]粮畝字号推收過户，去後無找無借無
贖，倘有伯叔内外人等言说，自能一力支解，不
涉弟邊之事，此係兩想[相]情愿，並非逼抑等情，各無返
悔，恐口無憑，欲後有據，立賣截断尽契永遠爲照。

憑衆　朱蕙廷（押）
在見　雷岳飛（押）
中華民國叁拾弍年十一月日立賣截断尽契親人雷　安福（押）　國堂（押）
代筆　雷志斌（押）

找字包契紙

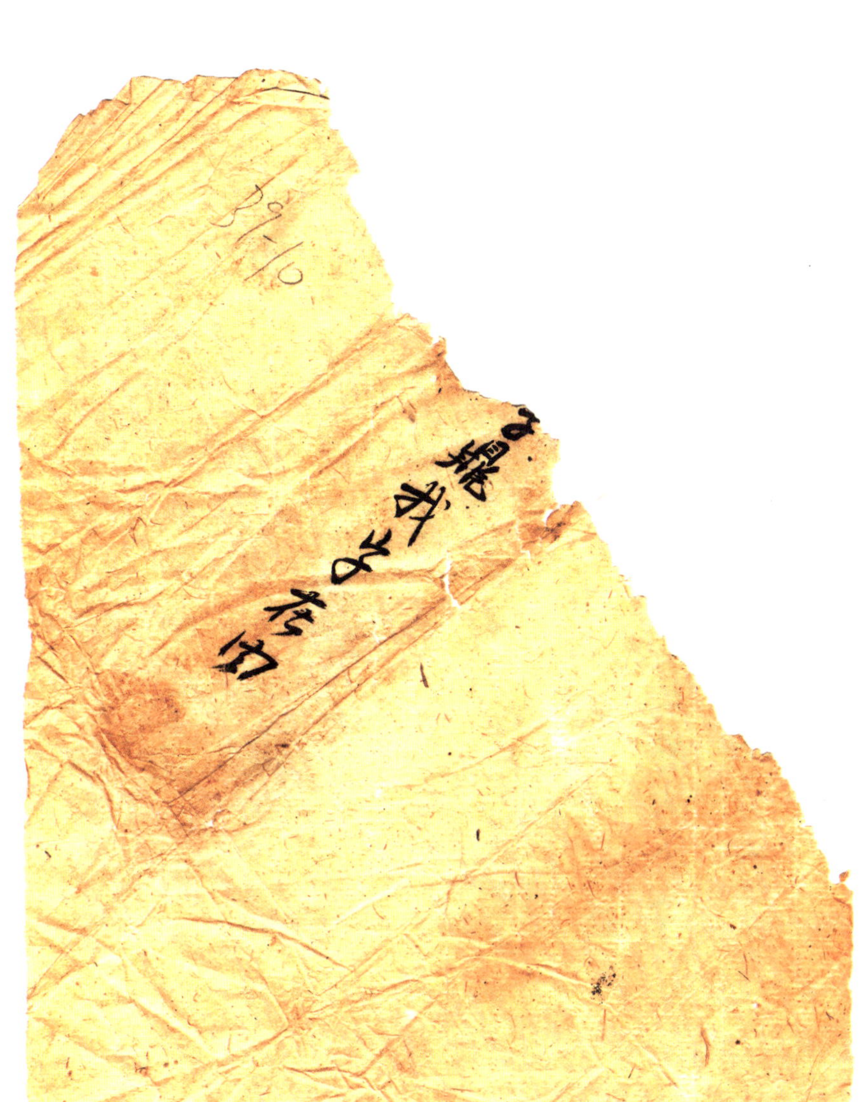

□（胡）□（學）鼎找字在内

# 民國三十三年胡學鼎立找契

立找契親人胡學鼎，今因缺錢应用，自情愿，將父手承分水田壹段，坐落本都九甲金村缺水号土名安着，其田四至並租碩俱照前契，憑中再向雷宅步傳邊找出國幣壹仟元正，成契日即收完足，分文無滯，此田既找之後，悉听雷邊耕種，永作己産，不拘年深月久，办還□（原）價取贖，雷邊不敢执吝，倘有内外人等言説，胡自能支解，不涉雷邊之事，胡邊兩想［相］情愿，立找契永遠爲照。

憑中　胡謹儀（押）

民國三十三年甲申歲次二月立找契親人胡學鼎（印）

代筆　吴定波（押）

立賣截断尽契親人雷國堂，今因缺錢應用，自心情愿，將父手承分置有山場壹片，坐落本都九甲花地，土名屋横頭安着，其園大小弍欄，上至有□（其）園，下至田，左至鉅林菜園，右至有其田爲界，俱立四至分明，自心甘愿，憑衆立賣尽契一紙，向賣與房侄雷步傳親邊爲業，三面言定，出得時價國幣陸佰元正，其洋成契之日親收完足，分文無滯，既賣尽之后，此園悉听侄邊耕種，永爲己産管業，去後無找無借無贖，倘有伯叔内外人等言說，叔邊自能一力支解，不涉侄邊之事，此係兩想［相］情愿，各無返悔，並非逼抑等情，恐口無憑，欲後有據，立賣截断尽契永遠爲照。

憑衆　雷岳飛（押）

在見　雷安福（印）

中華民國叁拾叁年十二月日立賣截断尽契親人雷國堂（押）

代筆　雷志斌（押）

## 民國三十三年雷安福立加找盡契

立加找尽契親人雷安福，今因缺錢應用，自心情愿，將父手承分置有水田壹坵，坐落本都九甲花地，土名屋横頭安着，上至安福菜園爲界，下至路爲界，左会章園脚，右至屋阁頭爲界，俱立四至分明，自心甘愿，憑衆立找尽契一紙，再向與房弟雷步傳親邊爲業，三面言定，出得時價國幣柒佰元正，其洋成契之日親收完足，分文無滯，既找尽之後，此田悉听弟邊耕種，永爲己産管業，以后只[興]造作用，计但[租]粮畝推收過户，去後無找無借無贖，倘有伯叔内外人等言説，自能一力支解，不涉弟邊之事，此係兩想[相]情愿，各無返悔，並非逼抑等情，恐口無憑，欲後有據，立加找尽契永遠爲照。

見憑　雷岳飛（押）

中華民國叁拾叁年十二月日立加找尽契親人　雷安福（印）

代筆　雷志斌（押）

## 民國三十四年胡學鼎母親温氏立賣斷契

立賣断契親人胡學鼎母親温氏，今因缺錢应用，自心情願，將父手承分有水田壹段，坐落金吕鄉第七保金村出水坹安着，其田上至胡福巧田爲界，下至胡洪生田，右至大路，左至小坑，具立四至分明，共計实租伍碩正，憑中立賣断契與雷步傳爲業，賣得時價國幣伍仟圓正，隨成契日即收完足，分文無滯，此田既賣之後，听從雷邊起佃耕種管業，永爲己産，但粮畝依照字號除收過户，此田業輕價足，去後永無找借，永無回贖之理，倘有内外人等言説，胡邊自能支當，不涉雷邊之事，此係自心情願，並無逼仰[抑]，今欲有據，立賣断契永遠爲照。

憑中吴定波(押)

民國卅四年乙酉歲次立賣断契親人胡學鼎母親温氏(押)

代筆　胡子華(押)

# 民國三十四年胡學鼎母親温氏立賣斷契

立賣断契親人胡學鼎母親温氏，今因缺錢应用，自心情願，將父手承分有水田壹段，坐落金吕鄉第七保金村出水坏安着，其田上至胡福巧田爲界，下至胡洪生田，右至大路，左至小坑爲界，具立四至分明，共計实租伍碩正，憑中立賣断契與雷步傳爲業，賣得時價國幣玖仟圓正，隨成契日即收完足，分文無滯，此田既賣之後，听從雷邊起佃耕種管業，永爲己産，但粮畝依照字號除收過户，此田業輕價足，去後永無找借，永無回贖之理，倘有内外人等言説，胡邊自能支當，不涉雷邊之事，此係自心情願，並無逼仰[抑]，今欲有據，立賣断契永遠爲照。

憑中　吴定波（押）

民國卅四年乙酉歲次立賣断契親人胡學鼎母親温氏（押）

代筆　胡子華（押）

# 民國三十六年雷安福立賣契

立賣契人雷安福，今因缺谷應用，自心情愿，将祖父自手承分有水田壹段，坐落本都九甲花地，土名巨林屋横[豆安着，其四至上至雷巨林田，下至雷巨林田爲界，右四至不具分明，此田计实租式碩正，憑中立契壹紙，出賣與楊汝昌親邊爲業，三面言定，作價燥谷伍碩正，其谷親收完足，分文無存，此田未賣既賣之後，悉听楊邊每年收燥谷利式碩伍方，不敢欠小，如若利谷不青[清]，起田耕種管業，雷邊不許执留之理，每年利息交青[清]，办还原價谷回贖，楊邊不敢異言，此係兩情愿，並非逼(抑)，今欲有據，立賣契爲照。

憑中　雷乾香(押)

民國三十六年十二月日立賣契人　雷安福(押)

代筆　胡玉林(押)

民國三十六年、三十七年雷亞董包契紙

民國三十六年卅七雷亞董

民國三十七年包契紙

民國卅七年
金村方淺垟田契在内

胡恂規、胡體胖賣契包契紙

方棧垟

胡恂規
　体畔

賣契在内

民國三十七年胡恂規、胡體胖立加找盡契

着不计坵数不具四至吾二人合得实租拾方拾升

凭中立契卖与雷步权为业亲得时价早

谷柒石另肆升正成契日收足无滞此田既卖之

后悉听雷边起佃耕种管业永作己产但轻

价足永无找借亦无回赎等情倘有内外人等

言说吾边自能支解不涉雷边之事此系两

愿并无逼抑今欲有凭立卖加找尽契永

远为照

在见　胡学頊（押）

胡礼森（押）

中华民国三十七年十二月　日　立卖加找尽契　胡礼胖（押）

胡桐规（押）

代笔　王庭（押）

（前頁）>>>>

立加找尽契胡恂規、胡體胖，今因缺用，自願將祖手遺下尚懿公祀田壹段，坐落金村，土名方淺垟安着，不计坵数，不具四至，吾二人合得实租捌方捌升，憑中立契賣尽與雷步權爲業，親得時價早谷柒石另肆升正，成契日收足無滯，此田既賣之後，悉听雷邊起佃耕種管業，永作己産，但業輕價足，永無找借，亦無回贖等情，倘有内外人等言説，吾邊自能支解，不涉雷邊之事，此係兩願，並無逼抑，今欲有憑，立賣加找尽契永遠爲照。

中華民國三十七年十二月日立賣加找尽契胡　恂規（押）

體胖（押）

在見　胡　學頂（押）

體森（押）

代筆　玉庭（押）

民國三十七年胡子華等立賣加找盡契

[illegible]中立契
賣，今向當步權邊產業，就得時價燥谷念玖石式斗五升，尚
餘田租式碩叁斗，每年秋熟付與田戶交納，燥谷完租，不許
欠少。此田既賣之後，任聽當邊起佃耕種管業，永作己產，但
業輕價足，賣後永無找借，亦無回贖等情。其糧當依三弓口出手
除收過戶完納。此係兩願，並無逼抑。倘有內外人等言說爭執情
事，出賣人自能理解，不涉當邊之事。今欲有憑，立賣叁契，永遠
為照。

在見人 胡寔儀 押
胡承規 押
胡學順 押
胡承戴 押
胡國恒 押
胡國珪 押

中華民國叁拾柒年戊子歲季冬月日立賣加找叁契 胡子華 押

代筆人 胡玉彥 書

39-18-21

（前頁）>>>>

立賣加找尽契胡子華、胡學頂、胡永載、胡永規、胡國恒、胡國珪等，兹有尚懿公遺下輪流合份祀田，坐落金村，土名方淺垟安着，計田弍坵，实租陸碩弍方（上畔水田壹坵，租肆碩，上、下至又管田爲界）（下畔田壹坵，租弍碩弍方，上界又管田，下界具蒙田）合如上数，该田吾等合得实租叁碩玖方正，今因要用，自願憑中立契，賣尽與雷步權邊爲業，親得時價燥谷念玖石弍方五升，尚餘田租弍碩叁方，每年秋熟时仍由佃户交納燥谷完租，不许欠少，此田既賣之後，任听雷邊起佃耕種管業，永作己産，但業輕價足，去後永無找借，亦無回贖等情，其糧畝依照原有字号除收過户完納，此係各願，並無逼抑，倘有内外人等言説争执情，吾邊自能理解，不涉雷邊之事，今欲有憑，立賣尽契永遠爲照。

在見人　胡憲儀（押）

胡永規（押）

胡學頂（押）

中華民國叁拾柒年戊子歲季冬月日立賣加找尽契　胡子華（押）

胡永載（押）

胡國恒（押）

胡國珪（押）

代口代筆人　胡玉庭（押）

民國三十八年胡仲福、胡體森立賣加找盡契

立賣加找尽契胡仲福、胡體森，今因缺用，自願將尚懿公遺下祀田壹段，坐落金村，土名方淺垟安着，吾二人合得实租壹石叁方弍升，憑中立契賣尽與雷步權爲業，親得時價早谷拾石正，成契日收足無滞，此田既賣之後，悉听雷邊起佃耕種管業，永作己産，但業輕價足，去後永無加找，亦無回贖，其糧亩仍以字号推收過户完納，不得異議，倘有子侄内外人等言説，吾等自能理解，不涉買主之事，此係兩願，並無逼抑，今欲有憑，立賣加找尽契永遠爲照。

在見　胡學鼎（押）

中華民國叁拾捌年季春月日立賣加找尽契胡仲福（押）
體森（押）

依口代筆　胡玉庭（押）

## 一九四九年劉鳳修等立便契

本房衆等上祖士□公遺下有山場吉地壹穴，
坐落瑞邑五十都九甲桃坑庄本境，土名彭步嶺
頭長斜石馬曹後勘安着，本房上祖老祖坟坟欄外
左(印)手壹丈六尺空外有吉地壹穴，坐癸向丁，本房衆等相
議，立契便與雷宅步□□□邊安厝祖父母坟塋之壽
域，三面議订，花红早谷肆石弍方，即收清訖，该山吉
地既便之後，任听雷邊如意擇日立符開山，扦掘金井，
築壙砌石，坟欄坟頭上壹丈弍尺右手听雷邊砌石，坟□止
(印)左手壹丈弍尺，下至田爲界，该山吉地坟頭上及左手(印)，订立
丈数，以作雷邊□□管□，本房衆等不敢異言返悔之
理，如有外人異議，本房衆等支當，不涉雷邊之事，此係兩愿，
並非逼抑等情，恐口無憑，立便吉地契興隆發禄永遠爲照。
一九四九年十一月十一日立便契仝劉鳳修(印)

憑衆族祖　刘凑(押)
鳳泮(押)
運本(押)
在見侄　國珍(押)
喜玉(押)

光绪廿五年□交崴正月日立借断字胡瑞坤(押)
代筆胡郭初(押)

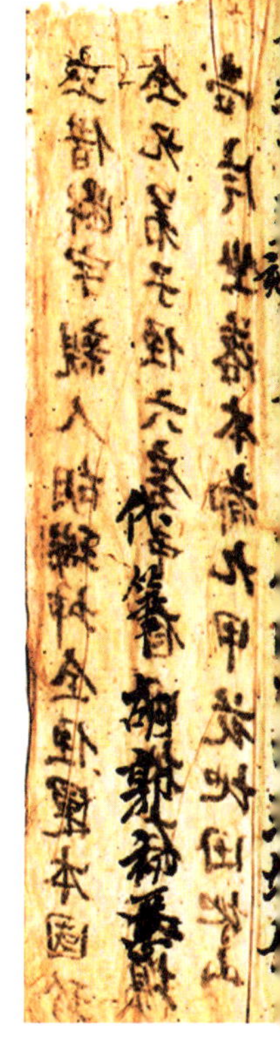

雷步傳包契紙

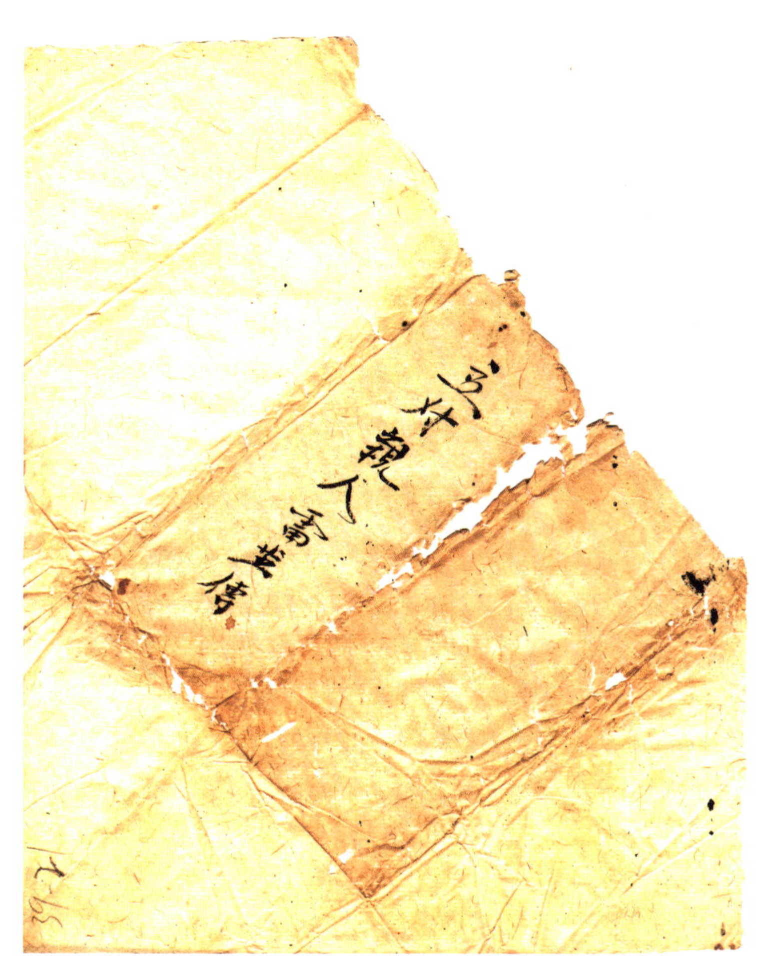


立对親人雷步傳

# 一九五二年雷步傳立對字

立对字親人雷步傳，缺田凑種，自己有水田一塅，坐花格鄉花地楊梅降安着，計田大小式坵，計秧叁拾個，对與安福手，三面言定，永遠耕種管業，此係兩想[相]情愿，各無恢[反]悔，今裕[欲]有據，永遠爲照。

憑中　鄭世煦（印）

一九五式年春月日立对字　雷步傳

代筆　鄭益福（押）

雷希銀對據包契紙

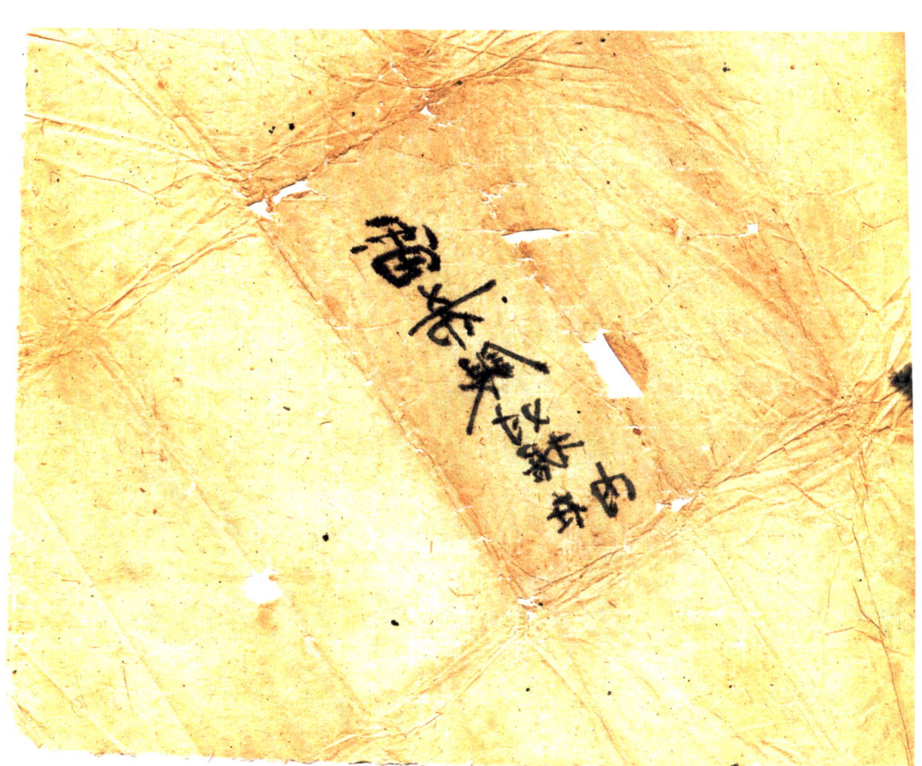

雷希銀　對据　在内

## 一九五二年雷希銀立對據

立对据親人房侄孫雷希銀，今將自
手所置有山塲壹段，坐落花地，
土名後半山路外安着，下壹塊上至本
户山，下至岳飛山，外至岩溪山，底至鉅林
山爲界，俱立四至分明，自心情願，憑中
商議，立对與房叔公雷亞董耕作管業，
此係兩相情願，各無反悔，双方訂立合同，
以对爲憑，倘有内外人等言说，自能壹
力支解，不涉公邊之事，今欲有憑，立对
据永遠大吉爲照。

憑中雷鉅林（押）

公元一九五二年農曆四月日立对据親人雷希银（押）

执筆董光耀（押）

雷安福對字包契紙

立对字親雷安福

## 一九五五年雷安福立對字

立对字親人雷安福，今因自心情愿，將
手有水田一坵，坐花仰花地屋横頭安着，
又坵馱降安着，共田弍坵，四至不具，憑中三
面言定，出賣與雷步傳邊爲業，出價谷肆
伯[佰]念觔，帖出田秧叁拾個安福耕種，除步傳
秧肆拾個，弍人共秧柒拾個，各管自業，不許
恢[反]悔之理，此係自心情愿，永遠爲照。

憑中鄭世煦（印）

一九五五年春月日立对字雷安福（押）

代笔鄭益福（押）

包契紙

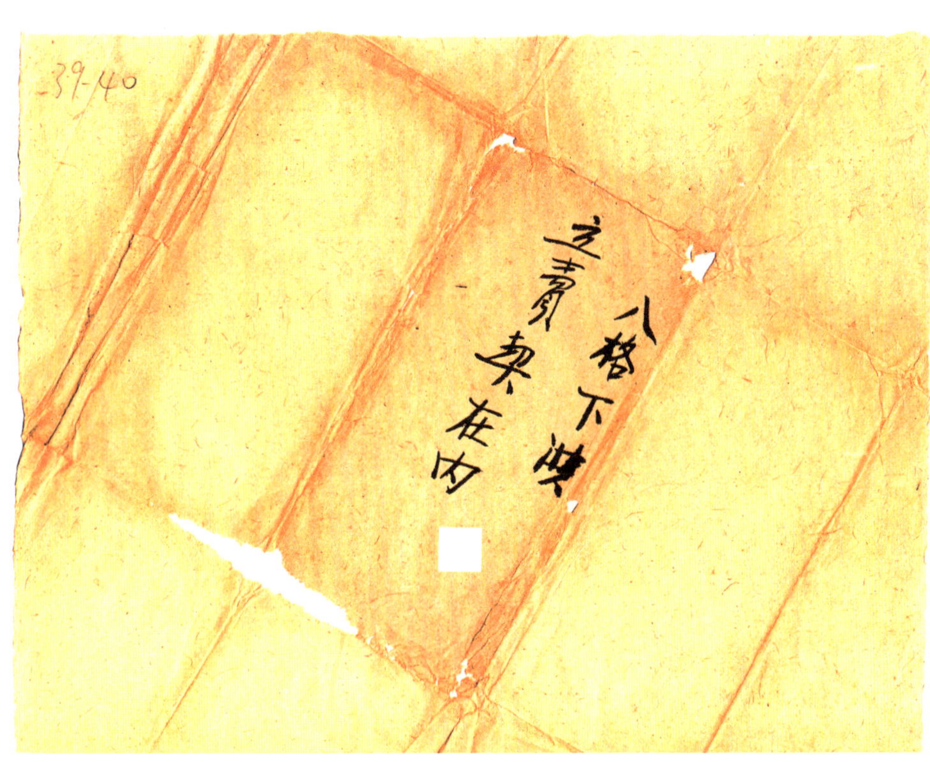

八格下洪
立賣契在内

執照包契紙

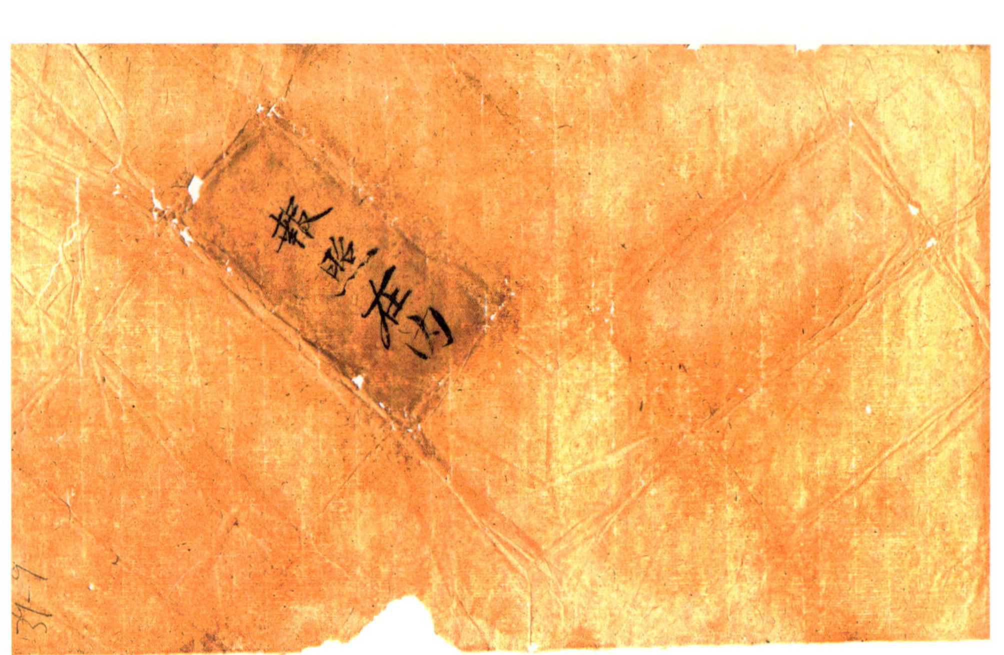

報照在内

# 劉運坤、雷安福賣契包契紙

刘運坤
立賣契雷安福二紙在内

# 胡本壽收字包契紙

溪源　立收字胡本壽

雷各土當契包契紙

雷各土當契在内

雷福頂包契紙

雷福頂山批冲老契在内

賣税户契包契紙

三房中　立賣税户契在内

包契紙

立生地便契在内

## 找契包契紙

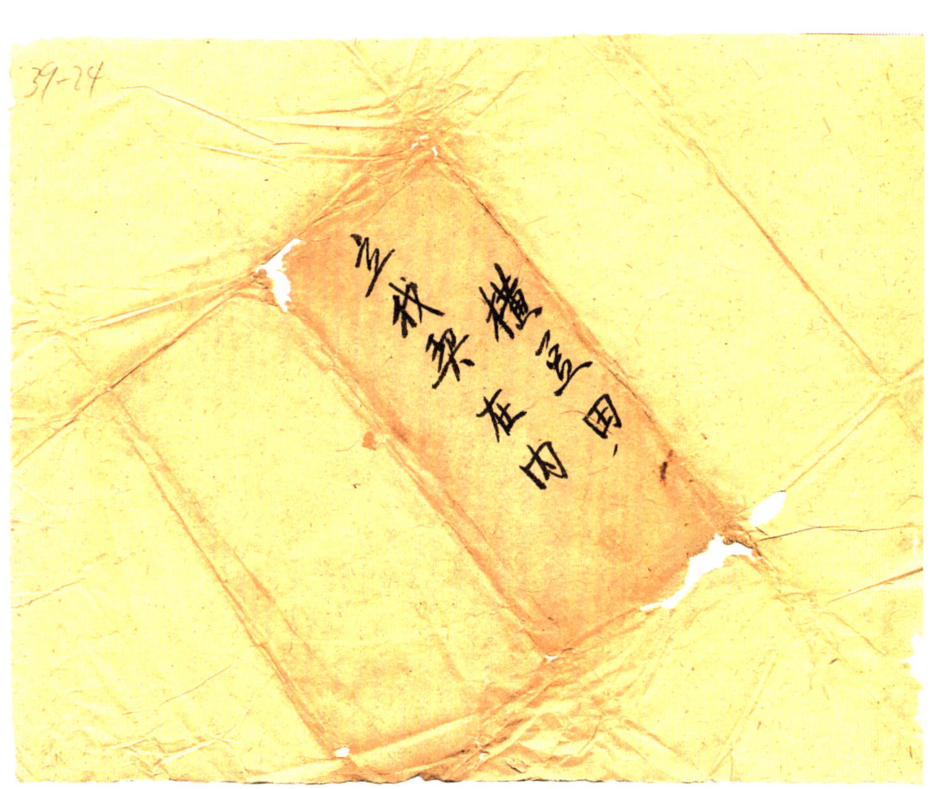

横豆田
立找契在内

學鼎找字包契紙

學鼎找字在内

胡族借字包契紙

溪源胡族立借字在内

錫浩收字包契紙

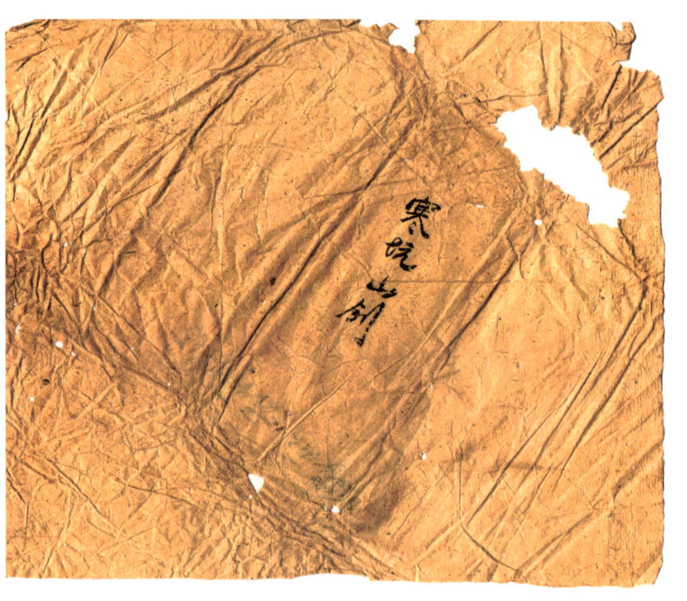

錫浩收字在内

寒坑山剳

當字包契紙

花地　立当字在内

## 白如意立山劄

立山劄人白如意今因缺少山載種自心情
愿向過雷永義仝弟永瑞劉山三廠土
坐落本都九甲八臨早坑安着山至衣前
當足見中云劄价系伍千二百文正
即日收乞無滯每年冬至交租捌百五十
文新柴八十斤不許盤[illegible]熟少如遲欠租坐
個仰除跕山雷邊自能敢佃白邊不得只
吾去後年深月久有情田家无價交來
跕山愿所雷自能開發山嶺齊管業等
項白邊不敢異言恐無憑立劄情今
欲有據立劄為照行

(前頁)>>>>

立山劄人白如意,今因缺小山載[栽]種,自心情
愿,向過雷永義仝弟永言、观劄山三廠,土(名)
坐落本都九甲八隔旱坑安着,四至衣[依]前
爲定,憑衆出劄,加錢伍千二百文正,
即日收乞[訖]無滯,每年冬至交租捌百五十,
又如[茹]系[絲]八十斤,不許處多納少,如(白)邊欠租,□
佃叩[扣]除,此山雷邊自能敢[改]佃,白邊不得只[执]
吝,去後年深月久,自情回家,无價交还,
此山悉听雷自能並及山敞管業等
項,白邊不敢異言,並無反悔等情,今
欲有據,立劄爲照。

## 賣契包契紙

屋横豆菜園
立賣契在内

# 黄坦鎮培頭民族村呈山底鍾維禄户

立賣契雷氏仝侄鍾亞順本家有菜園乙号又路下灰甫[illegible]人着
五源鄭山底土名老屋基安着菜園乙塊四至不俱今因缺錢應用息
甘愿憑衆立賣契乙紙賣與鍾義錫兄邊為業三面言定出時價
大洋四元正其洋收訖分文無滯此園灰甫未賣之先並無內外人等文
既賣之后任听退與侄邊掌管永為己業吾邊伯叔兄弟子侄不
得異言之理如有此色自能支解不涉錢主之事去後不得找借亦
無取贖之理此係兩下甘愿並非逼抑返悔等情今欲有據立賣
契永遠為照

立賣契雷氏〇
仝侄鍾亞順〇
憑衆鍾鄭欽（押）
代見鍾鄭補（押）
代筆步滔書

中華民國拾年春二月日

(前頁)>>>>

立賣契雷氏仝侄鍾亞順，本家有菜園一号，又路下灰甫□(坐)□八都五源鄭山底，土名老屋基安着，菜園一塊，四至不俱，今因缺銀應用，自心甘愿，憑衆立賣契乙紙，賣與鍾義昌兄邊爲業，三面言定，出時價大洋四元正，其洋收訖，分文無滯，此园、灰甫未賣之先，並無内外人等文，既賣之后，任听退與姪邊掌管，永爲己業，吾邊伯叔兄弟子姪不得異言之理，如有此色，自能支解，不涉錢主之事，去後不得找借，亦無取贖之理，此係兩下甘愿，並非逼抑返悔等情，今欲有據，立賣契永遠爲照。

中華民國拾年春二月日　立賣契雷氏(押)

仝姪鍾亞順(押)

憑衆鍾鄭欽(押)

代見鍾鄭補(押)

代筆步滔(押)

民國十年鍾學敏立當契

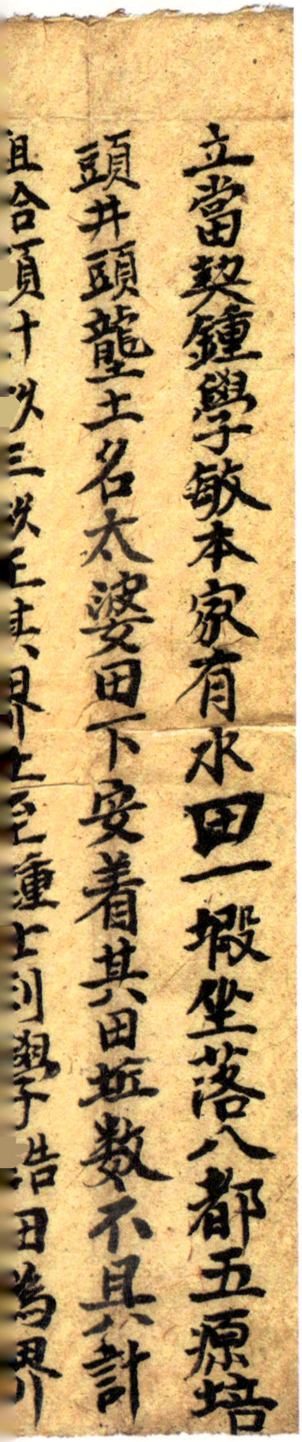
立當契鍾學敏本家有水田一坵坐落八都五源培
頭井頭龍壟土名太婆田下安着其田坵数不具計

53-14

下至王禮德田左至水圳右至禮從區為界具立□
至分明今因缺□□□用自心情愿憑中立當乙鄧將
此田向前□□親邊為業三面断定當出時價
英洋五拾元正其洋即日親收清訖分文無滯此田未
當之先並無內外人等既當之后面訂遞年納利英洋七
元小洋一角正其利不敢欠少如若欠少當契即作賣
契管業去后不拘年深月久办还本利清訖取贖鄭
氏不得执留此係兩相甘愿不許返悔等情恐口無憑
立當契為照

中華民國拾年　十二月　日立當契鍾學敏（押）

憑見子鍾益韜（押）

代筆鍾松華（押）

（前頁）>>>>

立當契鍾學敏，本家有水田一坵，坐落八都五源培頭井頭壟，土名太婆田下安着，其田坵数不具，計租拾碩，計畝三畝正，其界上至鍾士利、學詰田爲界，下至王福德田，左至水圳，右至福德园爲界，具立四至分明，今因缺銀應用，自心情愿，凴衆立當一紙，將此田向與□□□親邊爲業，三面断定，當出時價英洋五拾元正，其洋即日親收清訖，分文無滯，此田未當之先，並無内外人等，既當之后，面訂遞年納利英洋七元小洋一角正，其利不敢欠少，如若欠少，當契即作賣契管業，去后不拘年深月久，办还本利清訖取贖，郭氏不得执留，此係兩相甘愿，不許返悔等情，恐口無憑，立當契爲照。

中華民國拾年　十二月日立當契鍾學敏（押）

憑見子鍾益韜（押）

代筆鍾松莘（押）

## 民國十三年鍾義昌立當契

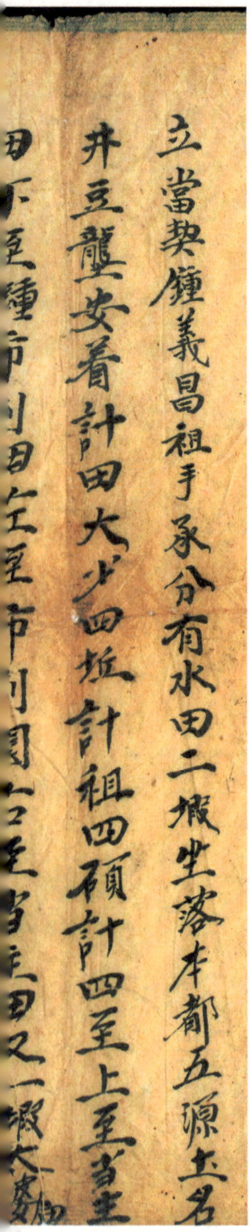
立當契鍾義昌祖手承分有水田二坵坐落本都五源土名
井頭壟安着計田大小四坵計租四碩計四至上至當主

左至水圳右至业主田俱立四至分明今因缺銀應用
自心情愿凭中立當一紙出田當與趙[illegible]親边
為業三面當出時價英洋壹百圓二元正即日親
收清乞此田未當之先並無内外人等既當之後
面訂遞年納利英洋拾壹元正其利不敢欠少
如若欠少当契即作賣契管業当後不拘年深月
久办还原錢取贖趙边不得執留如有此色自能支解
此係兩相情愿返悔等情恐口無憑立当契為照

中華民國十三年　十二月　日立當契鍾義謙〇
為中見鍾益明〇
代筆侄鍾玉煦押

(前頁)>>>>

立當契鍾義昌，祖手承分有水田二坵，坐落本都五源，土名井豆壟安着，計田大小四坵，計租四碩，計四至上至当主田，下至鍾市利田，左至市利園，右至当主田，又一坵太婆田下，計田数坵，計租四碩，上至市利田，下至王步廩田，左至水圳，右至当主田，俱立四至分明，今因缺銀應用，自心情愿，憑衆立當一紙，此田當與趙□□親邊爲業，三面當出時價英洋壹百圓二元正，即日親收清乞[訖]，此田未當之先，並無內外人等，既當之後，面訂遞年納利英洋拾壹元正，其利不敢欠少，如若欠少，当契即作賣契管業，去後不拘年深月久，亦还原錢取贖，趙邊不得執留，如有此色，自能支解，此係兩相情愿，(並無)返悔等情，恐口無憑，立当契爲照。

中華民國十三年　十二月　日立當契鍾義謙(押)

爲衆兄　鍾益叨(押)

代筆侄　鍾玉煦(押)

## 民國二十六年雷永明等立送字

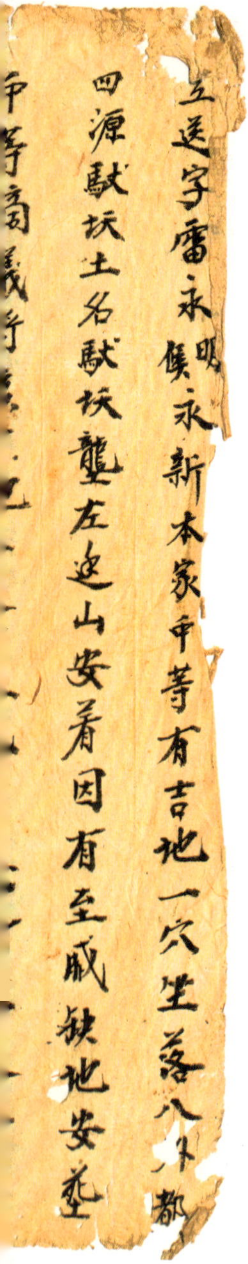

厝與並以等安葬父母兄弟等先靈此吉地未送以
先並無內外人等文墨交関既送之後听從鍾進擇
吉扦葬安厝先人本家伯叔兄弟子侄人等不得
異言之理如有別情不清一力雷進自能支当不涉
鍾進之事所有花銀洋一並雷進向山主代伊
說明從輕理解面斷坟圍以外四圍上下左右抽出山
地貳丈助尺歸與鍾進永遠養籙以作護蔭日
后無得私行砍掘附葬永為已業此係雷進中
等自心甘願並無逼抑等情恐口無憑立送字永遠大吉

中華民國二十六年十二月日立送字雷永候（押）
永明（押）
永新（押）

道明

依口代筆益永盛（押）

（前頁）>>>>

立送字雷永明、永候、永新，本家衆等有吉地一穴，坐落八外都四源馱坟，土名馱坟壟左邊山安着，因有至戚缺地安葬，衆等嘀議，将該吉地立送字一紙，自心情願，送與内戚鍾益叨等安葬父母兄弟等先靈，此吉地未送以先，並無内外人等文墨交關，既送之後，听從鍾邊擇吉扦葬，安厝先人，本家伯叔兄弟子侄人等不得異言之理，如有别情不清，一力雷邊自能支当，不涉鍾邊之事，所有花銷酒水，一併雷邊向山主代伊説明，從輕理解，面断坟圈以外四圍上下左右抽出山地貳丈肆尺，歸與鍾邊永遠簑籙，以作護蔭，日后無得私行砍掘附葬，永爲己業，此係雷邊中等自心甘願，並無逼抑等情，恐口無憑，立送字永遠大吉爲照。

中華民國二十六年十二月日立送字雷　永明（押）

永候（押）

永新（押）

依口代筆藍永盛（押）

民國二十六年雷永明等立賣契

並父母兄弟故塋三面断作山價國幣大洋
貳拾貳元正其洋隨契收訖分文無滯此吉地未
賣之先並無內外人等文墨交関既賣之後听從
錘邊擇吉扦塋安厝先靈面断故圖外將至內四
圍上下左右抽出空山貳丈貳尺歸與錘邊栽植養
蔭以作護蔭日后雷邊無得私行砍拆附塋所有
别情一力雷邊自能支解不涉錘邊之事此係兩
造自心情願並無逼抑等情恐口無憑立賣吉
地契永遠大吉為照

中華民國二十六年十二月　日立賣契雷永棣（押）
永明（押）
永新（押）

依口代笔藍永盛（押）

（前頁）>>>>

立賣契，雷永明、永候、永新，本家衆等有吉地壹穴，坐落八外都四源駄坄，土名駄坄壟左邊山安着，衆等嘀議，将该山吉地，自心情願，立賣契一紙，出賣與鍾益叨等安葬父母兄弟坟茔，三面断作山價國幣大洋貳拾貳元正，其洋隨契收訖，分文無滯，此吉地未賣之先，並無内外人等文墨交關，既賣之後，听從鍾邊擇吉扦葬，安厝先靈，面断坟圈以外將至内四圍上下左右抽出空山貳丈肆尺，歸與鍾邊栽植篬篛，以作護蔭，日后雷邊無得私行砍掘附葬，如有别情，一力雷邊自能支解，不涉鍾邊之事，此係兩造自心情願，並無逼抑等情，恐口無憑，立賣吉地契永遠大吉爲照。

中華民國二十六年十二月日立賣契雷　永明（押）

永候（押）

永新（押）

依口代筆藍永盛（押）

## 民國二十六年人情簿

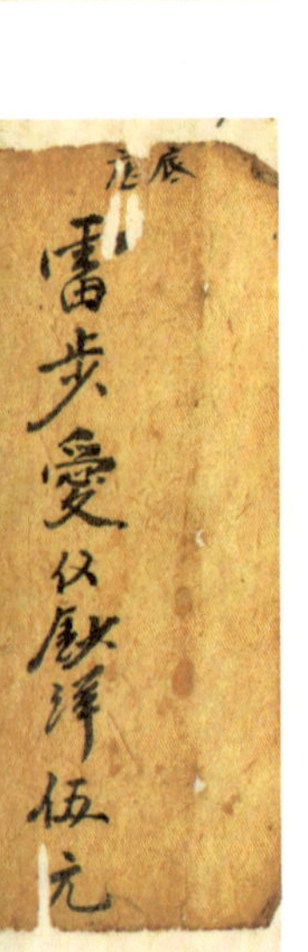

民国念六年歲次良旦

53-44-1

53-44-2

雷祖鰲 銀洋四元 布褲一件

外婆 銀洋三元 今身一件布褲一要

雷周翁仪大洋四角

雷亚曾仪大洋五角

花地

雷安福仪銀洋乙元 廿要

雷亚堂仪銀洋乙元

外婆 銀洋一元 手巾肚褡布衫乙件

雷步傳銀洋乙元

雷志飛銀洋乙元

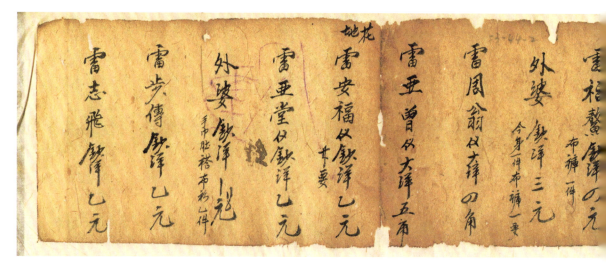

雷根生欽洋乙元
雷岩養欽洋乙元
雷亜士欽洋乙元
雷新岩欽洋乙元 肚搭
雷珎球欽洋叁元 手巾 眼鏡
藍達捌仅欽洋乙元叁角 肚搭 女襪
鍾益敏欽洋乙元
鍾益叨欽洋四元
雷堂祖欽洋乙元 女鞋
雷亜本大洋五角 手巾

雷高喜大洋六角
雷素本欽洋乙元 手巾
藍志体欽洋乙元
鍾張元欽洋乙元
鍾雲丹大洋五角
鍾亜首大洋六角
鍾茂新洋四角
王孔尭欽洋乙元
雷永明洋埼
藍壽生洋六角

李積軒鈔洋弍元角 肚搭
雷福生大鈔洋乙元 膊巾件
雷考明鈔洋乙元 希衫衣件
雷長喜鈔洋乙元
藍旦生洋五角
鍾兴雲洋叁角四下
李維陞鈔洋乙元
雷末本洋六角
雷亜施洋五角 帶
雷李八洋四角下

鍾益遷鈔洋四元 肚搭 手巾一
鍾岩喜洋叁角什
鍾秉和洋四角 女鞋
鍾绍昕洋四角
雷亜尭鈔洋乙元 女鞋
鍾花積鈔洋乙元
鍾亜丁洋六角 另加三角
鍾張朶伯母洋六角
鍾亜孝洋六角
雷莲堅鈔洋乙元

雷亞起　洋六角
雷先生　大洋叁角
雷岩娄　洋四角
鍾長益　鈔洋乙元
鍾碎壘　洋四角
雷迪野　洋六角
雷壽溢（石養）　洋叁角
鍾學宦　洋叁角半
鍾佐臣　洋四角
鍾大士　洋叁角半

鍾步昕　洋四角
雷碎見　洋六角
鍾德彰　洋叁角半
李周元　洋四角　出収乜　收腰
鍾鄭欽　鈔洋乙元
鍾壽昕　鈔洋乙元　廿腰
王步苗　洋四角
鍾有鰲　大洋一角
鍾崇新　洋四角
鍾徐衛　洋八角　末

鍾義鰲　洋六角
鍾千會　洋四角
雷亞進　洋四角
鍾積衛　洋七角
雷昌仁　出収乜　大洋叁角
鍾邦托　洋四角
鍾香明　洋叁角
雷亞閏　洋叁角半
鍾岩衡　洋叁角半
鍾孝寬　大洋叁角

鍾孝行　洋四角
鍾廷行　洋六角
鍾龍昕　鈔洋乙元
秉芹　鈔洋三元
鍾益敖　鈔洋三元

(前頁)>>>>

民國念六年歲次良旦
人情簿

底庄
雷步愛　仪　鈔洋伍元
雷福鰲　鈔洋四元
布褲一件
外婆　鈔洋三元
今身一件、布褲一箩
雷周翁　仪　大洋四角
雷亞曾　仪　大洋五角

花地
雷安福　仪　鈔洋一元
藍要
雷亞堂　仪　鈔洋一元
外婆　鈔洋一元式角
手巾、肚褡、布衫一件
雷步傳　鈔洋一元
雷志飛　鈔洋一元

雷根生　鈔洋一元
雷岩養　鈔洋一元
雷亞士　鈔洋一元
鍾
雷新岩　鈔洋一元
肚褡
雷沛球　鈔洋弍元
手巾、肚褡
藍凌捌　仪　鈔洋一元弍角
肚褡、藍褸
鍾益敏　鈔洋一元
鍾益叨　鈔洋四元
自收卅元弍角
雷堂祖　鈔洋一元
藍要
雷亞本　大洋五角
手巾

雷高喜　小洋六角
雷素本　鈔洋一元
手巾
藍志体　鈔洋一元
鍾漲元　鈔洋一元
鍾雲㒰　大洋五角
鍾亞省　小洋六角
鍾茂新　小洋四角
王孔堯　鈔洋一元
雷永明　大洋六角
藍壽生　小洋四角

李積軒　鈔洋弍元四角
□粉□凝
雷福生　大鈔洋一元
褲一件
雷考明　鈔洋一元
布衫一件
雷長喜　鈔洋一元
藍旦生　小洋四角
鍾學雲　小洋叁角四分
李维陞　鈔洋一元
雷未本　小洋六角
雷亞施　小洋五角
帶
雷李八　小洋四角一分

鍾益遷　鈔洋四元
肚褡、手巾
鍾岩喜　小洋叁角五分
鍾秉和　小洋四角
藍腰
鍾绍听　小洋四角
雷亞堯　鈔洋一元
藍腰
鍾茂積　小洋一元
鍾亞丁　小洋六角
当收三角
鍾漲朵伯母　小洋六角
鍾亞考　小洋六角
雷匡堅　鈔洋一元

雷亞起　小洋六角
雷允生　大洋叁角
雷岩斐　小洋四角
鍾長益　鈔洋一元
鍾碎壘　小洋四角
雷迪野　小洋六角
雷石養　大洋叁角
壽益
鍾學宦　小洋叁角五分
鍾佐臣　小洋四角
鍾大士　小洋叁角五分

鍾步听　大洋四角
雷碎兒　小洋六角
鍾德彰　小洋叁角五分
李周元小洋四角
当收弍角、藍腰
鍾鄭欽　鈔洋一元
鍾壽听　鈔洋一元
藍腰
王步苗　小洋四角
鍾有鰲　大洋五角
鍾崇新　小洋四角
鍾徐衡　小洋八角□

鍾義鰲　小洋六角
鍾手會　小洋四角
雷亞進　小洋四角
鍾積衡　小洋七角
雷昌仁　大洋叁角
当收弍角
鍾郊托　小洋四角
鍾香明　小洋七角
雷亞闸　小洋七角五分
鍾岩衡　小洋叁角五分
鍾學堯　大洋叁角

鍾學行　小洋四角
鍾廷行　小洋六角
鍾堯听　鈔洋一元
□秉芹　鈔洋三元
鍾益敖　鈔洋三元

民國二十七年趙族衆等立合同送契

53-13

錮元八角文花紅酒席式棹其日隨還契收訖文分無滯未送之先並無文墨既送之后任听鍾边做坟吾廷内外人等如有此色自能支解不及鍾边之事恐口無憑立合同送契為照——

三人合同日[illegible]各[illegible]一[illegible]——

民國念柒年十月日立合同送契趙廷有○

趙富明（押）

趙芝仁（押）

趙長義（押）

趙忠清（押）

趙富永○

趙修鰲○

德中 需 永明

趙有彬（押）

依口趙鳳貴（押）

（前頁）>>>>

立合同送契趙族衆等，有吉地壹穴，坐落青邑八外都四源馱坟壠安着，今送與鍾秉琴扦掘吉地壹穴，三面訂定，出價國幣肆元八角，又花紅酒蓆［席］式棹［桌］，其目隨契收訖，文分無滯，未送之先，並無文墨，既送之后，任听鍾邊做坟，吾邊内外人等如有此色，自能支解，不及鍾邊之事，恐口無憑，立合同送契爲照。

民國念柒年十月日立合同送契趙延有（押）

趙富明（押）

趙芝仁（押）

趙長義（押）

趙忠清（押）

趙富永（押）

趙修鰲（押）

趙有彬（押）

憑中雷永明（押）

衣［依］口趙鳳貴（押）

民國二十七年鍾義昌立當契

53-23

坵彦井至龍安着其田一坵其界上下兩至蓋磬田左至外
坝右至路為界俱立四至分明今因缺洋應用自心情願退
中立當契一紙當與[illegible]兄邊當出時價国幣大洋拾弍元
正其洋當收清訖分文無滯此田未當之先並無內外
人等文墨交閙既當之後遞年完納租谷壹石正其租
不敢欠少如若欠少當契既作賣契管業吾邊伯叔兄弟
子侄不得異言之理如有此色自能支解不涉錢主之事
去後不拘年深月久办還原價取贖兄邊不得執留之理
此係兩想情願憑無逼抑悔等情恐無憑立當契為照
民國叁柒年十二月日立當契鍾義昌〇
憑見　王步苗寧
代筆　鍾玉煦字

民國二十七年鍾益叨立當契

（前頁）>>>>

立当契鍾義昌，本家有水田一号，坐落八外都五源，土名培頭井頭壟安着，其田一堘，其界上、下兩至益鼇田，左至水坝，右至路爲界，俱立四至分明，今因缺洋應用，自心情願，憑衆立当契一紙，当與□□□兄邊，当出時價国幣大洋拾弍元正，其洋当收清訖，分文無滯，此田未当之先，並無内外人等文墨交關，既当之後，遞年完納租谷壹石正，其租不敢欠少，如若欠少，当契既［即］作賣契管業，吾邊伯叔兄弟子侄不得異言之理，如有此色，自能支解，不涉錢主之事，去後不拘年深月久，办还願［原］價取贖，兄邊不得执留之理，此係兩想［相］情願，憑［並］無逼抑恢［反］悔等情，恐口無憑，立当契爲照。

民國念柒年十二月日立当契鍾義昌（押）

憑見王步苗（押）

代筆鍾玉煦（押）

立当契鍾益叨，本家衆等有水田一号，坐落八都五源培頭洪樹坵下安着，其田一坵，其界上至、下至、左(至)錢主田，右至山爲界，俱立四至分明，今因缺洋應用，自心情願，憑衆立当契一紙，当與趙□□親邊爲業，三(面)言訂，当出時價國幣大洋肆拾元正，其洋当收清訖，分文無滯，此田未当之先，並無内外人等文墨交關，既当之後，遞年完納燥谷叁石伍方正，送宅過車，其租不敢欠少，如若欠少，当契既[即]作賣契管業，吾邊伯叔兄弟子侄不得異言之理，如有此色，自能支解，不涉錢主事，去後不拘年深月久，亦还願[原]價取贖，趙邊不得執留之理，此係兩想[相]情願，憑[並]無逼抑恢[反]悔等情，恐口無憑，立当契爲照。

民國二十七年十二月日立当契鍾益叨(押)

憑見鍾義昌(押)

代筆鍾玉煦(押)

# 民國二十九年鍾鉛藏立當契

立当契鍾鉛藏本家有水田一塅坐落八都五源塆頭井頭壟
太婆田下安着計田數坵計租の碩計畝壹畝弍分正其界上至李代
田下至鄭永房田左至永房園右至東芹田為界俱立の至分明今
因缺用自愿憑中立当一紙当与趙宗[illegible]親邊為業三面
言訂当出時價國幣壹佰元正其洋收訖分文無滞此田
未当之先並無内外人等文墨交干既当之後逓年完納利
息國幣拾弍元正其利不敢欠少如若欠少当契既作賣契
管業吾邊伯叔兄弟子侄不得異言之理如有此色自能支
解不涉錢主之事此係兩想情愿去後不拘年深月玖办
还本利願價取贖趙邊不得执留之理兩無逼抑悔等
情恐口無憑立当契為照

（前頁）>>>>

立当契鍾鉛藏，本家有水田一塅，坐落八都五源培頭井頭壟太婆田下安着，計田数坵，計租四碩，計畝壹畝弍分正，其界上至學代田，下至郭永房田，左至永房园，右至秉芹田爲界，俱立四至分明，今因缺用，自愿憑衆立当一紙，当與趙宅□□親邊爲業，三面言訂，当出時價國幣壹佰元正，其洋收訖，分文無滞，此田未当之先，並無内外人等文墨交干，既当之後，逓年完納利息國幣拾弍元正，其利不敢欠少，如若欠少，当契既［即］作賣契管業，吾邊伯叔兄弟子侄不得異言之理，如有此色，自能支解，不涉錢主之事，此係兩想［相］情愿，去後不論年深月玖［久］，办还本利願［原］價取贖，趙邊不得执留之理，憑［並］無逼抑怓［反］悔等情，恐口無憑，立当契爲照。

中華民國念玖年十二月日　　立当契鍾鉛藏（押）

在見父鍾義昌（押）

憑衆王步苗（押）

依口代笔鍾玉煦（押）

## 民國三十二年鍾步昌立當契

立当契鍾步昌承家祖手有水田二号坐落八都五
源培頭井頭龍墾安着計田大小數坵計祖五石正計（原）民
畝壹畝五分正其田四至上至蔣邊田下至益聾田左
至大路右至山邊水圳為界又一号坐落大路下安着
計田壹坵上至路下至益聾田左至秉堅田右至益
聾田為界俱立四至分明今因缺幣應用自心
情愿憑中立当契壹紙向與　　　　親邊為業
三面言定当出時價國幣弍千圓正其洋当收清
訖分文無滯此田未当之先並無内外人等文墨
交關既当之後面斷每年包納遇車燥谷八石五

正其利谷不敢欠少，如若欠少，必作本算，其當契照作

賣契管業，吾邊伯叔兄弟子侄不得異言之

理。如有此色，自能支解，不涉業主之事，去後不論

年深月久，办还原價本利清楚，　　返，不得執留之理。

此係兩想情愿，憑票無逼抑勒貽等情，恐口無憑，

立當契爲照。

中華民國三拾弍年古曆五月日立當契鍾步昌

在見鍾義昌

憑甲鍾雲光

代筆鍾玉熊

（前頁）>>>>

立当契鍾步昌，本家祖手有水田二号，坐落八都五源培頭井頭壟安着，計田大小数坵，計原租五石正，計民畝壹畝五分正，其田四至上至蔣邊田，下至益鼇田，左至大路，右至山邊水圳爲界，又一号坐落大路下安着，計田壹坵，上至路，下至益鰲田，左至秉堅园，右至益鰲田爲界，俱立四至分明，今因缺幣應用，自心情愿，憑衆立当契壹紙，向與□□□親邊爲業，三面言定，当出時價國幣弍千圓正，其洋当收清訖，分文無滯，此田未当之先，並無内外人等文墨交關，既当之後，面断每年完納過車燥谷八石五方正，其利谷不敢欠少，如若欠少，以作本算，当契既［即］作賣契管業，吾邊伯叔兄弟子侄不得異言之理，如有此色，自能支解，不涉業主之事，去後不論年深月久，亦还願［原］價，本利清楚，□邊不得执留之理，此係兩想［相］情愿，憑［並］無逼抑恢［反］悔等情，恐口無憑，立当契爲照。

中華民國三拾弍年古曆五月日立当契鍾步昌（押）

在見鍾義昌（押）

憑衆鍾雲光（押）

代筆鍾玉煦（押）

民國三十三年鍾義昌立當契

53-18

分正其界上至徐處田下至益散田左至小坑右至小坑爲界俱立分明今因缺錢應用自情愿憑中立當契乙紙當與鍾義佐兄邊爲業三面言定當出時價國幣叁仟弍百圓正其錢當收清訖分文無滯此田未當之先並無內外人等文墨交關既當之後遞年完納租谷四碩正其利不敢短少如若短少當契即作賣契管業吉邊伯叔兄弟子侄不得異言之理如有此色自能支解不涉錢主之事此係兩想情愿去後不拘年深月久办正原價贖兄邊不得执留并無逼抑等情恐口無憑立當契爲照

中華民国叁拾三年十二月日立當契鍾義昌

憑中鍾秉芹

在見鍾啟藏

依口代筆鍾李趙謹

# 民國三十三年鍾義昌立當契

（前頁）>>>>

立当契鍾義昌，父手承分有水田一塅，坐落八都五源程山底門前下安着，其田大小五垢，計租四碩，計畝捌分正，其界上至徐處田，下至益敖田，左至小坑，右至小坑爲界，俱立四至分明，今因缺幣應用，自心情愿，憑衆立当契一紙，当与鍾義佐兄邊爲業，三面言定，当出時價國幣叁仟弍百园[元]正，其幣当收清訖，分文無滯，此田未当之先，並無内外人等文墨交關，既当之後，遞年完納租谷四碩正，其利不敢欠少，如若欠少，当契既[即]作賣契管業，吾邊伯叔兄弟子侄不得異言之理，如有此色，自能支解，不涉錢主之事，此係兩想[相]情愿，去後不拘年深月久，办还原價取贖，兄邊不得執留，並無逼抑等情，恐口無憑，立当契爲照。

中華民国叁拾三年十二月日立当契　鍾義昌（押）

憑衆　鍾秉芹（押）

在见　鍾鉛藏（押）

依口代筆鍾李超（押）

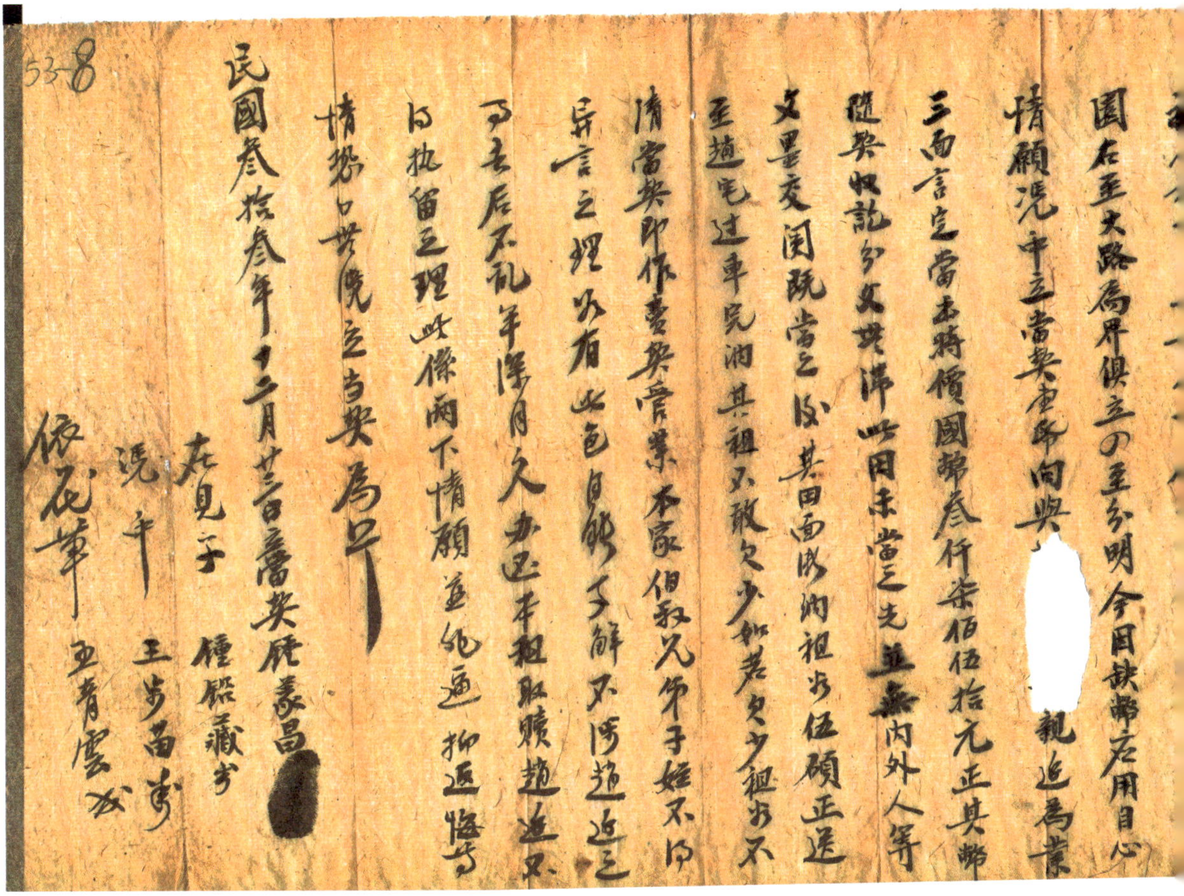

立當契鍾義昌，本家父手承分有水田壹塅，坐落八外都五源培頭，土名井頭壟安着，計田大小叁坵，計租肆碩正，計畝壹畝弍分正，其界上至鍾蔣土瑞田，下至益敖田，左至当主園，右至大路爲界，俱立四至分明，今因缺幣应用，自心情願，憑衆立當契壹紙，向與□□□□親邊爲業，三面言定，當出時價國幣叁仟柒佰伍拾元正，其幣隨契收訖，分文無滯，此田未當之先，並無内外人等文墨交關，既當之後，其田面断納租谷伍碩正，送至趙宅过車完納，其租不敢欠少，如若欠少，租谷不清，當契即作賣契管業，本家伯叔兄弟子姪不得异言之理，如有此色，自能支解，不涉趙邊之事，去后不乱[論]年深月久，办还本租取贖，趙邊不得执留之理，此係兩下情願，並非逼抑返悔等情，恐口無憑，立当契爲照。

民國叁拾叁年十二月廿三日立當契　鍾義昌（押）

在見子　鍾鉛藏（押）

憑衆　王步苗（押）

依口代筆王青雲（押）

民國三十四年鍾義考等立賣契

立賣契鍾義考壽考仝父手有菜園壹塊坐落
八都五源鄭山底土名老屋基安着前至栄主
屋基後至紹育菜園左至賤主園右至路爲界
俱立四至分明今因缺幣應用自心情愿憑中
立賣契壹紙賣與鍾鼎盛侄邊爲業三面言定
賣出時價國幣壹仟叁佰元正其洋當收
清訖分文無滯此園未賣之先並無內外人等
文墨交関既賣之後任听侄邊掌管爲業吾邊
伯叔兄弟子侄永遠不得異言無找借亦無取贖
之理如有此色自能支解不涉叔邊之事此係兩
想情愿憑無逼抑反悔等情今欲有據恐口
無憑立賣契永遠爲照

（前頁）>>>>

立賣契鍾義考、壽考仝，父手有菜園壹塊，坐落八都五源鄭山底，土名老屋基安着，前至業主屋基，後至紹亨菜園，左至錢主園，右至路爲界，俱立四至分明，今因缺幣應用，自心情愿，憑衆立賣契壹紙，賣與鍾鉛杰侄邊爲業，三面言定，賣出時價國幣壹仟叁佰元正，其洋当收清訖，分文無滯，此园未賣之先，並無内外人等文墨交關，既賣之後，任听侄邊掌管爲業，吾邊伯叔兄弟子侄永遠不得異言，無找借，亦無取贖之理，如有此色，自能支解，不涉叔邊之事，此係兩想［相］情愿，憑［並］無逼抑恢［反］悔等情，今欲有據，恐口無憑，立賣契永遠爲照。

民國三十四年九月日　　立賣契鍾義考（押）

仝弟鍾壽考（押）

憑見鍾堯听（押）

依口代筆鍾玉煦（押）

民國三十四年包契紙

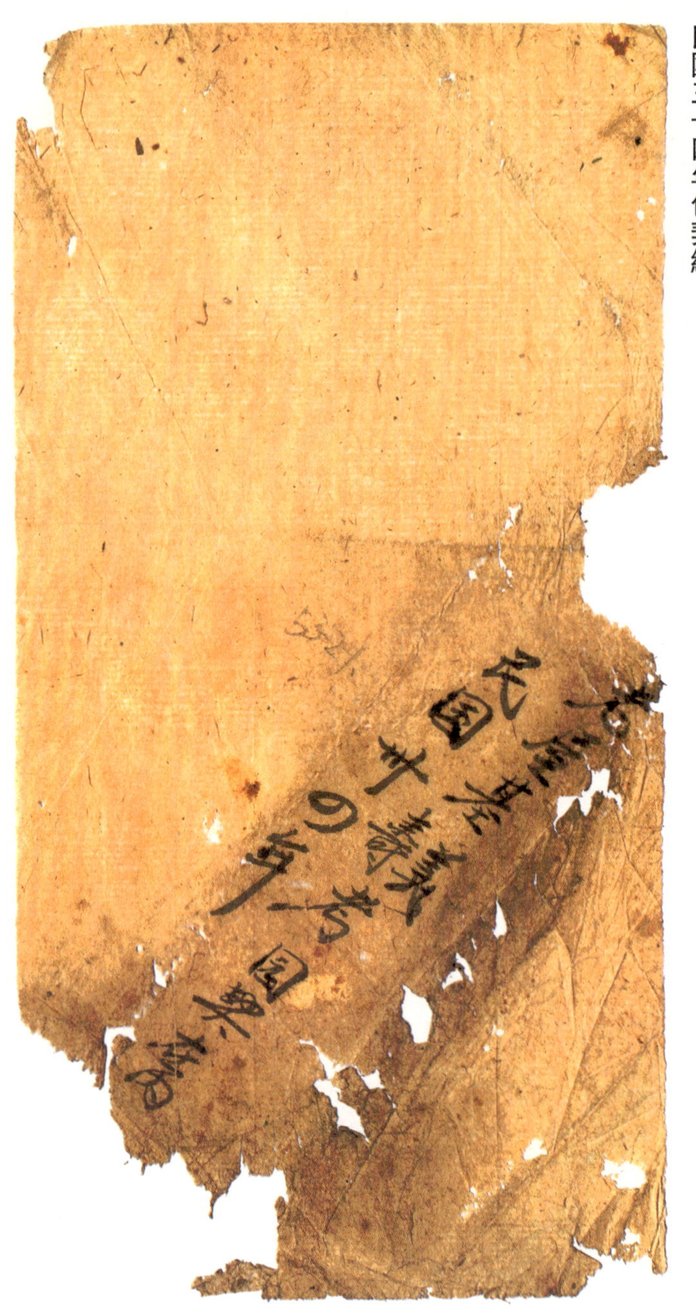

老屋基義壽考园契在内

民國卅四年

鍾駕敖包契紙

鍾駕敖　寨中頭園字在
內

民國三十五年鍾駕敖立賣契

立賣契鍾駕敖本家父手承分有園地壹號，坐落八
外都五源墻頭土名寮中頭安着，計園壹片，其界
上至鍾祠堂園，下至賣主園，左至濤叶化園，右至鍾敖
園〻界俱立界分明。今因缺錢應用，自心情願，憑
衆〻賣契一帋，向與房族鍾豪昌兄鍾進房掌三一
面〻定賣出時價錢象陽萬元正，其錢隨契收
訖，分文莫少。此園未賣之先，並無內外人等交
墨〻，園既賣之後，其園任聽兄侄進自行起佃據

種收種栽種耕鋤，永遠管業，叔侄伯叔兄弟

子姪不得異言之理。及有此色，叔侄自能支

解，不涉姪兄之事。此園去後，無找無贖，無借

之理。此係兩造情願，並無逼抑返悔等情。

恐口無憑，立賣契永遠為照。

中華民國叁拾伍年十二月　日立賣契　鍾賀鸞　孫

見契房親　鍾賀銓

憑中人　王步苗

代筆人　王青

# 民國三十五年鍾堯聽立賣契

（前頁）>>>>

立賣契鍾駕敖，本家父手承分有園地壹號，坐落八外都五源培頭，土名寨中頭安着，計園壹片，其界上至鍾祠宗園，下至賣主園，左至蔣叶仁園，右至鍾丁敖園爲界，俱立四至分明，今因缺鈔应用，自心情願，憑衆立賣契一紙，向與房族鍾義昌兄姪邊爲業，三面言定，賣出時價鈔票陆萬元正，其鈔隨契收訖，分文無少，此園未賣之先，並無内外人等文墨交關，既賣之後，其園任听兄侄邊自行起□掘種，收種栽種樣籙，永遠管業，叔邊兄弟子□（姪）不得异言之理，如有此色，叔邊自能支解，不涉兄姪邊之事，此園去後無找無借無贖□（之）理，此係兩造情願，並非逼抑返悔等情，恐口無憑，立賣契永遠爲照。

中華民國叁拾伍年十一月日立賣契鍾駕□（敖）（押）

見契弟鍾駕銓（押）

憑中人王步苗（押）

代筆人王青□

缺國幣應用自心情愿憑中立賣契壹紙伯兄將坋
藏孫邊為業三面断定賣出時價國幣伍萬元正其
幣既日收訖文分與滞此園未賣之先並與內外人等
文墨交関既賣之后其園内各雜木在内自由採種栽
揀永遠管業吾邊伯叔兄弟子侄不得異言之理無找
無借亦無取贖之理如有此色自能支當不涉孫邊
之事此係兩想自愿並無逼迫抑勒悔等情今欲有據恐
口無憑立賣契永遠為照

中華民國三十五年十二月　日立賣契鍾堯昕（押）

在見鍾學堯（押）

憑中鍾義莊（押）

依口代笔鍾仲法（押）

大吉利

(前頁)>>>>

立賣契鍾堯听，本家父手承分有园地壹片，坐落八外都五源鄭山底，土名楓樹垟安着，其界上至路，下至鍾相銘园，左右至小坑爲界，具立四至分明，今因缺國幣應用，自心情愿，憑衆立賣契壹紙，向與鍾垟藏孫邊爲業，三面断定，賣出時價國幣伍萬元正，其幣既[即]日收訖，文分無滯，此园未賣之先，並無内外人等文墨交關，既賣之后，其园與各雜木在内，自由掘種裁[栽]插，永遠管業，吾邊伯叔兄弟子侄不得異言之理，無找無借，亦無取贖之理，如有此色，自能支當，不涉孫邊之事，此係兩想[相]自愿，並無逼抑恢[反]悔等情，今欲有據，恐口無憑，立賣契永遠爲照。

中華民國三十五年十二月日立賣契鍾堯听(押)

在見鍾学堯(押)

憑衆鍾義莊(押)

依口代笔鍾仲法(押)

民國三十七年蘇沛龍等立賣契

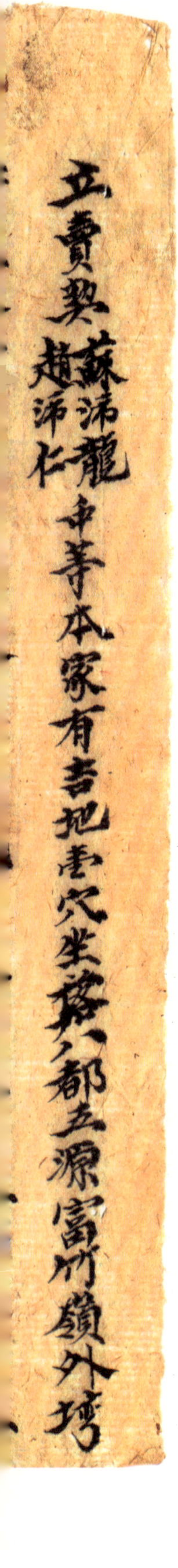

鍾鉛杰鉛藏等安葬父母坟塋三面斷作山價穀拾弍碩正其谷隨
契收訖分文無滞此吉地未賣之先並無內外人等文墨交関既賣之
後听從鍾邊擇吉扦葬安厝先靈面斷坟面如意作用嗣後吾邊伯
叔兄弟子侄不得異言之理如有此色係邊趙邊自能支解不涉鍾
邊之事此係兩邊自心情願並無逼抑等情恐口無憑立賣吉地
契永遠大吉為照

中華民國三十七年三月　日立賣契　蘇沛龍（押）

趙沛仁

趙沛虞

趙守苗

趙沛崇

代筆　蘇孔秦（押）

（前頁）>>>>

立賣契蘇沛龍、趙沛仁衆等，本家有吉地壹穴，坐落八都五源富竹嶺外塆，土名坪天坧路上安着，嘀議將該山吉地，自心情願，立賣契一紙，出賣與鍾鉛杰、鉛藏等，安葬父母坟茔，三面断作山價穀拾弍碩正，其谷隨契收訖，分文無滯，此吉地未賣之先，並無内外人等文墨交關，既賣之後，听從鍾邊擇吉扦葬，安厝先靈，面断坟面如意作用，嗣後吾邊伯叔兄弟子侄不得異言之理，如有此色，苏邊、趙邊自能支解，不涉鍾邊之事，此係兩造自心情願，並無逼抑等情，恐口無憑，立賣吉地契永遠大吉爲照。

中華民國三十七年三月　日立賣契　蘇沛龍（押）
趙沛仁（押）
趙沛虞（押）
趙守苗（押）
趙沛崇（押）

代筆　蘇孔卷（押）

## 一九四九年鍾堯聽立當契

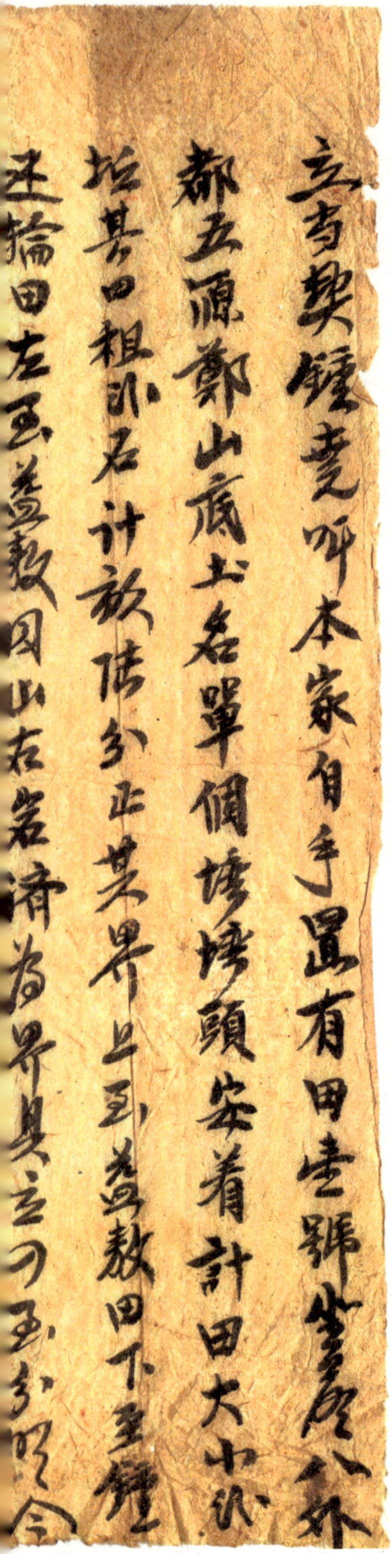

5315

闵谷斗米叁佰捌拾市斤自愿将此田凭中立当契出当

向蓝宁八亲边为业三面言定将此款出当此田来当

之先并与内外人等文墨交关之后希定期来年

三月中止如若与当满限当契以作卖契管业自行

本春起田耕种去后无找借亦无取赎之理如若期内

当满其当即时交还之后虽边依叔兄弟子侄亦得异

言之理如有此色自能支解不涉钱主之事此系两想

自愿无逼悔当情恐口无凭立立契为照

公元一九四九年十二月日立当契钟尧呼等

凭见钟文莊

钟铨义

依口代笔钟维

（前頁）>>>>

立当契鍾堯听，本家自手置有田壹號，坐落八外都五源鄭山底，土名單個塆塆頭安着，計田大小□坵，其田租□石，计畝陆分正，其界上至益敖田，下至鍾邊輪田，左至益敖园山，右岩濟爲界，具立四至分明，今因缺牛谷肆佰捌拾市斤，自愿將此田憑衆立当契一紙，向蓝寧八親邊爲業，三面訂定，將此欵出当，此田未当之先，並無内外人等文墨交關，之后希定期來年三月中止，如若無谷滿收，当契以作賣契管業，自行本春起田耕種，去后無找借，亦無取贖之理，如若期内谷滿，其书即時交还，之后吾邊伯叔兄弟子侄不得異言之理，如有此色，自能支解，不涉錢主之事，此係兩想[相]自愿，無返悔等情，恐口無憑，立立契爲照。

公元一九四九年十二月日立当契鍾堯听（押）

憑見鍾义莊（印）

鍾懿莪（押）

依口代筆鍾維修（押）

## 一九五一年鍾相明立賣契

程山底土名駄山頭安着其界上至分水下至小路左至，

鍾修北山右至錢主山為界具立四至分明今因缺谷應

用自愿憑中立賣契山界向与侄邊鍾鋁藏為業三面

斷定出得時谷弍佰捌拾市斤收訖無滯該山未賣之先

並無內外人等文墨交關去后任听侄邊永代為業，

吾邊伯叔兄弟子侄不得異言並更無找借亦無取贖之

理如有此色自能支解非涉錢主之事此係兩想自愿並

無逼抑返悔等情恐后無憑立賣契永遠為照

立賣契　鍾相明

見憑代　鍾維修

公元一九五一年十一月初二日

（前頁）>>>>

立賣契鍾相明，自手置有山地壹片，坐落八外都五源程山底，土名馱山頭安着，其界上至分水，下至小路，左至鍾修北山，右至錢主山爲界，具立四至分明，今因缺谷应用，自愿凴衆立賣契一紙，向與侄邊鍾鉛藏爲業，三面断定，出得時谷弍伯［佰］肆拾市斤，收訖無滯，该山未賣之先，並無内外人等文墨交關，去后任听侄邊永代爲業，吾邊伯叔兄弟子侄不得異言，並更無找借，亦無取贖之理，如有此色，自能支解，非涉錢主之事，此係兩想［相］自愿，並無逼抑返悔等情，恐后無憑，立賣契永遠爲照。

立賣契鍾相明（押）

見憑代鍾維修（押）

公元一九五一年十一月初二日

包契紙

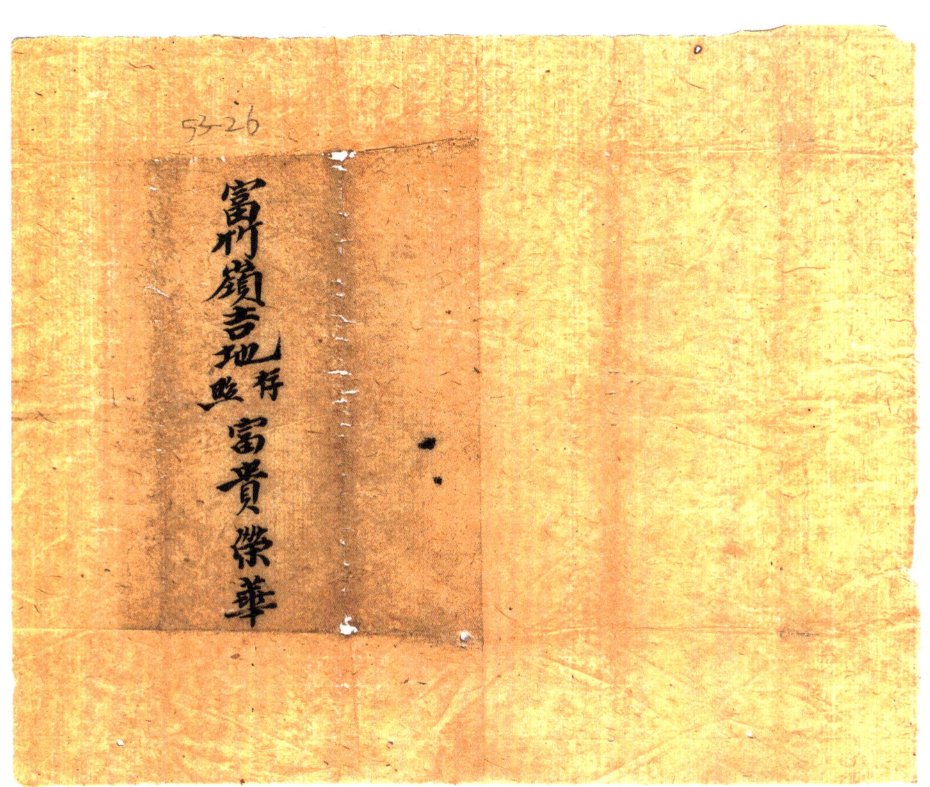

富竹嶺吉地　照存　富貴榮華